Vierteljahrsschrift

für

gerichtliche Medizin

und

öffentliches Sanitätswesen.

Unter Mitwirkung der Königl. wissenschaftlichen Deputation
für das Medizinalwesen im Ministerium des Innern

herausgegeben

von

Dr. R. Abel, und **Prof. Dr. F. Strassmann,**
Geh. Ober-Med.-Rat in Berlin. Geh. Med.-Rat in Berlin.

Dritte Folge. XLVI. Band. Supplement-Heft.
Jahrgang 1913.

Springer-Verlag Berlin Heidelberg GmbH
1913

Die gesundheitlich wichtigen Verhältnisse und Einrichtungen

der deutschen Seebadeorte

(mit Ausnahme der mecklenburgischen Seebäder).

Unter Mitwirkung

von

Geh. Med.-Rat Dr. **Behrend**-Kolberg, Reg.- und Geh. Med.-Rat Dr. **Bertheau**-Schleswig, Reg.- und Geh. Med.-Rat Dr. **Dütschke**-Stettin, Reg.- und Med.-Rat Dr. **Hoche**-Köslin, Kreisarzt Dr. **Kramer**-Wilhelmshaven, Kreisarzt Dr. **Kurpjuweit**-Swinemünde, Med.-Rat Dr. **Manke**-Schlawe, Kreisarzt Dr. **Poddey**-Lauenburg, Reg.- und Geh. Med.-Rat Dr. **Quittel**-Aurich, Med.-Rat Dr. **Riedel**-Lübeck, Med.-Rat Dr. **Sarganek**-Köslin, Dr. **Schall**-Cuxhaven, Med.-Rat Dr. **Schläger**-Oldenburg, Reg.- und Geh. Med.-Rat Dr. **Seemann**-Danzig, Reg.- und Med.-Rat Dr. **Solbrig**-Königsberg, Reg.- und Med.-Rat Dr. **Stumm**-Stralsund, Med.-Rat Dr. **Thilow**-Stolp, Med.-Rat Dr. **Winter**-Norden, Kreisarzt Dr. **Zibell**-Emden

herausgegeben

von

Dr. R. Abel,

Geh. Ober-Medizinalrat in Berlin.

Mit 1 Tafel und 49 Abbildungen im Text.

Springer-Verlag Berlin Heidelberg GmbH
1913

ISBN 978-3-662-34343-2 ISBN 978-3-662-34614-3 (eBook)
DOI 10.1007/978-3-662-34614-3

Softcover reprint of the hardcover 1st edition 1913

Inhalt.

Einleitung.

Von

Geh. Ober-Med.-Rat Dr. **R. Abel.**

I.

Die deutschen Seebadeorte haben im Laufe der letzten Jahrzehnte einen riesigen Aufschwung genommen. Immer neue Orte sind in die Reihe der Seebäder eingetreten, und die Zahl der Gäste in den Seebadeorten ist ganz ausserordentlich gestiegen.

Einige Ziffern mögen diese Entwicklung belegen.

Während 1880 in Preussen erst insgesamt 31 Seebadeorte an Ost- und Nordsee gezählt wurden, war ihre Zahl 1900 schon auf 98 (81 an der Ostsee, 17 an der Nordsee) gewachsen[1]; zurzeit aber beträgt sie 156 (134 an der Ostsee, 22 an der Nordsee). Für ganz Deutschland gibt das „Bäderbuch“[2]) im Jahre 1905 113 Seebadeorte (88 an der Ostsee, 25 an der Nordsee) an; jetzt beläuft sich ihre Zahl auf 184, wovon 152 Ostsee-, 32 Nordseebäder sind.

Die Zahl der Gäste betrug in den preussischen Seebädern[3])

im Jahre	1880	1890	1900	1905
Ostseebäder . . .	20 024	85 369	179 191	205 596
Nordseebäder . .	3 445	33 653	60 212	124 937
Zusammen	23 469	119 022	239 403	330 533

In allen deutschen Seebadeorten war die Zahl der Gäste nach dem deutschen Bäderbuch

im Jahre	1903	1904	1905
Ostseebäder . . .	195 596	220 697	255 832
Nordseebäder . .	112 202	130 662	146 323
Zusammen	307 798	351 359	402 155

1) Nach den Veröffentlichungen in der Zeitschrift des Preussischen Statistischen Bureaus.

2) Deutsches Bäderbuch, bearbeitet unter Mitwirkung des Kaiserlichen Gesundheitsamts. Leipzig 1907, J. J. Weber.

3) Nach den unter 1 und 2 genannten Quellen.

Für 1912 beziffert der Verband deutscher Ostseebäder[1]) den Besuch der ihm angeschlossenen 89 Badeorte auf 459 577 Badegäste. Den Gesamtbesuch der weniger zahlreichen Nordseebäder kann man nach den vorliegenden Ziffern auf 160—180 000 Personen im Jahre 1912 schätzen. Von diesen Zahlen wird man einen erheblichen Abzug in Berücksichtung des Umstandes machen müssen, dass manche Badeverwaltungen bei der Zählung ihrer Gäste recht liberal zu verfahren pflegen, indem sie auch solche Personen einrechnen, die sich nur für einen Tag oder einige wenige Tage in dem Badeorte aufhalten. Jedoch wird man nicht fehlgreifen, wenn man die Gesamtzahl der Personen, die zur Kräftigung oder Wiedergewinnung ihrer Gesundheit deutsche Seebadeorte aufsuchen, zurzeit auf reichlich eine halbe Million jährlich veranschlagt.

Die Zunahme der Besucherzahl einiger älterer bedeutender Seebadeorte von 1880—1910 möge noch folgende Uebersicht verbildlichen:

Es hatten Besucher im Jahre	1880	1910[2])
Zoppot	3438	17 808
Kolberg	5504	17 075
Sassnitz und Krampas . .	2220	22 842
Binz	140	22 404
Westerland	2017	23 887
Wyk	1208	6 788

Bei der Würdigung der Seebadeorte in ihrer Bedeutung für die Gesundheitswirtschaft des deutschen Volkes verdient besondere Beachtung die Erscheinung, wie im Laufe der Zeit neben ihrer Benutzung als Sommerfrische, also für Ausruhen und Kräftigung der nur erholungsbedürftigen Gesunden die Verwertung der in ihnen dargebotenen Heilfaktoren für therapeutische Zwecke einen immer grösseren Umfang angenommen hat. Man hat die günstige Wirkung der staubarmen, feuchten, salzhaltigen und nicht bewegten Luft am Strande, die der Sonnenbestrahlung, des Seebades usw. auf bestimmte pathologische Zustände kennen und danach bestimmte Indikationen aufstellen gelernt, für welche Krankheiten und Krankheitsformen ein

1) Bericht über das XIII. Geschäftsjahr. Berlin.

2) Die Zahlen für 1910 nach dem Gesundheitswesen des Preussischen Staates im Jahre 1910, Berlin 1912, die für 1880 nach der Zeitschrift des Preussischen Statistischen Bureaus. 1881. Jahrg. 21. S. 271.

Aufenthalt an der See angezeigt ist. Darüber hinaus hat man die natürlichen Kurbedingungen der Seeküste durch Hinzuziehung weiterer therapeutischer Mittel und Massnahmen (warme Seebäder, Sole, Moor, Inhalatorien usw.) vermehrt und durch Errichtung besonderer Heilanstalten in Form von Seehospizen, Sanatorien, Kinderheilstätten usw. die Möglichkeiten zu geregelten therapeutischen Einwirkungen verbessert und verstärkt. Durch Einführung von Winterkuren ist zudem in manchen Badeorten, vorerst besonders an der Nordsee, die Heilwirkung des Aufenthaltes an der Meeresküste auch über die früher allein dem Besuch von Gästen dienenden Sommermonate hinaus nutzbar gemacht worden.

II.

Von jedem Orte, der Fremde zu vorübergehendem Aufenthalt behufs Erholung oder Gesundung einladet oder herbeizuziehen sucht, mithin sich selbst als Bade- und Kurort oder auch nur als Sommerfrische bezeichnet, ist unbedingt ein solcher Zustand seiner gesundheitlichen Verhältnisse und Einrichtungen zu verlangen, dass der Besucher, anstatt Kräftigung und Genesung erhoffen zu können, nicht etwa einer Gefährdung seiner Gesundheit ausgesetzt ist. Die an den einzelnen Badeort zu stellenden hygienischen Anforderungen werden entsprechend dem Charakter des Ortes eine gewisse Abstufung gestatten und vertragen. Beispielsweise kann kein Grund vorliegen, bei einem Badeort, der einfache ländliche Verhältnisse darbietet und gar nicht daran denkt, ein Mode- und Luxusbad werden zu wollen, an Stelle anderweiter, hygienisch einwandfreier Wasserversorgung und Abwässerbeseitigung die Beschaffung einer Wasserleitung, die Anlage einer Kanalisation zur Entfernung der Abfallstoffe des Haushaltes und vielleicht sogar auch der Niederschlagswässer vorzuschreiben oder zu erwarten. Ein gewisses Mindestmass von hygienischer Fürsorge wird allerdings überall und immer notwendig sein, im Gegensatz zum Komfort, dessen Grad in den Badeorten nicht nur verschieden sein kann und muss, sondern der selbst ganz fehlen darf, damit die Besucher nach Massgabe ihrer Ansprüche und Mittel einen für ihre Verhältnisse passenden Ort sich auszuwählen in der Lage sind.

Welche Gesichtspunkte der Hygiene in Kur- und Badeorten besonders zu berücksichtigen sind, soll hier nicht des Näheren erörtert werden, da über diese Frage eine umfangreiche und gute Literatur vorhanden ist[1]). Es genüge, darauf hinzuweisen, wie in Badeorten aller Art, Grösse und sonstigen Beschaffenheit die Unterbringung der Gäste, ihre Versorgung mit Lebensmitteln, Trink- und Nutzwasser, die Beseitigung der Schmutzstoffe aus dem Hause und von der Strasse, die Sorge für Unterkunft, ärztliche Beratung und Pflege akut Erkrankender, für Absonderung von Infektionskranken und Vornahme der Desinfektion, in Seebadeorten ferner die Regelung des Badewesens und des Rettungsdienstes Verhältnisse sind, die überall der Aufmerksamkeit und Ordnung bedürfen.

Rühmend kann hervorgehoben werden, dass aus den Kreisen der Badeverwaltungen, der in Badeorten tätigen Aerzte und der Vertreter der Balneologie überhaupt schon vor Jahrzehnten Bestrebungen sich geltend gemacht haben, um gegen hygienische Missstände in Kur- und Badeorten anzukämpfen und Mindestforderungen für die gesundheitlichen Einrichtungen in solchen Orten aufzustellen. Indem wegen der geschichtlichen Entwicklung dieser Dinge auf die Darstellung von E. Dietrich „Kurorthygiene", in der Zeitschrift für Balneologie, 1909, Bd. II, S. 557, Bezug genommen wird, sei hier nur erwähnt, dass schon 1898 eine Eingabe der Balneologischen Gesellschaft an die Behörden in Preussen zu einem Ministerialerlass vom 8. Oktober desselben Jahres Anlass gab, worin die Einrichtung von Sanitätskommissionen in den Badeorten, die Beschaffung von Kranken- und Leichenräumen sowie von Desinfektionseinrichtungen empfohlen wurde.

Als dann im Jahre 1902 zunächst der Ostseebäderverband den Behörden die Mitarbeit seines Vorstandes in Angelegenheiten der Kurorthygiene zur Verfügung stellte, wurde dieses Anerbieten angenommen. Es wurde ein Ausschuss aus Beamten, Vertretern der Balneologie und der Badeorte gebildet, der heute in erweiterter Form unter der Bezeichnung „Deutscher Ausschuss für die gesundheitlichen Einrichtungen in Kur- und Badeorten" wirkt und dessen Vorschläge auf dem Gebiete der Kurorthygiene zum Teil die Unterlage für behördliche Verfügungen abgegeben haben.

Von solchen allgemeinen Anordnungen der Behörden seien, soweit sie Preussen betreffen, besonders genannt ein Erlass des Medizinal-

1) Vergl. z. B. Dietrich, Zeitschr. f. Balneol. Bd. II. S. 557; Friedel, Bericht der 21. Hauptversammlung des preussischen Medizinalbeamtenvereins. Berlin 1904; Derselbe, Das preussische Medizinal- und Gesundheitswesen 1883 bis 1908. Festschrift. Berlin 1908; Ruge, Berliner klin. Wochenschr. 1905. Nr. 16; Thilenius, Bäderalmanach. Berlin 1913. S. 11.

ministers vom 28. Januar 1908 (abgedruckt S. XIV), in dem die an Kur- und Badeorte zu stellenden hygienischen Mindestforderungen angegeben sind. Ferner ein Erlass des Medizinal- und des Arbeitsministers vom 1. Juni 1908 (abgedruckt S. XV), der die Mindestforderungen an bauliche Anlagen festlegt. Erwähnt sei auch ein Erlass des Medizinalministers vom 15. Juli 1904, der bestimmte Vorschriften über die Regelung des Rettungsdienstes in Seebädern zur Erwägung stellt.

Sind den Badeorten damit Unterlagen für die von ihnen zu treffenden hygienischen Massnahmen gegeben, so findet eine ständige Ueberwachung der hygienischen Zustände statt durch die zuständigen Medizinalbeamten. Schon seit bald 100 Jahren hatten diese in Preussen regelmässig über die Bäder ihres Bezirks zu berichten. Mit der Neuordnung des Medizinalwesens im Jahre 1901 aber wurde den Kreisärzten in § 108 und 109 ihrer Dienstanweisung noch besonders eine mindestens einmal im Jahre vorzunehmende Besichtigung jedes Badeortes auf seine hygienischen Einrichtungen zur Pflicht gemacht.

Wesentlich für die Beachtung der hygienischen Forderungen in den Kurorten ist auch die auf dem preussischen Gesetz vom 16. September 1899 beruhende Möglichkeit, in diesen Orten Gesundheitskommissionen einzusetzen, die aus Ortseingesessenen bestehen und für die Ausfindigmachung hygienischer Mängel wie für Durchführung von Verbesserungen nützliche Dienste leisten können. Solche Gesundheitskommissionen bestehen wohl jetzt in allen Badeorten von irgend nennenswerter Bedeutung.

Den Vorschriften Preussens über die Hygiene in den Badeorten ähneln diejenigen der anderen Bundesstaaten so, dass auf sie hier nicht näher eingegangen zu werden braucht.

Dadurch, dass den Badeorten die Erhebung einer Kurtaxe von den Fremden gestattet ist, die nach dem preussischen Kommunalabgabengesetz vom 14. Juli 1893 „für Herstellung und Unterhaltung ihrer zu Kurzwecken getroffenen Veranstaltungen“ dienen soll, wird ihnen die bei ihrer oft grossen Leistungsschwäche unter Umständen empfindliche Last hygienischer Verbesserungen bemerkenswert erleichtert.

III.

Die hervorragende Bedeutung der Seebadeorte als Erholungs- und Heilplätze für eine jährlich nach Hunderttausenden zählende Schar von Badegästen und die Wichtigkeit ihrer gesundheitlichen Einrichtungen für das Wohlergehen dieser Gäste legte den Gedanken nahe, in einem Ergänzungshefte der Vierteljahrsschrift für gerichtliche Medizin und öffentliches Sanitätswesen eine zusammenfassende Darstellung der hygienischen Verhältnisse in diesen Orten zu geben.

Zwar ist an Beschreibungen der Seebadeorte in der Literatur kein Mangel; indes genügen sie nicht in jeder Hinsicht, um ein objektives und umfassendes Bild der Verhältnisse zu gewinnen. Denn soweit die Schilderungen von den Badeverwaltungen, den am Orte tätigen Badeärzten oder von sonst interessierten Persönlichkeiten herrühren, haben sie — was man nicht als Vorwurf, sondern als etwas ganz Erklärliches und Verständliches ansehen wolle — naturgemäss das Bestreben, die Dinge schön zu färben, ausschliesslich das Gute zu sehen und das weniger Günstige, geschweige denn gar etwaiges Nachteilige fortzulassen oder nur nebenher zu streifen. Die wissenschaftlichen Bearbeitungen der Seebadeorte aber in den balneologischen Lehrbüchern, in dem Deutschen Bäderbuche usw. sind teils zu kurz, um auch nur einigermaassen erschöpfend zu sein, teils nicht auf alle Badeorte ausgedehnt, teils bei den regen Fortschritten der Seebadeorte durch die Entwicklung der Dinge überholt.

Die in diesem Hefte gegebene Darstellung kann, da sie von den für die Beaufsichtigung der Hygiene in den deutschen Seebadeorten zuständigen Medizinalbeamten stammt, den Anspruch erheben, eine sowohl voll sachverständige wie ganz objektive Behandlung des Gegenstandes zu sein. Sie kann daher eine zuverlässige Quelle der Unterrichtung für Aerzte und andere Personen abgeben, die über die hygienischen Zustände eines Seebadeortes Aufschluss wünschen.

Bei der Bearbeitung ist tunlichste Kürze beobachtet worden. Die Länge der Beschreibungen richtet sich im ganzen nach der Bedeutung der einzelnen Orte als Seebäder; aber auch für die weniger besuchten Seebadeorte sind wenigstens die praktisch wichtigsten hygienischen Umstände kurz gekennzeichnet worden.

Um die Einheitlichkeit der Darstellung möglichst zu wahren und nichts Wesentliches zu übergehen, ist für die Anordnung der Schilderung jedes Seebades folgender Plan zugrunde gelegt worden:

1. Entwicklung des Badeortes. Grösse der Besucherzahl.
2. Allgemeine Erwerbsverhältnisse der Bevölkerung.
3. Lage des Ortes, Wald, klimatische Verhältnisse. Industrielle Anlagen störender Art.

4. Kureinrichtungen (Kalt- und Warmbäder, Luftbäder usw.). Rettungseinrichtungen.

5. Besondere Kuranstalten (Seehospize, Kinderheime, Krankenhäuser).

6. Pflege der am Ort Erkrankenden (ärztliche Versorgung, Krankenpflegepersonen, Absonderung von Infektionskranken, Desinfektionswesen).

7. Wohnungswesen. Gasthöfe.

8. Nahrungsmittelversorgung (Bezugsquellen, Beaufsichtigung, besonders betreffend Fleisch und Milch).

9. Wasserversorgung (Art derselben, Beschaffenheit und Menge des Wassers).

10. Beseitigung der Abfallstoffe (System der Abwässerbeseitigung, Reinigung der Abwässer bei Kanalisation, Ableitung wohin. Müllbeseitigung. Beschaffenheit und Reinhaltung der Strassen).

11. Angaben über besondere Heilerfolge und Krankheitsindikationen.

Von einer Bezifferung der einzelnen Absätze in den Beschreibungen der Badeorte gemäss den Punkten des vorstehenden Planes wurde abgesehen; doch ist durch Hervorhebung der wesentlichsten Stichworte in Sperrdruck für ein leichtes Auffinden des zu den verschiedenen Fragen Beigebrachten Sorge getragen.

Die Badeorte sind zwecks übersichtlicher Darstellung in Gruppen entsprechend ihrer Lage in den einzelnen Bundesstaaten und deren politischen Bezirken zusammengefasst, so zwar, dass mit den am meisten östlich, also im preussischen Regierungsbezirk Königsberg belegenen Ostseebädern begonnen und mit den westlichsten Nordseebädern, denen des preussischen Regierungsbezirks Aurich geschlossen worden ist. Ein am Schlusse beigefügtes alphabetisches Verzeichnis der besprochenen Seebadeorte gestattet ein bequemes Aufsuchen eines bestimmten Ortes. Abbildungen sind absichtlich nur in beschränkter Zahl, soweit sie besonders typische Verhältnisse zeigen, beigegeben worden.

Leider enthält die Schilderung eine bedauerliche Lücke insofern, als eine Beschreibung der 13 mecklenburgischen Seebadeorte in ihr fehlt. Dieser Mangel findet darin seine Erklärung, dass Herr Geheimer Medizinalrat Prof. Dr. L. Pfeiffer in Rostock die von ihm am 31. Mai 1912 gegebene Zusage, die Bearbeitung der mecklenburgischen Seebadeorte zu übernehmen, nicht erfüllt und zugleich die Gewinnung eines anderen Bearbeiters, indem er die Ablieferung seines Beitrages immer wieder in nahe Aussicht stellte, so lange unmöglich gemacht hat, bis aus äusseren Gründen die Veröffentlichung der übrigen Beschreibungen nicht weiter hinausgeschoben werden konnte.

Anhang.

1. **Preussischer Ministerialerlass** vom 28. Januar 1908 (M. 5015) an die Regierungspräsidenten und den Polizeipräsidenten in Berlin, betr. **gesundheitliche Mindestforderungen für Kur- und Badeorte.**

Der durch Vertreter des Kaiserlichen Gesundheitsamts, der Ministerien für Handel und Gewerbe und der geistlichen pp. Angelegenheiten, ferner der zuständigen Ministerien in Bayern, Sachsen, Württemberg, Baden, Hessen und den Thüringischen Staaten sowie durch Vertreter sämtlicher deutscher Bäderverbände verstärkte „Ständige Ausschuss für die gesundheitlichen Einrichtungen in den deutschen Kur- und Badeorten" hat die an Kur- und Badeorte zu stellenden Mindestforderungen einer erneuten Durchberatung unterzogen und sich dabei über die aus der Anlage hervorgehenden Mindestforderungen geeinigt.

Ich ersuche ergebenst, auf die Durchführung dieser Forderungen, denen ich beitrete, in den Kur- und Badeorten des dortigen Bezirks gefälligst hinzuwirken, soweit dies nicht schon bereits geschehen ist.

Gesundheitliche Mindestforderungen für Kur- und Badeorte.

Nach den Beschlüssen des ständigen Ausschusses für die gesundheitlichen Einrichtungen in den deutschen Kur- und Badeorten vom 10. 3. 05, 5. 12. 05, 13.10.06 und 6. und 7. 3. 07.

In jedem Kur- und Badeort, welcher Fremde zum Gebrauche seiner natürlichen oder künstlichen Kurmittel einladet oder zulässt, mag er sich Kur- oder Luftkurort, Sommerfrische oder sonstwie bezeichnen, erachtet der Ausschuss die Erfüllung nachstehender Mindestforderungen für unerlässlich:

1. Das Vorhandensein mindestens zweier geeigneter Isolierräume für die Aufnahme mit übertragbaren Krankheiten Behafteter sowie des Pflegers oder der Pflegerin.
2. Das Vorhandensein eines isolierten Leichenraumes.
3. Das Vorhandensein von Desinfektionsvorrichtungen und -Apparaten.
4. Die Anwesenheit eines ausgebildeten Desinfektors am Orte.
5. Aufstellung von Spucknäpfen, wo Kranke verkehren.
6. Sicherstellung ärztlicher Hilfe.
7. Sicherstellung ausreichender Arzneiversorgung.
8. Sicherstellung geschulter Krankenpflege.
9. Möglichkeit gutes Eis für Kranke zu erhalten.
10. Gutes Trinkwasser in genügender Menge; zur Richtschnur diene die „Anleitung für die Einrichtung, den Betrieb und die Ueberwachung öffent-

licher Wasserversorgungsanlagen, welche nicht ausschliesslich technischen Zwecken dienen" (Beilage zu den Veröffentlichungen des Kaiserl. Gesundheitsamtes 1906, Nr. 30). Jährlich mindestens einmalige Revision; die Beseitigung der Flachbrunnen ist anzustreben.

11. Einwandfreie Beseitigung der Abfallstoffe; Fäkalgruben sind zuverlässig abzudichten; alljährliche Revision der Abfallgruben.

---

2. **Preussischer Ministerialerlass** vom 1. Juni 1908 (III B. 8. 150. — M. 7269) an die Regierungspräsidenten, betr. **bauliche Mindestforderungen für Kur- und Badeorte.**

Der durch Vertreter des Kaiserlichen Gesundheitsamts, der Ministerien für Handel und Gewerbe und der geistlichen pp. Angelegenheiten, ferner der zuständigen Ministerien in Bayern, Sachsen, Württemberg, Baden, Hessen und den Thüringischen Staaten, sowie durch Vertreter sämtlicher deutscher Bäderverbände verstärkte „Ständige Ausschuss für die gesundheitlichen Einrichtungen in den deutschen Kur- und Badeorten" hat die an Kur- und Badeorte in baulicher Beziehung zu stellenden Mindestforderungen einer Durchberatung unterzogen und sich dabei über die aus der Anlage hervorgehenden Mindestforderungen geeinigt.

Indem wir die Herren Regierungspräsidenten, in deren Bezirken sich Kur- und Badeorte befinden, ersuchen, diese Vorschläge mit den Ihnen geeignet erscheinenden Weisungen zur Kenntnis der in Betracht kommenden Behörden zu bringen, bemerken wir im einzelnen dazu das folgende:

Zu I, 1. Entsprechende bauliche Vorschriften können durch Ortsstatut auf Grund des § 4 des Gesetzes gegen die Verunstaltung von Ortschaften und landschaftlich hervorragenden Gegenden von 15. Juli 1907 (G. S. S. 260) von den Gemeinden eingeführt werden. Die Behörden der Badeorte werden hierauf, sowie auf Ziffer II, 2 littr. d der zum Gesetz erlassenen Ausführungsanweisung vom 4. August 1907 (M. Bl. f. d. i. V. S. 281/89) hinzuweisen sein.

Zu I, 2. Die Initiative liegt auch in dieser Beziehung bei den Gemeinden. Immerhin empfiehlt sich von Aufsichtswegen ein entsprechender Hinweis.

Zu II, 1. Verschiedene Bauordnungen enthalten eine derartige Vorschrift. Fraglich ist allerdings, ob sie auf polizeilich wahrzunehmende Rücksichten gestützt werden kann und rechtsgültig ist.

Zu II, 2a und b. Sollten die betreffenden Bauordnungen wider Erwarten ausreichende Vorschriften in dieser Beziehung noch nicht enthalten, so wird auf ihre Ergänzung hinzuwirken sein.

Zu II, 3. Das Streben nach Erreichung möglichster Schallundurchlässigkeit der Scheidewände und Zwischendecken ist sehr erwünscht. Von Polizeiwegen wird aber kaum ein Zwang in dieser Richtung ausgeübt werden können, da nervöse Personen, die hellhörige Räume gemietet haben, sich vor Schädigung ihrer Gesundheit durch Ausziehen aus der Wohnung bewahren können. Wir wollen indes einem Versuche, für einen Badeort eine entsprechende Vorschrift zu erlassen, nicht entgegen sein.

Zu den Vorschlägen bei II, 4, 5, 6 und 7. Bei angemessener Abfassung werden entsprechende baupolizeiliche Vorschriften rechtsbeständig sein.

Zu II, 8. Die unterm 10. März 1899 vom Regierungspräsidenten in Liegnitz erlassene Verordnung wird im allgemeinen bekannt sein. Sie ist den Oberpräsidenten seinerzeit in Abschrift mitgeteilt worden. (Erlass vom 15. Juni 1899 — III. 10 347 M. d. ö. A. —, bzw. vom 23. Dezember 1904 — III B 9003. M. d. ö. A. —).

---

pp.

I. Es ist als wünschenswert zu bezeichnen, dass
   1. die Bauten eines Kurortes den Anforderungen eines geläuterten Schönheitsgefühls entsprechen,
   2. dass beizeiten für Aufstellung eines Bebauungs- und Fluchtlinienplanes gesorgt wird.

II. Unbedingt notwendig ist die Durchführung folgender Forderungen:
   1. In Kurorten ist während der Zeit des stärksten Betriebes (Hochsaison) für die Ausführung von Bauten die Genehmigung in der Regel zu versagen.
   2. a) Bei der Bauausführung ist der Entwässerung des Baugrundes und Isolierung des Mauerwerks die grösste Sorgfalt zu widmen;
      b) Neubauten dürfen von Kurgästen erst nach vollständiger Austrocknung bezogen werden. Die zuständigen Behörden haben Vorschriften zu erlassen, durch welche die Austrocknungsfrist für die einzelnen Kurorte festgelegt wird.
   3. Auf möglichste Schallundurchlässigkeit der Scheidewände und Zwischendecken ist die grösste Sorgfalt zu verwenden.
   4. Als Luftraum für Wohn- und Schlafzimmer sind bei ausreichender Lüftung und Belichtung mindestens 25 cbm für den Bewohner zu fordern.
   5. Wohnräume dürfen durch Wirtschaftsräume (Küche!) und Abortanlagen nicht beeinträchtigt werden. Die Zahl der letzteren muss der Bewohnerzahl des Hauses Rechnung tragen. Jeder Abort muss, wofern nicht geruchlose Wasserspülung vorhanden ist, mit einem aufmachbaren Fenster und einem Luftabzugsrohr versehen sein.
   6. Die zuständige Behörde hat die Anlagen für Trink- und Wirtschaftswasserversorgung sowie die Anlagen für Beseitigung der Küchen- und Abortabgänge zu prüfen.
   7. Das Gleiche gilt von den Beleuchtungsvorrichtungen.
   8. Für die Bauausführung im einzelnen sind geeignete Vorschriften unter Berücksichtigung der örtlichen Verhältnisse und der Erfahrungen, welche mit den Baupolizeiverordnungen für die Kurorte und Sommerfrischen einzelner Bezirke (z. B. Breslau, Liegnitz) gemacht wurden, zu erlassen. Diese Bestimmungen sind in den Veröffentlichungen des Kaiserl. Gesundheitsamtes enthalten.

1.

Die Seebadeorte in Ostpreussen.

Von

Reg.- und Med.-Rat Dr. **Solbrig** in Königsberg.

(Mit 5 Abbildungen im Text.)

Allgemeines.

Die ostpreussischen Seebadeorte liegen teils an der samländischen Küste, die von Pillau nordwärts bis Brüsterort und von da im rechten Winkel ostwärts bis Cranz sich erstreckt und im ganzen etwa 75 km lang ist, teils an der Kurischen Nehrung, die dicht hinter Cranz in fast nördlicher Richtung 90 km bis zur Süderspitze gegenüber von Memel verläuft, und teils an der Ostseeküste von Memel bis zur russischen Grenze hin. Alle Badeorte gehören zum Regierungsbezirk Königsberg, und zwar die samländische Küste nebst einem Teil der Nehrung (bis Rossitten) zum Kreise Fischhausen, der übrige obengenannte Teil zum Kreise Memel.

Die samländische Küste zeichnet sich im allgemeinen dadurch aus, dass das Land, von Laub- und Nadelwald vielfach eingefasst, an vielen Stellen stark zerklüftet ist und steil zum Ufer abfällt, der Strand zum grössten Teil aus reinem, feinem Seesand besteht, ohne eine besondere Breite aufzuweisen. Die Küste erhält dadurch vielfach ein abwechslungsreiches, oft romantisches, an die Steilküste Rügens erinnerndes Bild, wobei freilich zu bemerken ist, dass die Abstürze aus Lehmboden gebildet werden.

Die Kurische Nehrung, die noch bis vor wenigen Jahrzehnten als „ostpreussische Wüste“ bekannt war, besitzt höchst eigenartige Schönheiten, die jeden Naturfreund fesseln. Drei charakteristische Landschaftsbilder geben ihr das Gepräge: alter hoher Kiefernwald mit selten schönen Stämmen, dann die meilenweit sich am Haff erstreckenden, bis 60 m hohen Wanderdünen, die jeder, auch der spärlichsten Vegetation ermangeln, und zuletzt die grossen Strecken mühsam angepflanzter Schonungen, die den wandernden Sand zum Stillstand bringen und die unfruchtbare Wüste in ertragreiches Waldland verwandeln sollen. Der Strand ist durchweg gut, feinsandig, nicht sehr breit; dahinter zieht sich die künstlich angelegte, wenige Meter hohe Vordüne die ganze Nehrung entlang. Die natürliche Düne fehlt am Meer, sie hat sich unter Einwirkung der Winde an den Teilen der Nehrung, die durch Unverstand von dem alten Waldbestande entblösst sind, am Haff gebildet und bildet hier förmliche Gebirgszüge mit eingelagerten Tälern und Kesseln; der Eindruck, den ein solches „Tal des Schweigens“ hervorruft, ist ein gewaltiger und unvergesslicher. Doppelt wohltuend wirkt nach einer Wanderung durch diese kahlen Dünen der Aufenthalt in dem schönen Kiefernhochwald mit seinem üppig wuchernden Unterholz. In dieser eigenartigen Natur finden wir auch noch seltene Tiere; die Elche sind noch heimisch in Erlenbrüchen, und Kormorane nisten vielfach in den hohen Kiefern. In Rossitten ist eine Vogelwarte eingerichtet, wo in unermüdlicher Arbeit der Wanderflug der Vögel beobachtet wird.

Die Ortschaften der Nehrung liegen sämtlich am Haff, die Bevölkerung lebt nur vom Fischfang. Es sind mit Ausnahme von Rossitten, Nidden und Schwarzort kleine ärmliche Fischerdörfer. Naturgemäss sind die Ortschaften, die an den bewaldeten Stellen der Nehrung liegen, die bevorzugten. Ihre Lage ist eine idyllische. Ein leichter Schilfkranz umgibt das Haff, dann folgen an der lang sich hinziehenden Dorfstrasse die sauberen, oft in bunten Farben gehaltenen Fischerhäuschen mit kleinen Gärten, und unmittelbar hinter ihnen steigt der Wald auf, der sich fast bis zum Meer erstreckt. Gegen Nord- und Westwinde sind die Ortschaften geschützt, nur den Südwinden und den im Sommer selten wehenden Ostwinden liegen sie offen. Der Seegang ist ein guter, doch haben die Seebäder den Nachteil oft sehr niedriger Temperaturen, die durch Nordströmungen hervorgerufen werden. Verf. hat selbst erlebt, dass im heissen Juli 1912 die Wasserwärme meist nur zwischen 11—13° C schwankte.

Ueber die ganze Nehrung zieht sich eine Poststrasse hin. Der Hauptverkehr während des Sommers geht aber mit Dampfern über das Haff.

Die sämtlichen ostpreussischen Seebadeorte dürfen nicht mit demselben Massstabe gemessen werden, wie die vielbesuchten Bäder Pommerns und der Nordsee. Sie sind alle einfacher gehalten, vielfach sind es auch nur ganz kleine Ortschaften mit primitiven Wohngelegenheiten und primitiven Badeeinrichtungen. Geräuschvolle Vergnügungen findet man eigentlich nur in Cranz. Aber gerade darum eignen sie sich ganz besonders für ruhe- und erholungsbedürftige Personen, namentlich Grosstädter. Die Hauptbesuchszeit ist der Juli; schon im September findet man nur noch wenige Badegäste. Von einem Winterbetrieb ist noch gar keine Rede. Ein besonderer Vorzug ist der im allgemeinen kräftige Wellenschlag, der oft dem der Nordsee gleicht.

A. Die Badeorte der samländischen Küste.

1. Pillau.

Zu einer nennenswerten Entwicklung des Badeortes ist es nicht gekommen, was hauptsächlich daran liegt, dass die Festungswerke einer Ausdehnung hinderlich sind. Im Sommer 1912 sind nur 232 ständige Badegäste gezählt worden.

Die Bevölkerung Pillaus, einer kleinen Hafenstadt mit Garnison und Festungswerken mit 7500 Einwohnern, setzt sich hauptsächlich aus Beamten, Fischern und Arbeitern zusammen, wozu wenige Gewerbetreibende kommen.

Pillau, auf der südwestlichen Spitze des Samlandes gelegen, ist im Westen von der See, im Süden und Osten vom Haff, im Norden von Wald umgeben. Die klimatischen Verhältnisse sind infolgedessen günstige. Industrielle Anlagen störender Art sind nicht vorhanden.

An Kureinrichtungen ist ein Herren- und ein Damenbad mit einfachen Einrichtungen vorhanden. Ein Warmbad mit Wannen- und Dampfkastenbädern ist an das Krankenhaus angegliedert.

An Rettungseinrichtungen sind die durch die Polizeiverordnung für den Regierungsbezirk Königsberg vorgeschriebenen vorhanden.

Es besteht ein städtisches Krankenhaus mit 20 Betten.

Es sind 2 Zivil- und 2 Militärärzte am Orte. Das Krankenhaus mit einem Krankenwärter hat keine besondere Infektionsabteilung und ist mit einem Dampfdesinfektionsapparat ausgestattet. Eine Apotheke ist am Ort.

An Wohnungen für Badegäste fehlt es nicht. Neben 5 Hotels sind noch mehrere Gasthöfe und ein Pensionat vorhanden. Auch vermieten Private Wohnungen an die Badegäste.

Verkaufsstellen für Nahrungsmittel sind in genügender Anzahl am Orte vorhanden. Die Nahrungsmittelkontrolle regelt sich nach den allgemein für den Regierungsbezirk Königsberg erlassenen Vorschriften.

Die Wasserversorgung geschieht durch Einzelbrunnen, die in genügender Anzahl vorhanden sind. Einige Häuser besitzen auch eigene Hauswasserleitungen. Gegen die Beschaffenheit des Wassers sind Einwendungen nicht zu erheben. Die Menge ist als ausreichend anzusehen.

Für die Abwässer sind Gruben vorgesehen, deren Entleerung ebenso wie die Müllbeseitigung einem Abfuhrunternehmer übertragen ist. Die Strassenreinigung ist durch Ortsstatut geregelt.

Angaben über besondere Heilerfolge und Krankheitsindikationen sind nicht zu machen.

2. Neuhäuser.

Trotz günstiger Lage und bequemer Verbindung mit Königsberg, entwickelt sich der kleine Badeort nur langsam. Die Besucherzahl betrug 1912 1776.

Die allgemeinen Erwerbsverhältnisse der Bevölkerung sind missliche, da diese besonders auf Vermieten der Wohnungen angewiesen ist und die Mieter nicht in genügender Zahl vorhanden sind.

Der Ort liegt an der Westküste des Samlandes und ist von einem Waldgürtel umgeben, wodurch das Klima gemildert wird. Industrielle Anlagen störender Art fehlen.

An Kureinrichtungen sind ausser kalten Seebädern warme Bäder in bester Art und auch Lichtbäder vorhanden.

Die Rettungseinrichtungen sind die vorgeschriebenen.

Besondere Kuranstalten fehlen.

Während der Saison ist ein Badearzt anwesend. Die nächste Apotheke ist in Pillau, das durch Eisenbahn mit Neuhäuser verbunden ist (5 km). Krankenpflegepersonen sind aus Königsberg leicht zu erhalten. Besondere Räume für Infektionskranke fehlen, ebenso ein Desinfektionsapparat. Die Wohnungsdesinfektionen werden, soweit erforderlich, durch den Kreisdesinfektor (in Pillau wohnhaft) vorgenommen.

Für Wohnungen ist reichlich gesorgt. Die Logierhäuser, alle von grossen Gärten umgeben, vielfach auch Privatvillen, bieten angenehme Unterkunft. Ebenso sind Gasthöfe für alle Gesellschaftsklassen und ein Kurhaus vorhanden.

Fleisch, Milch und Kolonialwaren sind während der Saison am Ort erhältlich. Die Nahrungsmittelkontrolle regelt sich nach den allgemeinen polizeilichen Vorschriften.

Die Wasserversorgung erfolgt durch eine in neuester Zeit in

Betrieb genommene Zentralwasserleitung aus Tiefbrunnen. Das Wasser ist einwandsfrei, seine Menge ausreichend.

Die Fäkalien werden teils in Senkgruben, teils in Eimern aufgefangen, die übrigen Abwässer meist in Gruben gesammelt, deren Inhalt landwirtschaftlich verwertet wird. Für die Badewässer ist eine Kanalisation mit Einmündung in die See vorhanden.

Die Strassen sind gut gepflegt, wenn auch unbefestigt.

Angaben über besondere Heilerfolge und Krankheitsindikationen sind nicht zu machen.

3. Sorgenau.

Sorgenau, ein kleines Dorf unweit Palmnicken, hat sich in den Jahren mehr und mehr zu einem bescheidenen Badeort entwickelt, der von etwa 300 Personen besucht wird.

Die Bevölkerung wird von Fischern und Arbeitern des Bernsteinbergwerks Palmnicken gebildet.

Sorgenau liegt an der Eisenbahn zwischen Fischhausen und Palmnicken, dicht an der See mit schönem Ufer, wird von zwei Seiten, darunter die Nordseite, von Wald umgeben, so dass seine klimatischen Verhältnisse bei dem Schutz gegen Nordwinde günstige sind. Störende industrielle Anlagen fehlen.

Es ist Gelegenheit zum kalten Baden vorhanden, doch fehlen besondere Einrichtungen dazu. Ebenso sind keine Rettungseinrichtungen da.

Besondere Kuranstalten fehlen.

Kranke Personen werden durch den in Palmnicken (2 km entfernt) wohnhaften Arzt versorgt. In Sorgenau selbst sind keinerlei Einrichtungen zur Unterbringung Kranker vorhanden.

Wohnungen sind in genügender Zahl und, wenn auch bescheiden, doch ausreichend vorhanden, ebenso zwei Gasthöfe.

Für die Versorgung mit Nahrungsmitteln sind ein Fleischer und zwei Bäcker am Orte, Milch wird in guter Qualität vom Gut geliefert.

Die Wasserversorgung geschieht durch Einzelbrunnen, die Wasser von guter Beschaffenheit und ausreichender Menge liefern.

Die Abfallstoffe werden in Gruben gesammelt und landwirtschaftlich verwertet. Die Strassen sind ungepflastert, werden durch die Anwohner reingehalten.

Besondere Heilerfolge und Krankheitsindikationen sind nicht bekannt.

4. Palmnicken.

Der kleine Badeort hat eine nennenswerte Entwicklung nicht aufzuweisen. Die Besucherzahl der Badegäste beziffert sich für 1912 auf 106 Personen.

Die Bevölkerung besteht vorwiegend aus Arbeitern der Bernsteinwerke.

Palmnicken liegt hart an der See und ist im Süden auch von Wald umgeben.

An der See ist eine aufs einfachste eingerichtete Badeanstalt vorhanden. Weitere Kureinrichtungen fehlen, ebenso Rettungseinrichtungen.

Besondere Kuranstalten fehlen.

Für die Pflege der am Ort Erkrankenden steht in dem ganz nahe gelegenen Orte Kraxtepellen (s. folgenden Ort) Arzt und Krankenhaus zur Verfügung.

Ausser einfachen Wohnungen zur Aufnahme von Badegästen befindet sich auch ein grösseres Hotel mit einem herrlichen, bis zum Strand sich erstreckenden Park (früher Privatbesitz) am Ort.

Für Fleischzufuhr wird hinreichend durch die in Nachbarorten wohnenden Fleischer gesorgt, Milch ist in den vorhandenen Niederlagen am Ort zu haben.

Die Wasserversorgung geschicht in einwandfreier Weise durch eine Wasserleitung, zu der das Wasser aus einem Tiefbrunnen entnommen wird.

Die Abfallstoffe werden meist in Gruben gesammelt und abgefahren. Einzelne Häuser haben auch Spülklosetts. Die Strassen sind gepflastert.

Angaben über besondere Heilerfolge und Krankheitsindikationen sind nicht zu machen.

5. Kraxtepellen.

Der kleine Ort, nicht ausschliesslich Badeort, hat sich nicht besonders zum Kurort entwickelt. Seine Besucherzahl wird auf 108 angegeben.

Die Bewohner sind zum grössten Teil Bergleute, die in dem Bernsteinbergwerk beschäftigt werden.

Der Ort liegt in nächster Nähe der See an der unbewaldeten Küste. Die industriellen Anlagen (Bernsteingrube und Bernsteinfabrik) stören nicht.

Badegäste baden an beliebiger Stelle des breiten Strandes; besondere Einrichtungen fehlen.

Ein Krankenhaus mit 30 Betten ist vorhanden.

Arzt und Apotheke sind am Ort. Für Infektionskranke ist eine besondere Abteilung im Krankenhause vorhanden. Desinfektionseinrichtungen in Gestalt eines Dampfdesinfektionsapparates sind da.

An Wohnungen stehen einfache Privatwohnungen in den ländlichen Häusern, ausserdem ein gutes Hotel zur Verfügung.

Zur Versorgung mit Nahrungsmitteln sind eine Fleischerei und Bäckerei am Orte, die Milchliefernng erfolgt aus der Umgebung.

Eine Wasserleitung besteht (gemeinsam mit Palmnicken).

Die Abfallstoffe werden in Gruben gesammelt und abgefahren, einige Häuser besitzen auch Spülklosetts. Die Strassen sind von guter Beschaffenheit und werden seitens der Gemeinde reingehalten.

6. Klein-Kuhren.

Die kleine Ortschaft macht gleichfalls nicht den Anspruch darauf, ein eigentlicher Seebadeort genannt zu werden, da nur eine recht bescheidene Anzahl von Badegästen (etwa 50) hier einzutreffen pflegt.

Die Bevölkerung treibt Fischerei und Landwirtschaft.

Klein-Kuhren liegt zwischen Brüsterort und Gross-Kuhren auf der Steilküste mit wundervollem Ueberblick über einen grossen Teil der samländischen Küste. Ein wenig bewaldeter Einschnitt in derselben führt ziemlich steil zu dem sehr steinigen, schmalen Strande herab. Der Wald ist weit entfernt. Die Winde haben freien Zutritt.

An besonderen Einrichtungen zum Baden fehlt es.

Kuranstalten fehlen, ebenso ist kein Arzt am Ort, wie auch Absonderungsräume für Infektionskranke fehlen.

Ausser einfachen Wohnungen in den Häusern der einheimischen Bevölkerung sind auch noch zwei einfache Gasthöfe zur Aufnahme von Badegästen vorhanden.

Das Fleisch wird aus dem benachbarten Gross-Kuhren bezogen, Milch von den Besitzern des Ortes und aus der Umgebung.

Die Wasserversorgung erfolgt durch öffentliche und private Brunnen, die genügendes Wasser liefern.

Die Beseitigung der Abfallstoffe ist die auf dem Lande übliche, primitive Art.

7. Gross-Kuhren.

Der Ort wird seit etwa 20 Jahren von Badegästen aufgesucht; seine Besucherzahl beziffert sich auf etwa 700 Personen.

Die Bevölkerung lebt zum grössten Teil von der Fischerei, verbunden mit Landwirtschaft. Ausserdem sind Hausbesitzer, darunter Kaufleute und Handwerker, und Arbeiter hier wohnhaft.

Gross-Kuhren liegt frei auf der hohen Steilküste. Zum Strande zieht sich eine hübsche, bewachsene Schlucht hinunter. Der Warnickener Forst ist in etwa $^1/_2$ Stunde zu erreichen. Der Bahnhof Warnicken ist 4 km entfernt. Industrielle Anlagen störender Art sind nicht vorhanden.

Am Strande sind einfache Ankleidezellen vorhanden. Der schmale Badestrand ist durch Pfähle, die mit Leinen bespannt sind, abgegrenzt. An Rettungseinrichtungen ist ein Rettungsring mit langer Leine vorhanden.

Besondere Kuranstalten fehlen.

Der nächste Arzt befindet sich in dem 3 km entfernt gelegenen Orte Birkenhof, wo auch eine ärztliche Hausapotheke vorhanden ist. Krankenpflegepersonen sind nicht vorhanden, ebensowenig Räume zur Absonderung Infektionskranker und Desinfektionseinrichtungen.

Der grösste Teil der Wohnungen ist alter Bauart, klein und niedrig. In den letzten Jahren sind aber infolge reger Baulust auch eine Reihe besserer Wohnungen geschaffen. An Gast- und Logierhäusern sind ausserdem fünf vorhanden, die bescheidenen Ansprüchen genügen.

Die wichtigsten Nahrungsmittel, wie Fleisch, Milch und Molkereiprodukte und Gemüse, sind am Ort selbst und aus der Nachbarschaft in ausreichender Menge erhältlich.

Die Wasserversorgung geschieht durch Brunnen, die in ausreichender Zahl (fast auf jedem Grundstück ein Brunnen, ausserdem zwei öffentliche) vorhanden sind. Das Wasser ist mit wenigen Ausnahmen von guter Beschaffenheit und an Menge fast immer ausreichend.

Die Abfallstoffe werden in Gruben gesammelt und wie der Müll von jedem Hausbesitzer für sich beseitigt (landwirtschaftliche Verwertung). Die Hauptstrasse, die durch das Dorf führt, ist gepflastert und wird nach Bedarf gereinigt.

8. Georgenswalde.

Georgenswalde ist eine Schöpfung der letzten Jahre, eine von einer Aktiengesellschaft hübsch angelegte Villenkolonie zwischen Gross-Kuhren und Rauschen, von letzterem 3 km entfernt. Es hat eine Bahnstation. Der Ort ist schnell gewachsen, es werden ständig neue

Villen gebaut. Die Zahl der Besucher ist dementsprechend in lebhaftem Steigen begriffen, sie betrug im letzten Jahre 1312 Personen.

Eine einheimische Bevölkerung ist eigentlich nicht vorhanden. Dem Wachsen der Kolonie entsprechend siedeln sich Gewerbetreibende an. Viele Villen werden nicht von ihren Eigentümern selbst benutzt, sondern an Fremde vermietet.

Der Ort liegt im und am Walde, auf der Höhe der Steilküste, mit dem Strande durch tiefeinschneidende, malerische, bewaldete Schluchten verbunden. Im Süden dehnt sich der grosse schöne Warnickener Forst aus. Der Badestrand ist eine Viertelstunde Wegs entfernt.

Industrielle Anlagen sind nicht vorhanden.

Am Strande sind getrennte Badeanstalten für Herren, Damen und Familien vorhanden. Die Rettungseinrichtungen sind die polizeilich vorgeschriebenen. Wannenbäder von Süsswasser kann man im Wasserturm nehmen.

Besondere Kuranstalten fehlen.

Der nächste Arzt wohnt in Rauschen, wo auch Infektionskranke isoliert werden können. Im übrigen lassen sich Schwerkranke und Verunglückte leicht nach Königsberg schaffen.

Die Badegäste finden vor allem in den hübsch gelegenen Villen gute Unterkunft. Auch sind zwei Logierhäuser einfacherer Art und zwei kleine Pensionen vorhanden. Der Bau eines Kurhauses ist geplant.

Die wichtigsten Lebensmittel werden, soweit sie nicht in Georgenswalde selbst zu haben sind (Fleisch), aus Rauschen dorthin gebracht. Auch ist, wie für die anderen mit Königsberg durch die Samlandbahn verbundenen Badeorte, der Bezug von Nahrungsmitteln aus Königsberg bequem.

Eine zentrale Wasserversorgung liefert einwandfreies Wasser in ausreichender Menge.

Die gesamten flüssigen Abfallstoffe werden in Gruben, die jedes Grundstück besitzt, aufgefangen und durch Saugpumpen in einwandfreier Weise entleert und abgefahren. Die Müllabfuhr wird wöchentlich durch die Badeverwaltung besorgt. Mit Ausnahme einer breiten als Chaussee ausgebauten Landstrasse sind alle Strassen als Kieswege mit beiderseitigen Fusswegen, die mit Bäumen bepflanzt sind, hergerichtet.

9. Rauschen.

Das landschaftlich sehr hübsche Rauschen entwickelt sich von Jahr zu Jahr mehr, die Besucherzahl beträgt 1912 10800 Personen.

Die Bevölkerung betrieb ursprünglich hauptsächlich Landwirtschaft, der Entwicklung Rauschens als Badeort entsprechend kam als Erwerbsquelle das Vermieten von Wohnungen, Zimmern usw. auf, so dass der grösste Teil der Einwohner jetzt aus Hotel- und Pensionsbesitzern

sowie aus Vermietern von möblierten Zimmern usw. besteht. Nur ein geringer Teil betreibt die Fischerei.

Rauschen liegt an der Nordseite des Samlandes an von bewaldeten Schluchten durchzogener fast 50 m hoher Steilküste. Mit den im Südwesten liegenden schönen Warnickener Wäldern ist der Ort durch die malerischen „Katzengründe“ verbunden. Sowohl Rauschen-Ort (der ältere Ortsteil) wie Rauschen-Düne (der neue, unmittelbar oberhalb der Steilküste liegende Teil) sind vor Winden ziemlich geschützt. Die mittlere Luftwärme betrug im Jahre 1911 im Juni 16,2°, im Juli 18,7°, im August 20,5° und im September 17,4° C. — Industrielle Anlagen störender Art (z. B. Schneidemühle, Gasanstalt) liegen am Bahnhof Rauschen-Ort, ausserhalb des Badelebens.

Am Strande, zu dem eine bequeme Promenade und eine Drahtseilbahn hinabführen, sind drei Badeanstalten (Herren-, Damen- und Familienbad) vorhanden, in Rauschen-Düne eine neuerbaute, gut eingerichtete Warmbadeanstalt, in der ausser warmen Seebädern und solchen mit Zusätzen von Kohlensäure, Fichtennadeln usw. auch Licht-,

Dampf- und Moorbäder genommen werden können. — In den Strandbädern sind die polizeilich vorschriebenen Rettungseinrichtungen vorhanden, die beiden Schwimmmeister sind im Rettungsdienst ausgebildet.

Besondere Kuranstalten bestehen nicht, für ansteckende Krankheiten steht ein Isolierhaus mit zwei Krankenzimmern und vier Betten bereit.

Die Pflege der am Ort Erkrankenden liegt in den Händen des Badearztes, der dauernd ansässig ist, Pflegepersonen müssen aus Königsberg besorgt werden. Eine Vollapotheke ist vorhanden. Der amtliche Desinfektor wohnt in Pobethen. Infektionskranke werden, wenn sie nicht nach dem in $^5/_4$ Stunden mit der Eisenbahn erreichbaren Königsberg überführt werden, in dem erwähnten Isolierhaus untergebracht.

Die Badegäste wohnen teils in Hotels und Pensionen, von denen es je zwölf gibt, teils in Häusern und Villen, die ganz oder geteilt vermietet werden. Alle diese Gebäude liegen mitten im Walde. Den Wohnungsnachweis besorgen die Badeverwaltung und der Grundbesitzerverein.

Rauschen wird ausreichend mit Nahrungsmitteln versorgt durch zwei Wochenmärkte, einen Hausfrauenverein, für dessen Geschäftsstelle die umliegenden Güter Nahrungsmittel und Milch liefern, die drei am Ort wohnenden und die fast täglich aus Palmnicken kommenden Fleischer.

Die Wasserversorgung erfolgt durch ein der Gemeinde gehörendes Wasserwerk. Das aus Quellen entnommene Wasser ist einwandsfei.

Die Abfallstoffe werden in Sammelgruben geleitet (die Aborte haben zum grössten Teil Wasserpülung), aus denen sie durch pneumatische Abfuhr entfernt werden, um auf die entfernter liegenden Ländereien der landwirtschaftlichen Besitzer gefahren zu werden. Der Müll wird auf von der Gemeinde gepachtetem Land vergraben. Die Reinhaltung der nur zum kleineren Teil gepflasterten Strassen erfolgt durch die Gemeinde. Zu erwähnen ist noch eine, wenn auch nur kurze hölzerne Strandpromenade mit Seesteg und eine Anzahl gut gehaltener Promenadenwege im Walde.

Heilerfolge werden nach den vorliegenden Angaben erzielt bei Nervosität, Rheumatismus, Gicht, Blutarmut, Erkältungsdispositionen, chronischen Katarrhen, Frauen- und Kinderkrankheiten, Schwächezuständen anämischer und nervöser Natur, bei geistig Ueberarbeiteten und Rekonvaleszenten verschiedener Art.

10. Loppöhnen.

Loppöhnen ist nur in zweiter Linie Seebadeort, in erster Reihe eine kleine Landgemeinde. Seit einigen Jahren werden in den Sommermonaten auch Wohnungen vermietet, die Zahl der Gäste beträgt jährlich etwa 110 Personen.

Die Einwohner betreiben die Landwirtschaft und zum kleinen Teil auch die Fischerei.

Der Ort liegt in östlicher Richtung von Rauschen auf der Hälfte des Weges nach Neukuhren in einem grösseren muldenförmigen Einschnitt der hier nur mit Strauchwerk bewachsenen Steilküste. Industrielle Anlagen sind nicht vorhanden.

Am Strande sind einige Badezellen vorhanden, der Badegrund ist durch Taue umwehrt.

Besondere Rettungseinrichtungen gibt es nicht, doch ist der Badestrand in nächster Nähe der Anlegestelle der Fischer, so dass Bote immer da sind.

Besondere Kuranstalten fehlen, auch ein Arzt ist nicht ansässig; ärztliche Hilfe muss aus Rauschen geholt werden.

Es ist ein Gasthaus vorhanden.

Milch ist im Ort zu haben, ebenso Fleisch.

Die Wasserversorgung erfolgt durch Einzelbrunnen, von denen zwei öffentliche sind. Die Entnahmestellen sind einwandfrei.

Die Beseitigung der Abfallstoffe geschieht durch Sammeln in Gruben und landwirtschaftliche Verwertung. — Die Strassen sind gewöhnliche Landwege.

11. Neukuhren.

Wie Rauschen so hat sich auch Neukuhren im Laufe der letzten Jahre aus einem kleinen Dorfe zu einem sehr hübschen, besuchten Badeort entwickelt, in dem auch viele Privatvillen entstanden sind. Die Zahl der Gäste betrug 1912 gegen 3600 Personen.

Dementsprechend ist die Haupteinnahmequelle der Einwohner das Vermieten von möblierten Wohnungen, erst in zweiter Linie steht die Landwirtschaft; die Fischerei wird auch in Neukuhren nur von wenigen betrieben.

Die Lage des Ortes ist der von Rauschen ähnlich an der hier allerdings nicht mehr so hübschen Steilküste; die Villen und Hotels liegen auch im Grünen und ein schmaler Waldrand zieht sich längs der Küste hin. Industrielle Anlagen sind nicht vorhanden.

Am Strande ist ein Herren- und ein Damenbad von der Gemeinde errichtet, im Ort gibt es ein gut angelegtes Warmbad, das sich im Privatbesitz befindet.

In jeder Badeanstalt ist ein Rettungsboot bereit, ausserdem die sonst vorgeschriebenen Rettungseinrichtungen; je zwei Bedienstete haben die Aufsicht während des Badens.

Für erholungsbedürftige Frauen und Kinder aus unbemittelten Ständen ist das Kaiserin Auguste Viktoria-Heim erbaut, für vierwöchigen Aufenthalt werden 50 Mark bezahlt. Die Gemeinde besitzt ein Isolierhaus, das allerdings auch, wenn Kranke nicht da sind, zu anderen Zwecken verwendet wird.

Ein Badearzt steht vom Juni bis zum September einschliesslich zur Verfügung, eine Saisonapotheke ist vorhanden. Ein Desinfektionsapparat ist vorhanden.

Das Wohnungswesen bessert sich ständig, da der Ort im Aufschwung ist und Jahr für Jahr neue Häuser entstehen. Die Gemeinde hat ein gut eingerichtetes, hübsch auf der Düne gelegenes Rathaus erbaut, ausserdem hat Neukuhren noch sechs Hotels und vier Pensionate.

Die Versorgung mit Fleisch geschieht durch einen am Ort wohnenden und die aus Pobethen kommenden Fleischer; Milch, Obst, Gemüse wird von den Gütern der Umgegend bezogen.

Die Wasserversorgung hat in neuester Zeit eine wesentliche Verbesserung durch den Bau einer Zentralwasserleitung erfahren, bei der das Wasser aus Tiefbrunnen entnommen wird.

Die Abfallstoffe werden in Düngergruben gesammelt und durch

die Gemeinde abgefahren. Die Strassen sind teilweise gepflastert, für ihre Reinhaltung sorgen Gemeinde und Anlieger.

12. Rantau.

Der Ort ist kein eigentlicher Badeort, sondern eine 1 km von der See entfernte grössere Landgemeinde, die Zahl der Badegäste betrug 1912 auch nur 82 Personen.

Landwirtschaft und Fischfang sind die Haupterwerbszweige der Bevölkerung.

Von Neukuhren ist Rantau in östlicher Richtung etwa 2 km entfernt, im Norden zieht sich an der hier nur noch 10 m hohen Küste ein Wald entlang. Industrielle Anlagen fehlen.

Kur- und Badeeinrichtungen sind nicht vorhanden, ebensowenig Rettungseinrichtungen und Kuranstalten.

Der nächste Badearzt wohnt in Neukuhren, ständig ist ärztliche Hilfe in Cranz zu finden, das von Neukuhren mit der Bahn in einer halben Stunde zu erreichen ist.

Die Wohnungen sind sehr einfach und werden, ausser der Badezeit, an Arbeiter vermietet. Zwei Gastwirtschaften nehmen Fremde auf.

Fleisch und Milch am Ort vorhanden.

Das Wasser wird in einwandfreier Beschaffenheit durch Brunnen geliefert.

Die Abfallstoffe werden in Gruben gesammelt und als Dünger verwertet. — Die Hauptstrasse gehört dem Kreise und ist gepflastert.

13. Rosehnen.

Rosehnen, auch eine Gründung der letzten Jahre, unterscheidet sich wesentlich von den anderen Badeorten; es ist eine Kolonie von hübsch im litauischen Stil angelegten Blockhäusern, die meist von ihren Eigentümern, hauptsächlich Königsberger Familien, den Sommer hindurch selbst bewohnt werden. Das Gelände ist Eigentum der Strandvillenkolonie Westende-Ros. G. m. b. H., die auch die Einrichtung der Blockhäuser übernimmt. Ein solches Haus kann auch vermietet werden. Die Kolonie entwickelt sich weiter, im letzten Jahr waren etwa 150 Bädegäste anwesend.

Dauernde Einwohner sind nur der Wirt des Gasthauses und vier Handwerker.

Rosehnen liegt unmittelbar am Meere auf den unbewaldeten Dünen, so dass es, da auch nach Süden zu nur wenig Wald vorhanden, vor Winden nicht geschützt ist. Die Verbindung nach dem Cranzer Bahnhofe vermittelt ein der G. m. b. H. gehörender Kraftwagen, zu Fuss geht man eine halbe Stunde.

Es wird im Familienbad am Strand gebadet.

Die für ein öffentliches Seebad vorgeschriebenen Rettungseinrichtungen sind vorhanden.

Kuranstalten fehlen, Aerzte wohnen im nahen Cranz.

Ein einfacheres, aber in schönem Garten liegendes Gasthaus bietet Besuchern und Passanten Unterkunft und Pension.

Mit Nahrungsmitteln wird der Ort von Cranz aus versorgt.

Das einwandfreie Wasser wird aus Tiefbrunnen in Sammelbehälter gepumpt und gelangt von da durch Leitungen an die Verwendungsstelle.

Die Beseitigung der Abfallstoffe und der Abwässer erfolgt durch Ableitung in Gruben, die periodisch ausgefahren werden.

14. Cranz.

Cranz, lange Zeit fast der einzige, wegen der Nähe von Königsberg vielbesuchte Badeort Ostpreussens hat sich auch nach der durch die Samlandbahn bewirkten Erschliessung der anderen an der Nordküste des Samlandes gelegenen Bäder stets weiterentwickelt. Im Jahre 1912 betrug die Zahl der Kurgäste 14 183 Personen.

Den Haupterwerb findet die Bevölkerung in dem Vermieten von Wohnungen.

Cranz liegt unweit der Stelle, wo die Kurische Nehrung ans Samland ansetzt. Es ist von Königsberg mit der Bahn in einer halben Stunde zu erreichen, viele Züge nehmen den an schönen Tagen sehr lebhaften Verkehr auf. Nach Cranzbeek, der an der Südspitze des Kurischen Haffes gelegenen Anlegestelle der Haffdampfer, fährt eine Eisenbahn in 5 Minuten. Der Ort liegt unmittelbar am Meer, die Küste ist ganz flach. Gleich an Cranz schliessen sich in nordöstlicher Richtung grosse Wälder, die sich auf der Nehrung fortsetzen. Das Klima ist erfrischend und anregend, der Wind weht vorwiegend aus Westen. — Industrielle Anlagen fehlen.

Was Kur- und Badeleben anlangt, marschiert Cranz an der Spitze der ostpreussischen Bäder. Es sind drei durchaus gut eingerichtete Seebadeanstalten (Herren-, Damen- und Familienbad) mit den vorgeschriebenen Rettungseinrichtungen und ständiger Ueberwachung der Badenden vorhanden. Eine Warmbadeanstalt enthält Einrichtungen für warme See-, Moor-, Licht- und medizinische Bäder.

Es ist ein kleines, den Anforderungen genügendes Krankenhaus mit zwei Schwestern und einer Wärterin vorhanden. Für die Absonderung der Infektionskranken steht eine Isolierbaracke bereit. In Cranz wohnen ständig drei Aerzte und ein amtlicher Desinfektor. Ausserdem stehen drei Masseure zur Verfügung.

Die Privatwohnungen genügen im allgemeinen nur mässigen Ansprüchen, dagegen bieten Hotels (im ganzen zwölf, darunter zwei jüdische) und eine grössere Zahl von Pensionen gute Unterkunft.

Die Bauern der Umgegend versorgen Cranz mit Geflügel, Fleisch, Milch. Die Fleischeinfuhr überwacht ein am Ort ansässiger Tierarzt. Während der Badezeit wird von den Schlächtern in Cranz ausschliesslich im Gemeindeschlachthause geschlachtet.

Das Wasser kommt aus Tiefbrunnen und wird durch eine Zentralwasserleitung den Entnahmestellen zugeführt. Gegen Menge und Beschaffenheit des Wassers ist nichts einzuwenden.

Der Beseitigung der Abfallstoffe dient eine Kanalisation, bei der die Abwässer nach Durchlaufen eines Sandfanges ohne weitere Reinigung dem Haff zugeführt werden. Die Müllfortschaffung wird durch Privatunternehmer besorgt. Die Strassen sind meist gepflastert und werden durch die Gemeinde gereinigt. Am Strande zieht sich eine längere hölzerne Promenade hin, von der aus ein Seesteg sich ins Meer erstreckt. In der hinter den Dünen gelegenen Plantage sind gute Spaziergänge in grösserer Ausdehnung angelegt.

Die Heilerfolge sind die bei Seebädern im allgemeinen erzielten und bei Rauschen im einzelnen angegebenen. Cranz wird oft zur Nachkur nach dem Gebrauch anderer Bade- und Brunnenkuren aufgesucht.

B. Die Badeorte auf der Kurischen Nehrung.

1. Rossitten.

Rossitten, unter den einfachen Fischerdörfern der Nehrung das grösste, hat sich als Seebad wenig entwickelt. Als Ausflugsort sehr beliebt, wird es zu längerem Aufenthalt von höchstens 200 Personen besucht.

Die Bevölkerung betreibt Fischerei, Forstarbeiten und etwas Ackerbau. Infolge der lohnenden Fischerei und der reichlichen Gelegenheit zur Tagelohnarbeit in der Forst sind die Erwerbsverhältnisse nicht ungünstig.

Das Dorf liegt flach am Kurischen Haff an der breitesten Stelle der Nehrung (Breite 3,5 km). Am Haff befindet sich eine Dampferanlegestelle mit kleinem Fischereihafen. Wald mit jüngerem Baumbestand. Das Klima ist ziemlich rauh, da die Nordost- und Ostwinde freien Zutritt haben. Industrielle Anlagen sind nicht vorhanden.

Gebadet wird ohne Badeeinrichtungen im Freien.

Besondere Kuranstalten fehlen.

Für die Pflege am Ort Erkrankender und namentlich Infektionskranker fehlen am Orte alle Vorkehrungen. Der nächste Arzt wohnt in dem 20 km entfernt liegenden Nidden, gleichfalls auf der Nehrung.

Die Einwohner vermieten bescheidene, saubere Wohnungen für entsprechend niedrigen Preis. Die dort vorhandenen Gasthöfe sind sehr einfach und genügen nur bescheidenen Ansprüchen.

Die Nahrungsmittelbeschaffung ist dadurch erschwert, dass Fleisch u. dgl. nicht am Ort zu haben ist, sondern von weiter entfernten Ortschaften wie Cranz und Memel durch Schiffsverbindung bezogen werden muss.

Trinkwasser wird in ausreichender Menge und von guter Beschaffenheit durch die Brunnen des Dorfes geliefert.

Die Abfallstoffe werden landwirtschaftlich verwertet. Die Dorfstrassen, unbefestigt, sind leidlich beschaffen, ohne dass eine besondere Reinigung stattfindet.

2. Nidden.

Nidden, ein einfaches Fischerdorf, wird als Seebad und Luftkurort seit etwa 20 Jahren besucht. Die Anzahl der Besucher hat in den letzten Jahren nicht mehr erheblich zugenommen und beziffert sich für 1912 auf etwa 800 Badegäste. Die Zahl der bezahlten Bäder beziffert sich auf etwa 3000.

Die Bewohner sind grösstenteils Fischer, ausserdem einzelne Handwerker, Gastwirte und Beamte.

Die Lage ist höchst malerisch, weshalb Nidden auch viel von Malern besucht wird. Vom Haff zieht sich das Dorf auf bewaldeter Düne bis zu schönem, altem Hochwald hin, an der südlichen Seite grenzen die hohen Wanderdünen fast bis an den Ort. Der 2 km lange Weg zur See führt durch alten Waldbestand. Bei der durch Wald und Düne geschützten Lage ist das Klima ziemlich milde. Industrielle Anlagen sind nicht vorhanden.

Für kalte Seebäder sind entsprechende, einfache Einrichtungen vorhanden. Die Beschaffung der erforderlichen Rettungseinrichtungen ist kürzlich angeordnet.

Besondere Kuranstalten fehlen.

Ein Arzt mit Hausapotheke ist ständig in Nidden. Für Unterbringung Infektionskranker ist weder Raum noch Pflegepersonal zur Verfügung.

Die vorhandenen Privatwohnungen sind sehr einfach und bescheiden, ebenso genügen die vier Gasthöfe nur bescheidenen Ansprüchen.

Die Nahrungsmittelversorgung erfolgt grösstenteils von auswärts.

Die Wasserversorgung erfolgt durch Brunnen, die in ausreichender Zahl vorhanden sind. Einige der Brunnen sind einfache Schöpfbrunnen mit hölzerner Wandverkleidung, die als einwandfrei nicht angesehen werden können, wenn auch das Wasser im allgemeinen eine gute Beschaffenheit haben soll.

Die grösseren Gasthöfe haben Klosetts mit Spülvorrichtung, im übrigen werden die Fäkalien in dichten Gruben aufgefangen; manche der einfachen Häuser haben auch primitive Aborte ohne Gruben. Die Abfallstoffe werden meist landwirtschaftlich von den Hauseigentümern selbst verwertet. Die Hausabwässer versickern meist in dem sandigen Boden. Die Hauptstrassen sind als Kieschausseen angelegt, die Nebenstrassen sind meist Sandwege. Eine regelmässige Reinigung findet nicht statt, erübrigt sich auch bei dem äusserst geringen Wagenverkehr.

3. Schwarzort.

Schwarzort, die Perle der Nehrung, ist als Seebad und Luftkurort schon seit etwa 60 Jahren besucht worden. Die Anzahl der Besucher hat in den letzten Jahren nicht mehr erheblich zugenommen, in einzelnen Jahren sogar gegen die Vorjahre abgenommen. Im letzten Jahr betrug die Zahl der Besucher gegen 3200.

Die Bewohner Schwarzorts haben ursprünglich fast ausschliesslich von der Fischerei gelebt, allmählich sind entsprechend der Entwicklung des Ortes als Badeort Kaufleute, Gastwirte, Handwerker usw. hinzugekommen.

Das alte Fischerdorf zieht sich am Haff entlang, wird an der anderen Seite begrenzt von den mit Hochwald bewachsenen ansteigenden Dünen. Die Häuser, meist von Gärten umgeben, machen einen sauberen und freundlichen Eindruck. Daran schliesst sich der neuere Teil, der aus kleinen, vielfach schon im Walde gelegenen Villen, Logierhäusern und Gasthöfen besteht. Am Haff ist eine Dampferanlegestelle nebst kleinem Hafen, wo die täglich mehrere Male von Memel, ausserdem täglich von Cranzbeek und Tilsit ankommenden

Dampfer anlegen. Der Weg zum Ostseestrand führt über eine Anhöhe in 25 Minuten durch den Wald. Das Klima ist wegen der Lage am Haff und im Walde ein mildes.

Schwarzort.

Am Strand ist je ein Herren- und Damenbad mit geräumigen Kabinen vorhanden. Während der Badezeit findet regelmässige Beaufsichtigung durch Badepersonal statt. Die Rettungseinrichtungen sind die polizeilich vorgeschriebenen. Eine kleine Warmbadeanstalt, das Luisenbad, gibt die Möglichkeit, warme Seebäder, medizinische Bäder aller Art und Moorbäder zu nehmen. Hier wurden im Jahre 1912 im ganzen gegen 2000 verschiedene Bäder verabfolgt.

Von Anstalten ist eine Ferienkolonie von Tilsit untergebracht, in der während des letzten Jahres 35 Kinder aufgenommen wurden.

Ein Arzt ist ständig am Ort, derselbe hält eine Hausapotheke. Zur Unterbringung Kranker sind besondere Räume nicht vorhanden, ebensowenig Krankenpflegepersonen. Ein geprüfter Desinfektor wohnt in Schwarzort.

Es sind vorhanden zwei grössere und mehrere kleinere Gasthöfe, zwei Pensionate für Sommergäste und eine grosse Anzahl von Privatwohnungen einfacherer Art.

Die Versorgung mit Nahrungsmitteln erfolgt grösstenteils von auswärts, hauptsächlich von Memel, und macht bei dem häufigen Dampfschiffverkehr keine Schwierigkeiten. Eine Kontrolle des Fleischs findet in Memel statt.

Das Wasser wird aus Einzelbrunnen, von denen einige primitive Schöpfbrunnen sind, und zwar meist aus geringer Tiefe gewonnen, und gilt im allgemeinen als rein und unverdächtig. Ueber Wassermangel ist noch nicht geklagt worden.

Abgesehen von einem Hotel mit Spülklosett sind Aborte mit Grubensystem die Regel. Die Abwässer werden teils in eigenen Leitungen zum Haff gebracht, teils versickern sie in dem sandigen Boden. Die beiden Hauptstrassen sind als Kieschausseen gebaut und werden nach Bedarf gereinigt, die Nebenstrassen sind Sandwege.

4. Sandkrug.

Sandkrug war etwa bis zum Jahre 1898 nur Seebad für die Stadt Memel, deren Bewohner sich dort Sommerhäuser erbauten. 1908 wurde das Kurhaus eröffnet, das allein für den Fremdenverkehr in Betracht kommt. Sandkrug hat sich nur eines mässigen Zuspruches von Fremden zu erfreuen. Im Jahre 1912 konnte es 341 Badegäste verzeichnen, während im ganzen 15930 Personen badeten.

Eine eingeborene Bevölkerung existiert in Sandkrug nicht.

Der Ort liegt fast auf der nördlichsten Spitze der Kurischen Nehrung, gegenüber von Memel, das durch eine Fähre — die viertelstündlich verkehrt — zu erreichen ist. Sandkrug wird durch einen Wald gegen die rauhen Seewinde ziemlich geschützt. Industrielle Anlagen fehlen vollständig.

Die Badegäste können entweder kalte Seebäder oder warme Wannenbäder im Kurhause nehmen. Die durch Reg.-Polizeiverordnungen vom 5. April 1905 vorgeschriebenen Rettungseinrichtungen sind vorhanden.

Besondere Kuranstalten fehlen.

Die am Ort Erkrankten werden in die Memeler Krankenhäuser gebracht und von dortigen Aerzten behandelt. Ebenfalls befinden sich zwei geprüfte Desinfektoren in Memel.

Die Fremden finden im Kurhaus Sandkrug, das ein modern eingerichtetes Hotel ist, und in einigen Privatvillen Unterkunft.

Die Nahrungsmittelzufuhr geschieht von Memel aus und wird auch dort beaufsichtigt.

Im Kurhaus befindet sich ein ungefähr 30 m tiefer Brunnen; im Ort selbst sind einige Flachbrunnen mit zum Teil wenig Wasser vorhanden, doch sind Lage und Beschaffenheit der Brunnen einwandfrei.

Die Abfallstoffe des Kurhauses werden durch Spülklosetts beseitigt, die an eine Grube angeschlossen sind, während die übrigen Hausabwässer in das Haff geleitet werden. Die meisten Strassen sind mit Kies beschüttet, und die übrigen sind gewöhnliche Landwege.

5. Süderspitze.

Süderspitze ist erst in den letzten Jahren von Sommergästen aufgesucht worden. Der Besuch des Ortes ist ein sehr geringer, im Jahre 1912 betrug die Zahl der Badegäste nur 41.

Die Bevölkerung setzt sich grösstenteils aus Fischern zusammen.

Süderspitze ist der nördlichste Ort auf der Kurischen Nehrung. Durch Wald und Düne ist der Ort gegen Seewinde einigermassen geschützt. Industrielle Anlagen sind nicht vorhanden.

Den Badegästen stehen nur kalte Seebäder zur Verfügung, die die durch Reg.-Polizeiverordnungen vorgeschriebenen Rettungseinrichtungen enthalten.

Besondere Kuranstalten fehlen, doch wird die dortige Königliche Quarantäneanstalt jährlich einigen Lehrerinnen als Erholungsaufenthalt zur Verfügung gestellt.

Die Pflege der am Ort Erkrankten ist die gleiche wie in Sandkrug, da die Erkrankten in den Memeler Krankenhäusern ärztliche Pflege finden.

Ein Gasthof und eine Anzahl von Fischerwohnungen einfachster Art dienen den Badegästen als Wohnungen.

Die Nahrungsmittel kommen sämtlich von Memel aus nach Süderspitze.

Süderspitze wird durch flache Kesselbrunnen mit hölzernen Wänden und Schöpfvorrichtungen mit Wasser versorgt. Gegen Lage der Brunnen und Beschaffenheit des Wassers sind im allgemeinen keine Anstände erhoben worden.

Den freistehenden Aborthäuschen fehlt grösstenteils die gemauerte Grube; die Abwässer der Häuser werden durch Versickerung beseitigt. Die einzige öffentliche Strasse am Haffrande ist ungepflastert.

C. Die Badeorte nördlich von Memel.

1. Mellneraggen.

Der Seebadeort Mellneraggen ist erst in den letzten Jahren in Aufnahme gekommen. Die Besucherzahl der dort wohnenden Sommergäste ist von 20 im Jahre 1907 auf 57 im Jahre 1911 gestiegen.

Die Bewohner von Mellneraggen treiben durchweg Fischerei, nebenbei Landwirtschaft in geringem Umfange.

Der Ort liegt auf flachem Sandboden zwischen einer niedrigen Vordüne und der städtischen Plantage von Memel. Das Seeklima ist daher etwas rauh. Industrielle Anlagen gibt es nicht.

Mellneraggen besitzt nur kalte Seebäder. Die Rettungseinrichtungen entsprechen der Reg.-Polizeiverordnung vom 5. April 1905.

Besondere Kuranstalten sind nicht vorhanden.

Der Ort entbehrt eines Arztes sowie jeder Krankenversorgung.

Nur Privatwohnungen einfachster Art werden bei den dortigen Fischern vermietet.

Fleisch- und Backwaren werden aus Memel bezogen, während das Dorf Eier, Butter und Milch liefert.

Mellneraggen wird durch Flachbrunnen, die in einfachster Weise als Schöpfbrunnen eingerichtet sind, mit Wasser versorgt. Die Lage der Brunnen und die Beschaffenheit des Wassers haben bisher noch keine Beanstandung veranlasst.

Die Beseitigung der Abfallstoffe ist die denkbar einfachste, da bei den Aborten nicht einmal gemauerte Gruben vorhanden sind und die Abwässer durch Versickerung beseitigt werden. Die durch den Ort führende Strasse ist zum Teil als Kieschaussee ausgebaut.

2. Försterei.

Försterei ist gegründet als Villenkolonie von Memeler Kaufleuten; im Laufe der Jahre sind drei Gasthöfe und eine Fremdenpension hinzugekommen. Die Besucherzahl betrug im Jahre 1912 487.

Der Ort gehört zur Gemeinde Mellneraggen; ausser den Gasthofhofbesitzern und dem Förster hat er keine ständigen Bewohner.

Försterei ist sehr hübsch im Walde gelegen und etwa 500 m von der See entfernt. Da der Ort hoch und von Dünen ungeschützt liegt, ist das Klima etwas rauh. Industrielle Anlagen gibt es nicht.

Ausser den Einrichtungen zu kalten Seebädern mit den vorgeschriebenen Rettungseinrichtungen kann man auch warme Bäder nehmen.

Als Kuranstalt ist das Königliche Luisen-Erholungsheim bemerkenswert, in dem während des letzten Jahres etwa 150 Kinder und 30 Erwachsene zur Erholung sich befanden.

Im Orte selbst gibt es keinen Arzt, keine Pflegeperson und keine Räume zur Unterbringung von Kranken. Die nächste ärztliche Hilfe ist in Memel zu holen.

Zur Aufnahme von Fremden dienen drei Gasthöfe, ein Pensionat und einzelne Villen.

Milch, Butter und Eier liefern die Bauern der umliegenden Ortschaften, Milch auch der Förster. Fleisch und Brot wird aus Memel bezogen.

Die Versorgung mit einwandfreiem Wasser erfolgt durch Brunnen.

Die Abfallstoffe werden in dichtgemauerten Gruben gesammelt und die Abwässer durch Versickerung beseitigt. Durch den Ort führt nur eine öffentliche Strasse (Kieschaussee) und ein öffentlicher ungepflasterter Weg zur See.

2.

Die Seebadeorte in Westpreussen.

Von

Reg.- und Geh. Med.-Rat Dr. **Seemann**, Danzig.

(Mit 3 Abbildungen im Text.)

Allgemeines.

Sämtliche Bäder liegen an der sich nach Norden öffnenden halbkreisförmigen Danziger Bucht, deren östliche Küste zum grössten Teil von der Frischen Nehrung gebildet wird und in die von Nordwesten her die 23 km lange, an ihrer breitesten Stelle nicht 3 km breite, bewaldete Halbinsel Hela hineinragt. In die Bucht ergiesst sich durch einen künstlichen Durchstich, einen natürlichen Durchbruch und schliesslich als tote Weichsel der Hauptarm des Weichselstromes und beeinflusst durch sein Süsswasser den Salzgehalt der Ostsee, der nach Thilenius von Zoppot bis Cranz 7,0999 g Salze im Liter beträgt, gegen 4—19 g der Ostsee im allgemeinen, 32—41 g des Mittelländischen Meeres, 30—37 g des Atlantischen Ozeans und 30 g der Nordsee. Ebbe und Flut fehlen der Ostsee. Nach der Regenkarte der Provinzen Westpreussen und Posen beträgt die mittlere jährliche Niederschlagshöhe an der Küste der Danziger Bucht östlich 500 bis 550 mm, westlich 550—600 mm. Das Maximum der Sturmtage in Deutschland fällt auf Hela mit 68 Tagen (R. Assmann). Nach den Ergebnissen der meteorologischen Beobachtungen in Neufahrwasser an der Weichselmündung im System der Deutschen Seewarte betrug der Luftdruck im Jahresmittel 1876—1900 759,9 mm, im Lustrum 1901 bis 1905 759,8 mm, 1906—1910 760,2 mm.

Die mittlere Niederschlagshöhe betrug im:

	Mai	Juni	Juli	August	September	im Jahr
1876—1900	52,9	58,2	74,1	66,4	51,5	552,1
1901—1905	48,7	51,4	71,3	82,5	46,2	547,5
1906—1910	47,5	66,0	74,5	73,2	46,0	541,5

Die Lufttemperatur betrug in Graden:

Neufahrwasser	Mai				Juni				Juli				August				September			
	8 Uhr vorm.	2 Uhr nachm.	8 Uhr abends	Tagesmittel	8 Uhr vorm.	2 Uhr nachm.	8 Uhr abends	Tagesmittel	8 Uhr vorm.	2 Uhr nachm.	8 Uhr abends	Tagesmittel	8 Uhr vorm.	2 Uhr nachm.	8 Uhr abends	Tagesmittel	8 Uhr vorm.	2 Uhr nachm.	8 Uhr abends	Tagesmittel
1876-1900	11,1	12,9	10,0	10,6	15,8	17,3	14,8	15,1	18,1	20,1	17,3	17,6	16,9	19,7	16,3	16,7	12,9	16,6	13,0	13,6
1901-1905	11,3	12,9	10,2	10,8	16,1	17,2	14,8	15,4	17,8	19,4	17,2	17,3	16,5	18,7	16,2	16,4	12,6	15,8	13,3	13,4
1906-1910	11,5	13,2	10,7	11,1	15,7	17,4	14,8	15,4	17,0	19,8	16,4	16,8	16,2	18,4	15,8	16,2	12,6	15,9	13,2	13,4

Die relative Feuchtigkeit betrug in Prozent:

1876-1900	73	66	78	73	72	66	76	72	74	65	78	73	78	65	81	74	83	66	83	77
1900-1905	75	68	79	74	74	69	79	74	74	67	76	72	79	69	81	76	82	69	83	78
1906-1910	77	71	80	76	76	69	81	75	79	71	82	77	81	71	83	78	85	70	84	80

Da die Mehrzahl der Bäder in unmittelbarer Nähe von Neufahrwasser liegt, so sind die Beobachtungen für die gesamte Bäderreihe als zutreffend anzusehen.

Bezüglich der Einrichtung in den öffentlichen Seebädern schreibt die Regierungs-Polizeiverordnung vom 23. Februar 1889 vor: Abgrenzung des Badegebiets für Nichtschwimmer, bestimmte Wassertiefe dieses Gebiets, das Bereithalten eines Rettungsbootes in jedem Seebad, eines Schwimmgürtels mit langer Leine, einer langen Stange mit Haken, je einer wollenen Decke, Bürste, Matratze und einiger Medikamente zu Wiederbelebungszwecken, die ständige Anwesenheit eines Badewärters (Badewärterin), der mit der Bootsführung vertraut und schwimmkundig ist, während der Badezeit.

Oertliche Polizeiverordnungen regeln die Benutzung der Bäder und verbieten insbesondere Hinausschwimmen über gesteckte Ziele und dergleichen mehr.

In den letzten Jahren macht sich das Bestreben der Bevölkerung geltend, von der Benutzung der Badeanstalten abzusehen und in offener See, wenn auch an der Stelle sogenannter Freibadeplätze, zu baden.

Der Seegrund und der Strand besteht durchweg aus gelblichem, kiesfreiem, ziemlich feinkörnigem Sand.

Die Nahrungsmittelaufsicht ist im allgemeinen in der ganzen Provinz so geregelt, dass eine bestimmte Anzahl von Nahrungsmittelproben aus jedem Kreise alljährlich an das Nahrungsmitteluntersuchungsamt der Provinz Westpreussen in Danzig einzusenden sind.

Dieses und ein Weinkontrolleur im Hauptamt sorgen ferner für Beaufsichtigung des Verkehrs mit Wein und weinähnlichen Getränken.

1. Zoppot.

Die Gründung dieses unstreitig bedeutendsten Seebades des Regierungsbezirks Danzig fällt in das Jahr 1823 und ist dem Dr. med. Johann George Haffner zu verdanken, einem Deutsch-Elsässer und Freund des langjährigen Gouverneurs von Danzig, des französischen Generals Rapp. Zunächst wurde ein Warmbad errichtet, dem einige Kalt-Badezellen nebst einem Badekarren folgten; letzterer erwies sich jedoch mit der Zeit als unnötig. Ein Kurgarten wurde sogleich angelegt. Die Trennung von Herren- und Damenbad wurde von vorneherein und peinlich beobachtet, die Badeplätze lagen 1000 Fuss auseinander. Ein Reglement der Königlichen Regierung vom 14. Mai 1823 für den Badeort Zoppot regelte das Meldewesen und den Badebetrieb. 1824 wurde das erste Kurhaus errichtet und schon Ende der 30er Jahre ein Seesteg erbaut. 1877 ging das Bad in den Besitz der Gemeinde über. Das erste Kurhaus bestand bis 1880. 1823 betrug die Einwohnerzahl Zoppots etwa 500 Köpfe, meist unbemittelte Fischer, 1830 zählte man schon 460 Kurgäste. Die in den 70er Jahren entstandenen neuen Badeanstalten ruhten schon auf Pfählen in der See und enthielten 52 Umkleidezellen für Herren und 75 für Damen (Chronik des Seebades Zoppot, Prof. Dr. Friedr. Schultz). Jetzt beträgt die Einwohnerzahl Zoppots 17000 Seelen, darunter ein hoher Prozentsatz wohlhabender Rentner, Pensionäre und dergleichen; es beherbergte im Jahre 1912 19299 Kurgäste ohne Passanten und es wurden 347870 kalte Seebäder verabfolgt.

Zoppot liegt an der Berlin-Stettin-Danziger Bahnstrecke und ist ausserdem durch Vorortbahn mit Danzig verbunden. Regelmässige Dampfschiffverbindung findet von Danzig über Neufahrwasser auf Mottlau und Weichsel, weiterhin zur See statt. Ein Teil der Schiffe geht auch nach Hela; im Sommer ist auch Dampfschiffverbindung mit Pillau, Königsberg, Memel und Libau. Weiter vermitteln im Sommer Motorboote den Verkehr mit den benachbarten kleineren Seebädern.

Zoppot ist eine Villenstadt mit offener Bauweise, die Villen liegen in Gärten zwischen Parkanlagen, die unmittelbar in den Wald übergehen, andererseits liegt die Stadt unmittelbar an der See. Die durch die bewaldeten Hügel des Olivaer Waldes geschützte Lage Zoppots verschafft ihm ein besonders mildes Klima mit reiner Wald- und Seeluft.

Die während der Badezeit 1912 in den Kaltbadeanstalten vorgenommenen Messungen des Wassers und der Luft ergaben:

pro	Monat	Juni,	1.—15.	Höchste	Temperatur	im	Wasser	18	Luft	29°
„	„	„	16.—30.	„	„	„	„	20½	„	23°
„	„	„	1.—15.	Niedrigste	„	„	„	13	„	13°
„	„	„	16.—30.	„	„	„	„	13½	„	13°
„	„	Juli,	1.—15.	Höchste	„	„	„	23	„	24°
„	„	„	16.—31.	„	„	„	„	25	„	26°
„	„	„	1.—15.	Niedrigste	„	„	„	17½	„	17°
„	„	„	16.—31.	„	„	„	„	21	„	20°
„	„	August,	1.—15.	Höchste	„	„	„	23	„	26°
„	„	„	16.—31.	„	„	„	„	17½	„	20°
„	„	„	1.—15.	Niedrigste	„	„	„	15½	„	14°
„	„	„	16.—31.	„	„	„	„	16	„	16°
„	„	September,	1.—15.	Höchste	„	„	„	17	„	16°
„	„	„	1.—15.	„	„	„	„	14	„	12½°

Industrielle Anlagen störender Art gibt es in Zoppot nicht.

Die Kureinrichtungen bestehen in erster Linie aus den beiden Kaltbadeanstalten, Nord- und Südbad, ferner dem Warmbad. Das Nordbad enthält 340, das Südbad 275 Umkleidezellen. Beide Badeanstalten bestehen aus einer Abteilung für Herren, einer für Damen, und haben so zwischen sich eine Abteilung für gemeinsames Baden, d. h. Familienbad. Im Südbade sind auch Sonnenbäder für Damen und Herren eingerichtet. Die Zellenreihen ruhen auf Pfahlbauten unmittelbar im Wasser und in einer Höhe, dass ihnen aussergewöhnliche Wasserbewegung nichts anhaben kann. Im Mittelbau beider Badeanstalten sind gut und geschmackvoll eingerichtete Erfrischungsräume. Auch die Badezellen sind gut eingerichtet und mit eigener Wasserleitung versehen.

Im vornehmer eingerichteten Warmbad werden ausser warmen Seebädern sämtliche Arten medizinischer Bäder, insbesondere elektrische, Moor- und Fangobäder verabreicht. Das Warmbad enthält 56 Zellen, 4 davon für Kinder. Zum Genusse der frischen Seeluft dient der an der See liegende Kurgarten, der Strand, vor allem der 420 m lange, sehr breite Seesteg.

Ausser den vorgeschriebenen Sicherheits- und Rettungseinrichtungen sind noch besondere, mit Sauerstoffapparat ausgerüstete Samariterzellen vorhanden, ständiger Ausguck durch Wachtposten ist eingerichtet, und die Rettungsbote hängen über dem Wasser.

Von besonderen Kuranstalten sind vorhanden: eine Kinderheilstätte mit 100 Betten, ein Privatsanatorium, eine Unfall- und

Pflegestation im Gemeindehaus, ein privates Kinderheim unter ärztlicher Leitung.

Zoppot, Nordbad.

Zoppot, Südbad.

Leider fehlt ein Krankenhaus, jedoch ist schon ein Fonds zur Errichtung eines solchen vorhanden.

12 Aerzte üben ihre Tätigkeit aus; in den Danziger Kranken-

häusern (12 km Eisenbahn) werden die ansteckenden Kranken untergebracht. Zum Krankentransport dient ein Sanitätswagen. Für Cholerakranke ist ein Cholerahaus vorgesehen. Zwei Apotheken reichen zurzeit für die Arzneiversorgung noch aus. An freitätigen Krankenpflegepersonen fehlt es nicht; ihre Zahl schwankt. Eine moderne Desinfektionsanstalt am Warmbade wird von einem geprüften Desinfektor und einer Desinfektionskolonne bedient.

Das Wohnungswesen entspricht allen Ansprüchen; es sind über 500 Wohnungen vorhanden, Hotels gibt es neun mit Jahres-

Zoppot, Warmbad, Vorhalle.

und vier mit Saisonbetrieb, daneben 40 Pensionate. Ausserdem das Kurhaus mit 50 Zimmern und 80 Betten.

Die Nahrungsmittelversorgung geschieht durch reich beschickte Märkte und rege Zufuhr aus der ländlichen Umgebung; die Kontrolle geschieht, abgesehen von der allgemeinen seitens des Nahrungsmitteluntersuchungsamtes, durch den Direktor des städtischen Schlachthofes in Zoppot. Die Kontrolle des Milchverkehrs wird durch eine Milchpolizeiverordnung gestützt.

Die zentrale Wasserleitung, grösstenteils aus Quellgebieten und mit natürlichem Druck, genügt nach Menge und Beschaffenheit in jeder Beziehung allen Anforderungen an hygienisch einwandfreies Wasser.

Die Beseitigung der Abfallstoffe des Stadtgebiets geschieht durch Schwemmkanalisation mit Rieselfeldern, nur in zwei sogenannten Abbauten (Schmierau und Steinfliess) sind noch Gruben; die Müllbeseitigung erfolgt in gedeckten Wagen in städtischer Regie, desgleichen liegt die Strassenreinigung der teils gepflasterten, teils chaussierten Strassen städtischen Arbeitskolonnen ob.

Das Badeleben Zoppots ist überaus reichhaltig und lebhaft und spielt sich der Hauptsache nach im Kurgarten, auf dem Seesteg, am Strande, in der Hauptverkehrsstrasse (Seestrasse), sowie auf den vielen Sportplätzen ab. Den Gipfelpunkt erreicht das Sportleben in der sogenannten Sportwoche im Juli, die ein ganz internationales Gepräge trägt. Das neue Kurhaus ist erst im Jahre 1909 errichtet und entspricht den verwöhntesten Ansprüchen. Neben dem Weltbadgetriebe findet sich dank der Bauart Zoppots und seiner Lage am Walde reichlich Gelegenheit zum ruhigen Kurgebrauch. Im übrigen kommt Zoppot dank seinem milden Klima auch als Winterkurort in Betracht.

2. Westerplatte.

Das Bad besteht seit 1841, gerade so lange das erste Kurhaus; es befindet sich in Privatbesitz. Das jetzige Kurhaus wurde 1889 erbaut. Die Besucherzahl betrug 1912 2000 Kurgäste; 135 495 kalte Seebäder und 3565 warme Bäder wurden verabreicht. Die hohen Zahlen erklären sich durch den Passantenbesuch, meist Danziger, die in grossen Scharen täglich Westerplatte besuchen, um zu baden. Die ständige Bevölkerung Westerplattes besteht der Hauptsache nach aus Hausbesitzern, 180 Seelen im ganzen. Das Bad liegt auf der durch die tote Weichsel und die Ostsee gebildeten, 2 km langen, $^1/_2$ km breiten, mit 300 Morgen gemischtem Wald bestandenen Halbinsel oder Landzunge „Westerplatte“. Inmitten des Waldes liegen das Kurhaus und die Wohnungen der Kurgäste, meist zweistöckige in Fachwerk aufgeführte Villen. Westerplatte hat an der Weichsel den Dampferanlegeplatz, liegt gegenüber der Hafenvorstadt Danzigs (Neufahrwasser), hat regelmässigen Dampferverkehr mit Zoppot und Danzig, auch Hela und Brösen, ausserdem über Neufahrwasser Vorortseisenbahnverkehr und elektrische Strassenbahnverbindung mit Danzig.

Die Kureinrichtungen bestehen aus den Seebadeanstalten und dem Warmbad. Erstere, für Herren und Damen und dazwischen Familienbad, ruhen auf in die See gebautem Pfahlgerüst und haben 324 Umkleidezellen. Im Warmbad werden alle Arten medizinischer

Bäder verabreicht, insbesondere Moorbäder. Alle Badeanstalten liegen 200—350 m vom Kurhaus, der Weg dahin führt durch den Wald. Eine Seeterrasse und ein Seesteg bieten ausser dem Badestrand Gelegenheit zum Geniessen der Seeluft. Eine Strandhalle mit Erfrischungsräumen liegt bei den Badeanstalten. Der Strand ist flach und sandig, der Wellenschlag verhältnismässig lebhaft. Ausser den allgemein vorgeschriebenen Rettungsvorrichtungen sind Samariterzellen mit Einrichtung vorhanden, desgleichen ist Ausguckdienst eingerichtet.

Von besonderen Kuranstalten gibt es nur ein ärztliches Privatsanatorium mit einer Pflegeschwester. Abgesehen von dem ärztlichen Besitzer ist kein weiterer Arzt tätig, Neufahrwasser bietet die nächste ärztliche Versorgung und hat auch Apotheke. Einrichtungen zur Absonderung ansteckender Kranker bietet die Stadt Danzig, zu deren Verwaltungsbezirk Westerplatte gehört. Gegenüber Westerplatte liegt die Seequarantäneanstalt mit 62 Betten. In Neufahrwasser wohnen zwei amtliche Desinfektoren. Wohnungen für Kurgäste bietet das Kurhaus und die zum Bade gehörigen Sommerwohnungen.

Der Nahrungsmittelbezug erfolgt von Danzig und Neufahrwasser, die Kontrolle des Nahrungsmittelverkehrs ist die der Stadt Danzig (öffentliches Schlachthaus, Milchpolizeiverordnung, Markthallen, Marktpolizei).

Westerplatte bezieht sein Trinkwasser aus der Danziger Zentralwasserleitung, ist aber nicht an die Schwemmkanalisation angeschlossen, sondern hat Grubensystem mit Abfuhr. — Die Strassen sind wohlgepflegte Wald- und Parkwege.

3. Steegen.

Das Seebad Steegen besteht seit 1903, nachdem die Gemeinde die vorher am Strande stehenden privaten Badebuden übernommen hat. 1912 wurden 142 Kurgäste (56 Familien) gezählt und 7270 kalte Seebäder genommen. Das Dorf mit 1350 Einwohnern trägt ganz ländlichen Charakter, liegt 3 km vom Badestrand an den Kleinbahnen Danzig—Stutthof sowie Steegen—Tiegenhof und dicht an dem sich der Küste entlang erstreckenden Walde, durch den auch der Weg nach dem Strande (über Dünengelände) führt.

Die Kureinrichtungen bestehen lediglich in zwei Seebadeanstalten mit je 12 Umkleidezellen für Herren und Damen, die vorgeschriebenen Rettungs- usw. Einrichtungen sind vorhanden. Der nächste Arzt und die nächste Apotheke befinden sich in dem 4 bis 5 km entfernten Stutthof. Krankenpflege wird von einer mit zwei Schwestern besetzten Diakonissenstation aus besorgt. Die Absonderung ansteckender Kranker muss am Orte erfolgen, da die nächsten Krankenhäuser in Danzig liegen. Krankentransporteinrichtungen fehlen. Die Wohnungen und die fünf Gasthäuser tragen ländliches Gepräge. Die Nahrungsmittelversorgung ist die auf dem Lande übliche, ein Schlachter mit vorschriftsmässigem Schlachthaus wohnt am Orte. Eine besondere Nahrungsmittelkontrolle findet nicht statt. Die Wasserversorgung erfolgt aus zum Teil artesischen Brunnen mit gutem Wasser. Die Beseitigung der Abfallstoffe geschieht landwirtschaftlich. Die Dorfstrassen sind nicht befestigt. In Steegen überwiegt der Charakter einer ländlichen Waldsommerfrische den des Seebades.

4. Hela.

Seit 1870 gab es schon eine Badebude mit drei Zellen, im Bedarfsfalle für Badegäste bestimmt, jedoch wurde erst 1892 ein grösseres Herren- und Damenbad errichtet; das erste Kurhaus entstand 1891/92. Die Einwohnerzahl betrug damals 420 Köpfe, jetzt ist sie nicht viel höher (484). 1912 betrug die Kurgästezahl 893, die Zahl der kalten Seebäder ist verhältnismässig gering angegeben, etwa 3700; gerade in Hela blüht jedoch der Freibadebetrieb ausserhalb der geschlossenen Badeanstalt. Die ansässige Bevölkerung besteht aus Fischern, einzelne finden noch beim Dünenbau Beschäftigung. Die Aufforstungen liegen in der Hand der Strafanstaltsfiliale in Hela. Der Ort selbst liegt auf der Südspitze der Halbinsel und hat Dampferverkehr mit Danzig. Die Luftbewegung ist in Hela die kräftigste von Deutschland. Die ganze Halbinsel ist dicht bewaldet, der Wald beginnt gleich am Orte. Es besteht nur eine kleine B a d e - a n s t a l t für beide Geschlechter mit elf Umkleidezellen, zwei weitere Zellen sind für warme Seebäder eingerichtet. Die Badeanstalt mit den gewöhnlichen Rettungseinrichtungen liegt an der südlichen Seite der äussersten Spitze der Halbinsel, das Freibad am nördlichen Strande. Industrielle Anlagen fehlen ganz. Arzt und Apotheke fehlen, die Krankenpflege ruht zum Teil in Samariterhänden, Einrichtungen zur Absonderung ansteckender Kranker sind nicht vorhanden. Für alles muss Danzig in Anspruch genommen werden. Ein Desinfektor wohnt am Orte. Der Krankentransport erfolgt mit den Tourendampfern. Die Wohnungen in den sehr ursprünglichen Fischerhäusern bieten einfache Unterkunft, sechs Gasthäuser am Orte und vor allem das gegenüber dem Landungssteg gelegene Kurhaus sorgen für höhere Ansprüche. Ausser den Ergebnissen des Fischfanges liefert Hela nur noch Milch, alle anderen Nahrungsmittel kommen von Danzig. Besondere Kontrolle dieser wird in Hela nicht geübt. Sechs Röhrenbrunnen, darunter ein artesischer, sowie eine Anzahl Privatbrunnen geben ausreichendes und hygienisch einwandfreies Wasser. Gruben bewahren die Abgangsstoffe bis zu ihrer Abfuhr auf. Die einzige Strasse ist zum Teil gepflastert. Durchgehender Verkehr fehlt ganz.

Hela ist Erholungsort und hat besonders reine See- und Waldluft.

5. Brösen.

Es ist das erste Seebad bei Danzig und verdankt seine Entstehung dem französischen General Rapp, der 1806 eine Badeanstalt auf Holzpfählen errichtete, die 1843 durch Sturm zerstört, später wieder aufgerichtet wurde. Das Kurhaus wurde 1890, der Seesteg 1899 gebaut. Damals betrug die Einwohnerzahl 900—1000 Köpfe. 1912 waren etwa 1317 Kurgäste im Bade, es wurden ca. 60000 Seebäder verabreicht. Brösen ist das Seebad der Bewohner der zum Danziger Stadtbezirk gehörigen Vorstadt Langfuhr, der äusserst lebhafte Verkehr erklärt die hohe Zahl der genommenen Bäder. Seit 1911 ist es aus Privatbesitz in den der Gemeinde übergegangen.

Die jetzige Einwohnerzahl beträgt 2700 Personen, darunter etwa 25 Fischerfamilien, 80 pCt. der Bevölkerung sind Arbeiter. Daneben noch einige Rentner und Villenbesitzer.

Brösen liegt zwar an der Vorortbahn Danzig-Neufahrwasser, der Bahnhof liegt jedoch weit ab vom Dorfe; die beste Verbindung ist die von Danzig oder Langfuhr mittels der elektrischen Strassenbahn, ausserdem legen die Danzig-Zoppoter Dampfer am Brösener Seestege an. Unmittelbar beim Dorf liegt das Bad und ein Wäldchen.

Die beiden auf Pfählen aufgebauten Kaltbadeanstalten mit Laufsteg ins Wasser liegen durch den Seesteg getrennt und haben je 92 Umkleidezellen; ein besonderes Warmbad mit 11 Zellen ist auch für medizinische und Moorbäder eingerichtet. Die Rettungseinrichtungen sind die vorgeschriebenen.

Die ärztliche und Arzneiversorgung kann von Langfuhr und von Neufahrwasser (je 12 Minuten mit elektrischer Bahn) erfolgen, eine geprüfte Krankenpflegerin und ein Desinfektor sind am Orte. Zur Absonderung ansteckender Kranker kommen die Krankenanstalten

Danzigs in Betracht, im Bedarfsfall befördert ein Danziger Sanitätswagen die Kranken. Einfache Wohnungen sind in den Fischerhäusern, bessere in einigen Villen und dem Kurhaus zu finden, ausserdem sind noch fünf Gasthäuser vorhanden.

Fleischer und Bäcker sind am Orte, jedoch erfolgt der grössere Teil des Nahrungsmittelbezugs von Langfuhr aus. Am Orte keine besondere Nahrungsmittelkontrolle.

Die Wasserversorgung geschieht aus 20—25 m tiefen Röhrenbrunnen und ist einwandfrei. Gruben und Abfuhr sorgen für Beseitigung der Abfallstoffe. Einige Dorfstrassen sind gepflastert.

6. Seebad bei **Weichselmünde**.

Besteht schon seit Jahrzehnten mit Unterbrechung, es sind am Strande ein Herren- und ein Damenbad mit je 12 Umkleidezellen und auch die nötigen Rettungseinrichtungen vorhanden. Das an der Weichsel oberhalb Westerplatte gelegene Dorf mit 1562 Einwohnern, $1^1/_2$ km vom Seestrande, kann als Badeort nicht bezeichnet werden. Die Badeanstalt wird meist von Passanten besucht, 1912 wurden 1975 kalte Seebäder verabfolgt. Der Weg vom Dampfer nach der See führt am Walde vorbei über Dünenland. Keine besonderen Heilanzeigen.

7. Adlershorst.

Eine Stunde zu Fuss am Strande entlang, nördlich Zoppot, liegt das 1906 privatim gegründete Seebad, das lediglich aus einem Kurhaus und einer auf Pfählen ruhenden, für beide Geschlechter gemeinsamen Seebadeanstalt besteht. Es wurde 1912 von 250 Kurgästen besucht, und 3437 Seebäder wurden genommen. Das Kurhaus liegt dicht an der See und am Walde, an einem der schönsten Punkte der Danziger Bucht. Es sind im ganzen 20 Umkleidezellen und die erforderlichen Einrichtungen zur Rettung und Wiederbelebung vorhanden. Alle Nahrungsmittel werden von Zoppot bezogen, ein 19 m tiefer Röhrenbrunnen mit Druckluftleitung versorgt das Kurhaus (Hotel) mit einwandfreiem Trinkwasser aus Leitung; zementierte Gruben nehmen die Abfallstoffe auf. Während der Kurzeit findet mit den benachbarten Seebädern ein lebhafter Motorbootverkehr statt; die Boote legen an einem kleinen Seesteg an. Keine besonderen Heilanzeigen.

8. Bohnsack.

Schon seit 1899 gab es kleine Badebuden am Strande, 1906 errichtete der jetzige Besitzer ein Kurhaus an der Weichsel und die

Badeanstalten in der See. Im Jahre 1912 wurden schon 364 Kurgäste (93 Familien) gezählt und 5800 kalte Seebäder verabfolgt.

Die Bevölkerung, 1000 Seelen, besteht, abgesehen von einigen Gasthofbesitzern, aus Fischern. Der Ort liegt am natürlichen Durchbruch der Weichsel. Der Seebadestrand liegt 1—1,2 km weit vom Orte entfernt. Der Weg dahin führt durch Wald und über sandige Dünen. Die Lage an der Weichsel bringt die Verbindung mit Danzig und Orten der oberen Weichsel durch regelmässigen Dampferverkehr mit sich. Der Ort trägt ganz ländliches Gepräge und hat keine Industrie.

Die beiden Seebadeanstalten (für Herren und Damen) haben je 17 Umkleidezellen und sind mit den erforderlichen Rettungsbooten usw. versehen. Die ärztliche und Arzneiversorgung kann von Heubude oder Schönbaum aus erfolgen; die nächsten Krankenanstalten sind die Danziger.

Wohnungen für Kurgäste sind teils im Dorfe bei Fischern, teils im Kurhause und einigen Gasthäusern zu haben. Der Hauptnahrungsmittelbezug geschieht zwar von auswärts, jedoch gibt es Fleischer und Bäcker am Ort; Milch wird ebenfalls erzeugt. Besondere Nahrungsmittelkontrolle fehlt.

Sieben artesische Brunnen von 105 m Tiefe liefern hygienisch einwandfreies Wasser; die Entfernung der Abfallstoffe erfolgt durch Abfuhr, die Dorfstrassen sind unbefestigt.

Keine besonderen Heilanzeigen.

9. Putzig.

In den 90er Jahren vorigen Jahrhunderts wurde die erste grössere Badebude errichtet. 1896 entstand ein kleines Kurhaus. Die Einwohnerzahl betrug damals 1869, jetzt 2600 Köpfe. An Kurgästen wurden 1911 25 gezählt, einige hundert Seebäder mögen verabreicht worden sein. Die ständige Bevölkerung besteht meist aus Ackersleuten. Putzig ist Kreisstadt und Marinefliegerstation, liegt im Putziger Wiek und an der Bahn Rheda—Putzig—Krockow. Wald fehlt, desgleichen industrielle Anlagen störender Art. Die Badeanstalt mit 20 Umkleidezellen dient abwechselnd für Herren und Damen. Die Rettungsvorrichtungen sind wie allgemein vorgeschrieben eingerichtet. Ein kleines allgemeines Krankenhaus, drei Aerzte und eine Apotheke sind am Orte. Ordensschwestern beider Konfessionen üben die Krankenpflege aus, auch ein amtlicher Desinfektor ist bestellt. Ansteckende Kranke kommen in ein kleines Absonderungshaus der Krankenanstalt. Wohnungen für Badegäste gibt es nur in geringer Zahl, im Kurhaus und einigen besseren Gasthäusern. Die Nahrungsmittel werden am Orte erzeugt, auch noch besonders kontrolliert. Ein öffentliches Schlachthaus fehlt. Die Wasserversorgung geschieht durch acht öffentliche Röhrenbrunnen von 30 m Tiefe, das Wasser ist gut, die Privatbrunnen haben meist stark eisenhaltiges Wasser. Abfuhrsystem für Abfallstoffe. Die Strassen sind schlecht gepflastert, die Reinigung ist vorgeschrieben. — Neuerdings ist in Putzig militärische Fliegerstation. Besondere Heilanzeigen liegen nicht vor.

10. Kahlberg.

1858 fanden die ersten Badeeinrichtungen Aufstellung, nachdem schon über $1^1/_2$ Jahrzehnte Kahlberg als Badeort gegolten hatte. Das erste Kurhaus wurde 1872 errichtet. Die Einwohnerzahl betrug damals etwa 200 Personen. Im Jahre 1912 zählte man 3252 Kurgäste und 1406 Passanten, die Zahl der verabreichten kalten Seebäder betrug 26522.

Kahlberg hat jetzt 532 Einwohner, meistens Fischer, die nebenher im Sommer Wohnungen vermieten. Es liegt auf der Haffseite der Frischen Nehrung, durch die bewaldeten Höhen vor Nordwinden geschützt. Tägliche Dampferverbindung mit Elbing und Tolkemit (Stadt auf dem Südufer des Frischen Haffs), von da mit Eisenbahn nach Elbing und Königsberg sowie den Ortschaften an der Haffküste (Cadinen!). Industrielle Anlagen fehlen ganz. Der Wald der Nehrung erstreckt sich nach Osten bis Schmergrube (5—6 km), nach Westen geht er in die bis nach Danzig sich hinziehenden Waldungen über.

Die zwei Kaltbadeanstalten, auf Pfählen erbaut, liegen am Ostseestrande, der hier recht kräftigen Wellenschlag hat. Es sind (für Herren und Damen) 181 Umkleidezellen vorhanden. Zwischen Herren- und Damenbad liegt das Familienbad. Eine Warmbadeanstalt ist, abgesehen von warmen Seebädern, für Kohlensäure- und Sauerstoffbäder eingerichtet. Eine neue steht schon im Rohbau fertig. Die Rettungseinrichtungen sind die vorgeschriebenen. Die auf hoher Düne liegende Strandhalle ersetzt den Seesteg. Der Weg vom Orte und einer prächtigen, in den letzten Jahren entstandenen Villenkolonie auf der Höhe des bewaldeten Dünenzuges nach dem Seebade beträgt nur 5 bis 10 Minuten und führt durch den Wald. Ein Arzt wohnt das ganze Jahr hindurch am Orte, die Arzneiversorgung geschieht im Winter durch die ärztliche Hausapotheke, im Sommer durch eine Zweigapotheke der Apotheke zu Tolkemit, gegenüber Kahlberg jenseits des Haffs, wo wiederum ein Arzt ansässig ist. Zu Absonderungszwecken ansteckender Kranker sind zwei Zimmer in Bereitschaft, ein amtlich bestellter Desinfektor wohnt $^1/_4$ Stunde vom Orte. Dem Krankentransport dient ein Krankenkorb. Wohnungen sind bei der Fischerbevölkerung, in den vier Pensionaten und sechs Gasthöfen sowie im Kurhaus zu haben.

Die Nahrungsmittelversorgung geschieht teils in Elbinger Zweiggeschäften zu Kahlberg, teils aus der Umgebung, eine besondere Kontrolle ist nicht eingerichtet.

Die Wasserversorgung erfolgt aus Tief-, Röhren- oder Abessinierbrunnen, mit welch letzteren die Einzelhäuser versehen sind, oder aus einer Wasserzentrale, und gibt zu Bedenken keinen Anlass. Eine Beseitigung der Abfallstoffe erfolgt in Gruben und durch Abfuhr.

Die Wege sind fast sämtlich Kieswege, nur der Weg vom Orte nach dem Badestrande ist teilweise gepflastert. Strassensprengung ist eingerichtet. Durchgehenden Wagenverkehr gibt es in Kahlberg nicht. Ruhiger Kurort.

11. Heubude.

Seebad ist Heubude seit dem Jahre 1884, das erste Wirtshaus an der Stelle des jetzigen Kurhauses wurde schon in den dreissiger Jahren des vorigen Jahrhunderts und 1846 die ersten — privaten — Badebuden errichtet. Die Zahl der ständigen Kurgäste betrug 1912 ca. 1400 Köpfe, die Zahl der Besucher, die lediglich zum Baden kommen, ist schwer anzugeben; es wurden 1912 in der Badeanstalt 32 000 kalte Seebäder genommen, dazu kommen ungezählte Freibäder.

Die Bevölkerung besteht aus Weichselarbeitern, Zimmerleuten, einigen Fischern, Handwerkern, Bauern und Villenbesitzern und zählt 2921 Köpfe. Der Ort liegt am Weichselufer, dicht am Walde, darin das Kurhaus an einem malerischen Binnensee liegt. Die klimatischen Verhältnisse weisen nichts Besonderes auf (s. Bohnsack, Westerplatte usw.). Industrielle Anlagen fehlen, es sind einfache ländliche Verhältnisse. Es besteht lebhafter Dampferverkehr auf der Weichsel nach Danzig ($^1/_2$ Stunde) und stromaufwärts; die neue Weichselbrücke, die 1912 dem Verkehr übergeben ist, hat auch noch Omnibusverkehr aus Danzig gezeitigt.

Die Seebäder und eine Strandhalle liegen 2—$2^1/_2$ km vom Orte entfernt, der Weg dorthin führt am Kurhaus vorbei durchweg durch den Wald. Die auf Pfählen auf dem Strande errichteten Badeanstalten

(Herren und Damen) haben je 70 Umkleidezellen und sind untereinander 600 m entfernt. Die Rettungs- und Wiederbelebungseinrichtungen sind die gewöhnlichen.

Eine Walderholungsstätte für Kinder und Erwachsene besteht seit einigen Jahren und hatte 1912 238 Pfleglinge.

Arzt und Apotheke sind vorhanden, eine Diakonissin wirkt als Krankenpflegerin, auch ein amtlicher Desinfektor wohnt am Orte. Besondere Anstalten zur Unterbringung ansteckender Kranker sind nicht vorhanden, die leichte Erreichbarkeit der Danziger Krankenhäuser lässt den Mangel nicht hervortreten.

Wohnungen im Dorfe, im Kurhause und einer Anzahl grösserer Gasthäuser genügen nicht zu hoch gespannten Ansprüchen.

Was nicht am Orte an Nahrungsmitteln erzeugt wird, liefert Danzig, in der Dorfgemeinde ist keine besondere Nahrungsmittelkontrolle eingerichtet.

Die Wasserversorgung geschieht durch Brunnen, darunter am Kurhause durch einen 119 m tiefen artesischen Brunnen, der in der Minute 625 Liter liefert. Abfallstoffe werden durch Abfuhr beseitigt. Die Dorfstrassen sind meist nicht befestigt. Besondere Heilanzeigen sind nicht vorhanden.

12. Oliva-Glettkau.

Glettkau, seit etwa 1890 Seebad, wurde 1907 mit Oliva zu einer politischen Gemeinde vereinigt und durch elektrische Strassenbahn verbunden; 1907 erfolgte auch der Ausbau des jetzigen Kurhauses. Rechnet man die Besucher des 2 km von Glettkau entfernten Luftkurorts Oliva zu den Seebadegästen, so ergibt sich eine Besucherzahl für 1912 von 3837 Seelen. Die Inanspruchnahme der Seebadeanstalten belief sich auf 52 484 Bäder; hieran nahmen die vorübergehenden Besucher nicht geringen Anteil. Die Bevölkerung der Gemeinde Oliva-Glettkau beträgt 9344 Einwohner, die von Glettkau allein etwa 500—600. In Oliva, das sich der offenen Bauweise zugewendet hat, wohnen viel Rentner und Beamte, in Glettkau mehr Fischer. Glettkau liegt dicht an der See, Oliva dicht am Walde, 2 km landeinwärts. Ersteres hat im Sommer Motorbootverbindung (Seesteg), Oliva liegt an der Danzig-Stettiner und an der Vorortbahn Danzig-Zoppot und ist ausserdem durch elektrische Bahn mit Danzig verbunden.

Es bestehen zwei Seebadeanstalten mit im ganzen 144 Umkleidezellen, Rettungseinrichtungen sind vorhanden. Eine Anzahl Aerzte und eine Apotheke sind in Oliva. Die Krankenpflege ruht in den

Händen von je drei katholischen und evangelischen Ordensschwestern sowie zwei freitätigen Pflegerinnen. Ein amtlicher Desinfektor ist in Oliva. Die Krankenabsonderung bei Infektionskrankheiten erfolgt im nahen Danzig, das auch den Sanitätswagen sendet. Wohnungen sind in zahlreichen Privathäusern, Villen, Pensionen und in fünf Hotels zu haben.

Die Nahrungsmittel werden am Orte erzeugt bzw. geliefert. Zweimal in der Woche ist Markt. Eine besondere Nahrungsmittelkontrolle, auch ein öffentliches Schlachthaus fehlt. Die Zentralwasserleitung aus Quellengebieten im Walde (natürlicher Druck 42 m) ist erst jüngst erheblich erweitert, ein Kanalisationsprojekt liegt schon vor, bis jetzt dient Abfuhrsystem zur Entfernung der Abfallstoffe. Die Strassen sind meistens gepflastert, Sprengwagen sind vorhanden. Oliva-Glettkau ist Luftkurort und Seebad ohne besondere Heilanzeigen.

13. Gdingen.

Das erst 1904 errichtete Seebad besitzt ein Kurhaus und hatte 1912 schon 600 Kurgäste. Die Zahl der verabreichten kalten Seebäder betrug 4000. Die ansässige Bevölkerung — 895 Seelen — besteht aus Fischern, kleinen Landwirten, Seefahrern.

Gdingen liegt an der Danzig-Stettin-Berliner Bahn, an der See, $^1/_4$ Stunde vom Bahnhof. Der Wald beginnt etwa $^1/_4$ Wegstunde vom Orte und 2 Minuten vom Bahnhof. Im Sommer besteht auch Motorbootverkehr zur See mit den benachbarten Seebädern Adlershorst, Glettkau, Zoppot, Brösen. Es sind keine industriellen Anlagen vorhanden.

Das Herren- und das Damenbad haben je 20 Umkleidezellen und die nötigen Rettungseinrichtungen mit schwimmkundigem Personal. Es befindet sich ein Erholungsheim für Ordensschwestern (Vinzentinerinnen) am Orte, diese üben nebenher im Sommer und Winter Krankenpflege aus. Die nächsten Aerzte wohnen in Sagorsch oder Zoppot, im ersteren Orte ärztliche Hausapotheke. Mit beiden Orten Bahnverbindung. Zur Absonderung ansteckender Kranker sind die Bewohner auf die Krankenhäuser zu Neustadt oder Danzig angewiesen. Der nächste Desinfektor wohnt in Zoppot. Wohnungen sind in drei Gasthäusern, im Kurhaus, einigen Logierhäusern und in den Fischerhäusern erhältlich. Der Nahrungsmittelbezug geschieht grösstenteils von Danzig und Zoppot, wo Nahrungsmittelkontrolle stattfindet. Die Wasserversorgung erfolgt aus Röhren- oder Kesselbrunnen; Abfuhrsystem ländlicher Art, ebenso sind die Dorfstrassen.

Besondere Heilanzeigen gibt es nicht.

3.

Die Seebadeorte in Pommern.

a) Die Seebadeorte im Regierungsbezirk Köslin.

Von

Reg.- und Med.-Rat Dr. **Hoche**-Köslin, Geh. Med.-Rat Dr. **Behrend**-Kolberg, Med.-Rat Dr. **Sarganek**-Köslin, Med.-Rat Dr. **Manke**-Schlawe, Med.-Rat Dr. **Thilow**-Stolp, Kreisarzt Dr. **Poddey**-Lauenburg.

(Mit 2 Abbildungen im Text.)

Allgemeines.

Die Küste des als Hinterpommern bezeichneten Regierungsbezirks Köslin bietet für ein reges Badeleben überall gleichmässig gute Verhältnisse. Da sie fast gradlinig von Westsüdwest nach Ostnordost verläuft, herrscht überall bei der im Sommer weit überwiegenden nördlichen und nordöstlichen, aber auch bei westlicher Windrichtung Seewind, der guten Wellenschlag bringt. Der Strand ist allerorten feinsandig, breit. Fester sandiger Grund erstreckt sich weit in die See hinaus, so dass Landungsbrücken für grössere Schiffe eine sehr grosse Länge haben müssen.

Hinter dem Strande erheben sich überall sandige Dünen, teilweise in mächtigen Zügen und von erheblicher Höhe, grösstenteils mit Wald bewachsen, der schöne und weite Spaziergänge bietet. Hinter den Dünen liegt teils Ackerland, Torf und Moor, teils aber auch ausgedehnte Seen, von Westen nach Osten der Jamundsche See im Kreise Köslin, der Buckowsche See, der Vitter See und der Vietziger See im Kreise Schlawe, der Hintersee, Muddelsee, Gardesche See, Dolgesee und Lebasee im Kreise Stolp, letzterer in den Kreis Lauenburg übergreifend, dem auch der Sarbsker See angehört. Es sind dies ursprünglich durch wandernde Dünen von der See abgeschnittene Salzwasserflächen, jetzt aber flache, fischreiche Süsswasserseen, interessant durch die grosse Artenzahl der auf ihnen lebenden Wasservögel, zum Segel- und Angelsport sehr geeignet. Auf den zwischen diesen Strandseen und der See sich erstreckenden Nehrungen liegt ein Teil der Badeorte, die sich infolgedessen auch bei südlichem Winde völlig staubfreier Luft erfreuen.

Die vorwiegend nördlichen Winde bringen es mit sich, dass die Temperatur niemals übermässig heiss ist, und dass besonders nachts immer angenehme Kühlung eintritt.

Eine Sonderstellung unter den Seebädern nimmt Kolberg ein, indem das tiefere Grundwasser hier stark salzhaltig ist, so dass Kolberg sich sowohl als Seebad wie als Solbad entwickeln konnte. Ausserdem wird in der Nähe gewonnenes Moor zu Moorbädern verwandt.

Geregelt ist das Badewesen durch die folgenden Polizeiverordnungen vom 24. März 1912 und 11. Juli 1912 nebst dazu ergangenen Ausführungsbestimmungen vom 5. Mai 1912.

Da die Rettungseinrichtungen hierdurch für alle Badeorte genau vorgeschrieben sind, erübrigt es sich, sie bei den einzelnen Orten nochmals zu erwähnen.

Polizeiverordnung.

Auf Grund der §§ 6, 12, 15 des Gesetzes über die Polizeiverwaltung vom 11. März 1850 (G.-S. S. 265) und des § 137 des Gesetzes über die allgemeine Landesverwaltung vom 30. Juli 1883 (G.-S. S. 195) wird hiermit unter Zustimmung des Bezirksausschusses für die Seebadeorte des Regierungsbezirks Köslin folgendes bestimmt:

§ 1. Grosse Seebadeorte im Sinne dieser Polizeiverordnung sind: Kolberg, Grossmöllen, Rügenwaldermünde, Stolpmünde, Leba.

§ 2. Mittlere Seebadeorte sind: Kolberger Deep, Henkenhagen, Sorenbohm, Bauerhufen, Nest, Neuwasser, Jershöft.

§ 3. Kleine Seebadeorte sind alle übrigen des Bezirks, in denen ein Badebetrieb im Sinne des § 4 dieser Polizeiverordnung stattfindet.

§ 4. Unternehmer oder Besitzer von Seebadeanstalten oder sonstigen zur Verabfolgung von Seebädern dienenden Einrichtungen (An- und Auskleideräume, abgegrenzte Badestellen usw.) dürfen diese Einrichtungen anderen als den zu ihrem Hausstande gehörigen Personen (Passanten, Kurgästen usw.) nur dann zur Benutzung überlassen oder für eine solche Benutzung bereithalten, wenn die in den §§ 5 bis 14, 16, 17, 18 genannten Massnahmen getroffen worden sind.

Anweisung. Auf Seebadeeinrichtungen, welche seitens des Besitzers lediglich zur Benutzung für ihn, seine Angehörigen und die zu seinem engeren Hausstande gehörigen Personen bestimmt sind, finden die Vorschriften zur Sicherheit der Badenden keine Anwendung, die Vorschriften im Interesse der öffentlichen Ordnung nur dann entsprechende Anwendung, wenn die Badeeinrichtung sich innerhalb des nach § 15 durch die Ortspolizeibehörde bestimmten Badestrandes befindet. Der Besitzer ist im letzteren Falle also auch verpflichtet, die polizeiliche Zulassung des von ihm gewählten Badeplatzes zu erwirken.

Auf sogenannte Freibäder finden die Vorschriften der Polizeiverordnung nur dann Anwendung, wenn auf dem Badeplatze seitens eines Unternehmers oder Besitzers zur Verabfolgung von Seebädern dienende Einrichtungen irgendwelcher Art (An- und Auskleideräume, Abgrenzungen durch Leinen, Pfähle, Tafeln, Sicherheitsstricke oder dergl.) geschaffen worden sind. In diesem Falle muss insbesondere auch die Badestelle für die Saison von der Ortspolizeibehörde als Badeplatz zugelassen sein. (§ 5).

Im übrigen ist ohne solche im vorigen Absatze genannten Einrichtungen und ohne polizeiliche Zulassung das freie Baden nur noch ausserhalb des von der Polizeibehörde nach § 15 bestimmten Badestrandes gestattet. Doch ist auch in diesem Falle die Ortspolizeibehörde berechtigt, falls sich aus dem Gesichtspunkte der öffentlichen Ordnung, Sittlichkeit und Sorge für Leben und Gesundheit Missstände ergeben, gegen die Benutzung des Badeplatzes aus allgemeinen polizeilichen Gründen einzuschreiten.

§ 5—14. Vorschriften zur Sicherung der Badenden.

A. In allen Seebadeorten.

§ 5. Die Stellen des Strandes, an denen gebadet werden soll, müssen für jede einzelne Saison von der Ortspolizeibehörde als Badeplätze zugelassen sein.

§ 6. Auf allen Badeplätzen muss eine für Nichtschwimmer ohne Gefahr zu benutzende und als solche kenntlich gemachte Stelle abgegrenzt, sowie ein Hinweis auf den Zweck der abgegrenzten Stelle angebracht sein, in dem Nichtschwimmer vor dem Baden ausserhalb der Stelle gewarnt werden. Bei schwerem Seegange muss auch ein Anschlag auf dem Badeplatze vorhanden sein, der das Hinausschwimmen über die für Nichtschwimmer gezogene Abgrenzung allgemein untersagt.

Anweisung. Die Badestelle für Nichtschwimmer ist an den drei von der See begrenzten Seiten dergestalt durch Taue abzugrenzen, dass der Innenraum bei Mittelwasserstand von Nichtschwimmern ohne Gefahr zu benutzen ist. Die Taue sind durch fest eingerammte starke Pfähle so zu befestigen, dass sie beim Ergreifen einen Halt gewähren. Bei den Mittelstand übersteigendem Hochwasser ist der Innenraum dadurch zu verengern, dass die nach der See zu gezogenen Taue entsprechend nach dem Lande hin eingezogen werden, oder es ist in diesem Falle der Badeplatz für Nichtschwimmer ganz zu sperren.

Sollte infolge zahlreicher dicht nebeneinander gelegener Abgrenzungen den Fischern die Möglichkeit ungehinderten Anlegens beschränkt werden, so ist mit den Fischern eine andere geeignete Anlegestelle zu vereinbaren. Jedenfalls darf um deswillen die Durchführung der Sicherungsvorschrift des § 6 nicht vernachlässigt werden.

B. In grossen Seebadeorten.

§ 7. Auf jedem Badeplatze müssen während der Badestunden vorhanden sein

1. ein Anschlag mit den Vorschriften zur Wiederbelebung Verunglückter,

2. ein Anschlag, der das Zeichen, durch welches Badende vom Aufsichtspersonale zurückgerufen werden, bekannt gibt und die Badenden unter Androhung der Verweisung vom Badeplatze bei Zuwiderhandlung ermahnt, den Anordnungen des Aufsichtspersonals unbedingt Folge zu leisten,

3. ein Anschlag mit folgender Aufschrift:

Warnung.

Zur Vermeidung der häufig vorkommenden schweren Gesundheitsschädigungen durch ungeeigneten Gebrauch der kalten Seebäder wird jedem, der noch kein Seebad genommen hat, dringend geraten, sich vor dem ersten Bade ärztlich beraten zu lassen. Nervenkranke, Blutarme, Herzleidende, junge Frauen und ältere Personen werden vor dem Gebrauche der kalten Seebäder ohne vorausgegangene ärztliche Untersuchung ernstlich gewarnt.

4. ein Anschlag, durch den an übertragbaren oder ekelerregenden Krankheiten und Wunden leidenden Personen die Benutzung der Aus- und Ankleideräume und des Badeplatzes untersagt wird;

Anweisung zu Nr. 1—4. Die Anschläge sind möglichst an getrennten Stellen anzubringen.

5. ein richtig zeigendes hundertteiliges Celsiusthermometer,

6. eine Tafel mit Angabe der täglich festzustellenden Luft- und Wassertemperatur,

7. eine nach dem Ermessen der Ortspolizeibehörde ausreichende Zahl von Rettungsringen, Leinen, Stangen und Haken.

Anweisung. Der oder die Rettungsringe müssen an einer langen, mindestens 30 m langen Leine befestigt sein, die auf einer leicht beweglichen Rolle (Haspel) aufgewickelt ist. Statt eines zweiten Rettungsringes kann auch ein Rettungsball aus Kork bereit gehalten werden, an dem mittels Schleife und Karabinerhaken die genannte Leine befestigt werden kann. Es müssen ferner vorhanden sein eine leichte lange Stange (am besten aus Bambusrohr) mit fest umwickeltem Haken und eine ebensolche Stange mit Handgriff für die Gefährdeten.

Diese Geräte müssen in Anstalten, die einen Badesteg haben, am äussersten Ende desselben nach der See zu gebrauchsfertig aufgestellt sein, sonst unmittelbar am Strande.

8. ein Arzneikasten mit dem erforderlichen Inhalte;

Anweisung. Der Arzneikasten muss enthalten:

1 Flasche mit Hoffmannstropfen,

1 Flasche mit Salmiakgeist,

1 Flasche mit ätherischen Baldriantropfen,
mehrere Stücken Zucker,
1 Einnehmeglas,
1 Paket mit Verbandwatte,
1 Karton mit 1 m Verbandmull,
2 Cambricbinden und 4 Mullbinden, je 8 cm breit,
1 Rolle Leukoplast,
1 Liter 2 proz. Kresolseifenlösung;

ausserdem für den Gebrauch des Arztes:
1 Fläschchen Kampferöl,
1 Pravazspritze.

Die Flaschen müssen etikettiert sein und eine Inhalt und Gebrauchsanweisung enthaltende Aufschrift tragen.

9. eine Tragbahre und eine Matratze oder ein Strohsack, wollene Decken und Frottiertücher.

Anweisung. Wenn die Matratze zum Tragen eingerichtet ist, kann sie die Tragbahre ersetzen.

Anweisung zu 8 und 9. Diese Gegenstände sind in einem gleichzeitig für die Wiederbelebungsversuche geeigneten, genügend grossen, hellen und leicht zu lüftenden Raume aufzubewahren, in dem ausserdem eine Flasche mit frischem Wasser und ein Glas vorhanden sein müssen.

§ 8. An jedem Badeplatze haben ständig während der Badestunden eine oder mehrere erwachsene, des Schwimmens und Tauchens kundige, schwimmfertig gekleidete, in der Behandlung Ertrinkender und in der ersten Hilfeleistung ausgebildete, mit einem Blasinstrumente versehene Personen anwesend zu sein.

Anweisung. Nicht nur die Aufsichtspersonen, sondern auch das übrige zur Bedienung bestimmte Personal muss gesund und kräftig sein. Es ist den Badeverwaltungen zu empfehlen, in Zukunft nur schwimmkundiges Personal anzustellen und dieses — auch das Bedienungspersonal — in der Behandlung Ertrinkender und in der ersten Hilfeleistung bei Unglücksfällen auszubilden.

Das zur Rettung Ertrinkender bestimmte Personal muss so gekleidet sein, dass es durch die Kleidung am Schwimmen nicht gehindert ist. Wenn auch nur Badeanzug bei schlechtem Wetter nicht angängig ist, so empfiehlt sich für Badediener folgender Anzug: Hemd, kurze Hose ohne Hosenträger, lose Schuhe (nicht Stiefel, Schnürschuhe oder Strümpfe); für Badedienerinnen eine ähnliche lose Kleidung; zum Schutze gegen Kälte und Regen Mäntel, Umhänge und Jacken, welche sofort abgeworfen werden können.

Das Blasinstrument (Signalpfeife, Horn) ist an einer Schnur um den Hals zu tragen.

Das Badepersonal ist dahin zu instruieren, dass bei einem Unglücksfalle sofort der nächste Arzt herbeigerufen wird.

In Anstalten mit Badesteg ist eine Aufsichtsperson an dessen äusserstem Ende ständig während der Badestunden zu postieren. Das Personal ist öfters, jedenfalls alljährlich vor Beginn der Badesaison, auf seine Fähigkeit, zu schwimmen, Ertrinkende zu retten und Wiederbelebungsversuche auszuführen, zu prüfen. Zu diesem Zwecke sind Rettungsmanöver auszuführen.

§ 9. An jedem Badeplatze muss unmittelbar am Strande während der Badestunden ein zur Rettung geeignetes, stets seebereites und sofort benutzbares Boot mit Rudern und mit der nötigen Bedienungsmannschaft zur Verfügung stehen.

Anweisung. Das Boot darf nicht zu schwer, aber für schweren Seegang auch nicht zu leicht gebaut sein. Es ist in Anstalten, die einen Badesteg haben, am äussersten Ende desselben nach der See zu an leicht lösbaren Ketten aufzuhängen, so dass es in etwa 10—15 Sekunden in das Wasser gelassen werden kann. Ist kein Badesteg vorhanden, so empfiehlt es sich, bei nicht hartem Strande das Boot auf Rollen so aufzustellen, dass es leicht ins Wasser hineingezogen werden kann.

Neben oder in dem Boote sind eine Korkweste und ein Schwimmgürtel für die Rettungsmannschaft aufzubewahren nebst einer Leine von mindestens 30 m Länge, welche mittels Karabinerhakens leicht an dem Gürtel befestigt werden kann.

Das Boot ist — ebenso wie die übrigen Rettungsgerätschaften — öfters, jedenfalls alljährlich vor Beginn der Badesaison auf seine Brauchbarkeit zu prüfen.

§ 10. Es müssen nach Geschlechtern getrennte Aborte und Pissoirs vorhanden sein, welche eine Verunreinigung des Badewassers nicht herbeiführen können.

§ 11. Die Ortspolizeibehörde kann mit Zustimmung des Landrats gestatten, dass die in den §§ 7—10 vorgesehenen Einrichtungen ganz oder zum Teil für mehrere Badeplätze gemeinschaftlich unterhalten werden.

§ 12. In den Badeanstalten befindliche Laufbretter, Treppen und Handläufer müssen splitterfrei, die Laufbretter und Treppen auch mit Leinen, Kokosläufern oder ähnlichen Stoffen bekleidet sein.

C. In mittleren Seebadeorten.

§ 13. Auf jedem Badeplatze müssen während der Badestunden eine nach Ermessen der Ortspolizeibehörde ausreichende Zahl von Rettungsringen, Leinen, Stangen und Haken sowie die im § 7 Nr. 1 bis 4 genannten Anschläge vorhanden sein. Die Ortspolizeibehörde kann mit Zustimmung des Landrats gestatten, dass die vorstehend genannten Einrichtungen für mehrere Badeplätze gemeinsam vorrätig gehalten werden, falls die mehreren Badeplätze nicht mehr als 400 m Strandlänge einnehmen.

§ 14. Auf jedem Badeplatze muss während der Badestunden eine den Erfordernissen des § 8 entsprechende Aufsichtsperson anwesend sein und unmittelbar am Strande ein zur Rettung geeignetes, stets seebereites und sofort benutzbares Boot mit Rudern zur Verfügung stehen.

Die Ortspolizeibehörde kann mit Zustimmung des Landrats gestatten, dass die Aufsichtsperson und das Boot für mehrere Badeplätze gemeinsam zur Verfügung gestellt, und dass von dem Erfordernisse der Schwimmkundigkeit der Aufsichtsperson abgesehen wird.

Anweisung zu § 13 und 14. Die obigen Anweisungen zu § 7—9 finden entsprechende Anwendung.

§ 15—18. Vorschriften im Interesse der öffentlichen Ordnung.

A. In allen Seebadeorten.

§ 15. Durch die Ortspolizeibehörde ist derjenige Teil des Strandes zu bestimmen und durch Tafeln kenntlich zu machen, innerhalb dessen nur an den polizeilich zugelassenen Badeplätzen gebadet werden darf.

Auf diesen Badeplätzen darf ausser in gegen jeden Einblick geschützten Einzelzellen nur mit Badehose oder Badeanzug gebadet werden.

§ 16. An einer allgemein zugänglichen Stelle des Badestrandes muss deutlich sichtbar ein Abdruck der Polizeiverordnung angebracht sein.

B. In grossen Seebadeorten.

§ 17. 1. Die Badeplätze sind nach Geschlechtern getrennt anzulegen, oder es müssen für die Benutzung desselben Badeplatzes durch Männer und Frauen oder zu Familienbädern bestimmte getrennte Stunden vorgeschrieben werden.

2. Für Familienbäder gelten folgende besonderen Vorschriften:

a) Die Benutzung ist nur Familien gestattet,

b) das Baden ist nur in undurchsichtigen Badeanzügen gestattet, die den Körper von der Schulter bis zum Knie bedecken,

c) die An- und Auskleideräume sowie die Aborte sind für die männlichen und weiblichen Badegäste getrennt anzulegen,

d) im übrigen kann der Badeverkehr im Familienbade durch die Ortspolizeibehörde näher geregelt werden.

3. Die An- und Auskleideräume (Einzelzellen oder Hallen) müssen gegen Einblick von aussen geschützt sein und jedesmal nach der Benutzung gereinigt werden.

4. Zur Bedienung der Badenden darf für Personen weiblichen Geschlechts nur weibliches, für solche männlichen Geschlechts nur männliches Personal tätig sein.

5. Während der Badestunden darf der ausschliesslich zum Baden weiblicher Personen bestimmte Strandteil (Damenstrand) nur von weiblichen Personen und Kindern unter 8 Jahren, der ausschliesslich zum Baden männlicher Personen bestimmte Strandteil (Herrenstrand) nur von männlichen Personen und Kindern unter 8 Jahren betreten werden. Das gleiche gilt für den Strand zu beiden Seiten des betreffenden Bades bis zur Entfernung von wenigstens 30 m. Derjenige Teil des Strandes, dessen Betreten verboten ist, ist während der Badestunden durch eine Leine abzugrenzen. An beiden Grenzen ist je eine Tafel mit der Bezeichnung des Bades und dem Verbote des unbefugten Betretens während der Badestunden anzubringen.

Diese Bestimmungen finden auf den Fall der Benutzung desselben Badeplatzes durch Männer und Frauen während getrennter Stunden sinngemässe Anwendung.

§ 18. Für mittlere und kleine Seebadeorte kann die Ortspolizeibehörde dem § 17 entsprechende Anordnungen erlassen.

Strafbestimmungen.

§ 19. Zuwiderhandlungen werden, sofern nicht nach den bestehenden Gesetzen eine höhere Strafe verwirkt ist, mit Geldstrafe bis zu 60 Mark oder im Unvermögensfalle mit entsprechender Haft bestraft.

Gestattung von Ausnahmen. (P.-V. vom 10. Juli 1912.)

§ 19a. Abweichungen oder Ausnahmen von den Vorschriften dieser Polizeiverordnung können, insoweit nicht diese Befugnis durch die vorstehenden Bestimmungen der Ortspolizeibehörde und dem Landrate eingeräumt ist, durch den Regierungspräsidenten gestattet werden.

§ 20. Mit dem Inkrafttreten dieser Polizeiverordnung treten die Bestimmungen der Polizeiverordnung vom 21. Juli 1911, soweit sie die Seebäder betreffen, ausser Kraft.

Aufsicht.

Anweisung. Die Ortspolizeibehörden führen die Aufsicht über die Seebäder und werden darin durch den Kreisarzt unterstützt. Zu Beginn der Saison darf die Badestelle der Benutzung erst freigegeben werden, wenn die Einrichtung der Badestelle und die Badebedienung durch die Ortspolizeibehörde unter Zuziehung des Kreisarztes geprüft und Anstände nicht ermittelt sind.

Ergeben sich während der Badesaison wesentliche Anstände, so ist bis zu deren Behebung die Benutzung der Badestelle polizeilich zu untersagen.

Es bleibt der Ortspolizeibehörde überlassen, durch Verordnungen zu bestimmen, dass das Fischen, das Anlegen der Fischerboote, Schwemmen der Pferde, Baden der Hunde, Auswerfen von toten Fischen, Reinigen von Wagen usw. am Badestrande (§ 15) oder in der Nähe der Badeplätze (§ 5) während der Badestunden verboten ist.

Die Reihenfolge der Bäder ist von Westen nach Osten.

I. Kreis Kolberg-Köslin.

1. Kolberger Deep.
2. Gribow.
3. Kolberg.
4. Bodenhagen.
5. Henkenhagen.

II. Kreis Köslin.

1. Sorenbohm.
2. Bauerhufen.
3. Gross-Möllen.
4. Nest.
5. Deep.
6. Laase.

III. Kreis Schlawe.

1. Neuwasser.
2. Rügenwaldermünde.
3. Jershöft.

IV. Kreis Stolp.

1. Stolpmünde.
2. Neustrand.
3. Rowe.

V. Kreis Lauenburg.

Leba.

I. Kreis Kolberg.

1. Kolberger Deep.

Im Jahre 1890 wurde in Kolberger Deep das unter dem Protektorat Ihrer Majestät der Kaiserin stehende Kinder-Seehospiz für Pfleglinge aus Brandenburg und Pommern gegründet. Seitdem ist das kleine Dorf mit seinen 237 Einwohnern auch von anderen Fremden während der Sommermonate besucht worden, besonders von Grossstädtern, welche die ländliche Abgeschiedenheit und die ungezwungene Lebensweise reizte. Die Zahl der Gäste, welche im Jahre 1902 320 betrug, ist seitdem allmählich gestiegen, in dem Jahre 1912 auf 948 angewachsen.

Die Bevölkerung treibt zum Teil Ackerbau, zum Teil Fischerei; sie ist durchschnittlich wenig bemittelt.

Der Ort ist durch einen schmalen, 6 km langen Nadel- und Laubwald von den flachen Dünen getrennt, vor denen ein breiter steinfreier Strand sich ausbreitet. Nach Westen grenzt das Dorf an den fischreichen Kamper See, nach Südosten liegt, eine halbe Stunde entfernt, das Dorf Papenhagen, Station der Kolberg—Altdammer Eisenbahn.

Bei der freien Lage am Meer ist der Wellenschlag kräftig und das Klima erfrischend, gegen scharfe Winde bietet der an den Strand grenzende Wald genügend Schutz. Die Luft wird mangels aller industrieller Anlagen nicht verunreinigt.

Warme Bäder sind nicht vorhanden. Am Strande ist je ein Badeplatz für Damen und Herren bestimmt, die Stellen sind durch Pfähle und Taue für Nichtschwimmer abgegrenzt.

Das schon vorher angeführte Seehospiz, eine Filiale des Elisabeth-Kinder-Hospitals zu Berlin, hat im Jahre 1911 118 arme Kinder in drei vierwöchentlichen Kurzeiten aufgenommen. Ein zweites Kinderheim, das pommersche Lenzheim, ist im Jahre 1906 eröffnet worden; es hat in den letzten Jahren in fünf Kurzeiten über 300 Kindern Freistellen gewährt. Im Seehospiz stehen die Kinder unter Aufsicht von Schwestern des Berliner Mutterhauses, im Lenzheim sind Johanniterinnen tätig.

Bei Erkrankungen an ansteckenden Krankheiten erfolgt die Ueberführung der Kinder in die Krankenhäuser der benachbarten Städte Kolberg oder Treptow a. R; zur Beobachtung ansteckungsverdächtiger Kinder ist auf dem Grundstück des Seehospizes ein kleines Isolierhaus errichtet. Die ärztliche Versorgung der Insassen der Kinderheime sowie der übrigen Kurgäste erfolgt durch Aerzte der Nachbarstädte. Krankenpflegepersonen sind am Ort nicht stationiert. Die Desinfektionen werden durch den Kreisdesinfektor auf Kreiskosten ausgeführt.

Die 25 Häuser, in welchen Kurgäste logieren, sind einfach eingerichtet, ebenso die beiden Gasthöfe.

Ein Fleischer kommt dreimal wöchentlich aus Kolberg und verkauft in einer zweckmässig eingerichteten Halle Fleisch. Milch geben die Bauern ab. Seit einigen Jahren ist eine Bäckerei im Dorf im Betriebe, welche gutes Backwerk liefert. Materialwaren sind in einem Geschäft erhältlich. Von Zeit zu Zeit werden Proben von Nahrungsmitteln zur Untersuchung entnommen.

Die meisten Grundstücke haben einwandfreies Wasser aus Röhrenbrunnen, die so ergiebig sind, dass sie den wenigen Häusern, welche sich noch aus offenen Kesselbrunnen versorgen, Wasser abgeben können.

Die Abfallstoffe werden nach der auf dem Lande üblichen Art durch Abfuhr beseitigt. Die Dorfstrasse ist ungepflastert, ein fester Steg ist für die Fussgänger hergestellt.

2. Gribow.

Das Dorf Gribow mit 474 Einwohnern, westlich von Kolberg gelegen und in einer Stunde von hier zu erreichen, wird seit drei Jahren zu den Seebadeorten gezählt. Im Jahre 1909 waren 44, 1910 93, 1911 253, 1912 269 Kurgäste zur Kur anwesend.

Die Bewohner des Ortes sind Fischer und Landwirte.

Niedrige, mit Gras bewachsene Dünen trennen das Dorf von dem breiten Strande. Der Baumwuchs ist spärlich.

Warmbadeeinrichtungen sind nicht vorhanden. Die Badestellen für Nichtschwimmer sind in der See durch Pfähle und Taue abgegrenzt.

Besondere Kuranstalten bestehen nicht.

Bei Erkrankungen der Fremden werden Kolberger Aerzte und Pflegerinnen herbeigerufen. Beim Auftreten übertragbarer Krankheiten erfolgt die Ueberführung in das Kolberger Krankenhaus, sofern die Isolierung in der Wohnung nicht durchführbar ist.

Die Wohnungen sind einfach eingerichtet, die beiden Gasthöfe bei bescheidenen Ansprüchen ausreichend.

Die Nahrungsmittelversorgung erfolgt zum grössten Teil von Kolberg aus, nur Milch wird aus den Stallungen des Dorfes entnommen.

Die Wasserversorgung der Fremden erfolgt grösstenteils aus Röhrenbrunnen, die Grundwasser liefern.

Die Abfallstoffe gelangen in Gruben oder auf Düngerhaufen, die Abwässer versickern oder werden auf Wiesen abgeleitet. Neben der ungepflasterten Strasse liegt ein durch eine Baumreihe abgegrenzter fester Promenadenweg.

3. Kolberg.

Im Anfang des 19. Jahrhunderts beabsichtigte der Fiskus die Anlage einer Seebadeanstalt bei Kolberg nach dem Muster der in Dobberan bestehenden. Es wurden zu diesem Zwecke vorläufig 60000 Taler bewilligt. Aber der König Friedrich Wilhelm III. liess im Jahre 1802 erklären, dass diese Summe viel zu hoch sei. In der betreffenden Königlichen Verordnung wird ausgeführt: „Die Absicht, viele Fremde nach Kolberg zu ziehen und das dortige Seebad mit dem zu Dobberan angelegten wetteifern zu lassen, könne doch nicht erreicht werden, weil die besonderen, bei Dobberan zutreffenden Verhältnisse, welche die Frequenz der dortigen Badegäste veranlassen, in Kolberg ganz fehlen und immer fehlen würden.“ Ohne besondere Einrichtungen wurde in der See gebadet, bis im Jahre 1832 ein Verschönerungsverein sich bildete, dem mehrere Hundert Mitglieder beitraten. Dieser Verein, später Badeverein genannt, unterhielt die Seebadeanstalten, welche an der westlichen Seite der Persante sich befanden. Im Jahre 1852 wurde von einem Unternehmer ein Badehaus östlich von der Persante erbaut, das er Strandschlösschen nannte. Durch die im Jahre 1863 eingeführte Kurtaxe standen dem Badeverein reichlichere Mittel wie bisher zur Verfügung; aber die Entwickelung des Bades nahm erst einen erheblichen Aufschwung, nachdem im Jahre 1875 die Stadtgemeinde die Badeanstalten übernahm. Wesentlich gefördert wurde der Zuzug von Fremden nach Kolberg durch die heilkräftigen etwa 5 proz. Solquellen. Im Jahre 1859 wurde die erste grössere Solbadeanstalt erbaut.

Die Zahl der Kurgäste betrug

im	Jahre	1860:	1841
"	"	1871:	3254
"	"	1881:	5975
"	"	1891:	7939
"	"	1901:	12715
"	"	1911:	19100

Kolberg ist eine Stadt mit 24909 Einwohnern, deren Haupterwerbsquelle das Bad bildet. Der Handel hat sich in letzter Zeit gehoben, insbesondere wird Getreide importiert; dagegen ist die Industrie wenig entwickelt, industrielle Anlagen störender Art sind nicht vorhanden.

Das Bad Kolberg ist mit der alten Stadt durch breite Strassenzüge und freie Plätze mit schönem Baum- und Blumenschmuck verbunden. Die Strandstadt ist durch einen wohlgepflegten Park von den Dünen getrennt, deren Sand die obere Schicht des Bodens in der ganzen Badestadt bildet. Unter dem Sand befindet sich ein Tonlager und unter diesem grobkörniger Kies. Bohrungen bis unter die Tonschicht fördern Sole zu Tage, welche einen Salzgehalt von 4—5 pCt. hat. Nur an einigen Stellen nahe der See enthält die Sole $2^1/_2$ pCt. Salze.

Durch seine freie Lage an der See hat Kolberg eine lebhafte Bewegung der Luft und des Wassers. Schutz vor Winden gewährt der Park und das am westlichen Ufer der Persante gelegene Wäldchen „die Maikuhle". Der 1283 ha grosse Stadtwald mit seinen alten Eichen und Buchen, $2^1/_2$ km vom Bade entfernt, ist mit der Eisenbahn, mit Wagen und zu Fuss bequem zu erreichen. Die Einwirkung der Seeluft mit ihrem hohen Feuchtigkeitsgehalt wird durch die nicht unerhebliche Sonnenbestrahlung verstärkt. Nach 10jährigem Mittel betrug die Sonnenscheindauer in Kolberg

im	Mai	täglich	7,9	Stunden
„	Juni	„	9,4	„
„	Juli	„	8,5	„
„	August	„	7,6	„
„	September	„	5,2	„

10 Solbadeanstalten, zum grössten Teil mit Logierhäusern verbunden, sind vorhanden; in diesen werden Sol-, Moor- und medizinische Bäder aller Art verabfolgt. Einige Anstalten haben ein Inhalatorium für verstäubte Sole. Für warme Seebäder ist eine besondere Anstalt eingerichtet. — An den drei Seebadestellen — je eine für das Damen- und Herrenbad und eine für das Familienbad — ist eine Abgrenzung für Nichtschwimmer hergestellt.

Von besonderen Kuranstalten sind vorhanden:

1. Das Christliche Kurhospital Siloah nebst Kinderheilstätte. Aufnahme finden Erwachsene und Kinder jeglicher Konfession, vorzugsweise skrofulöse Kranke, die einer Solbadekur bedürftig sind, blutarme, nervenschwache und erholungsbedürftige Personen. Die Anstalt ist von Anfang Mai bis Mitte November geöffnet, sie nimmt Pfleglinge von Kreisen, Gemeinden und Vereinen auf, ausserdem selbstzahlende Pensionäre — Erwachsene in drei, Kinder in zwei Klassen. — Die Zahl der Pfleglinge betrug im Jahre 1911 1058 (368 Erwachsene und 690 Kinder).

2. Das Jüdische Kurhospital gewährt Dank den reichlichen Spenden von Wohltätern zum grössten Teil unentgeltlich Erwachsenen und Kindern eine Kur von etwa 4wöchiger Dauer. In den letzten drei Jahren sind durchschnittlich während der Sommermonate 491 Personen verpflegt worden.

3. Das Brandenburgische Seehospiz, dem Verein für Kinderheilstätten und Seehospize der Provinz Brandenburg gehörig, hat durchschnittlich in den letzten drei Jahren aus dieser Provinz von Anfang Januar bis Ende September 560 Kinder aufgenommen. Ausserdem werden Pensionäre gegen Entgelt im Hospiz verpflegt.

4. Das Kaiser und Kaiserin Friedrich Berliner Sommerheim, eine Stiftung des bekannten Wohltäters James Simon, gehört

dem Verein für Ferienkolonien in Berlin und wird in vierwöchentlichem Turnus mit je 150 Berliner Kindern belegt.

Kolberg, Städtisches Familienbad und östliches Damenbad.

5. Das städtische Krankenhaus mit 68 Betten, darunter eine Anzahl Betten für Kassenpatienten. Eigene Solquelle, Röntgenapparat usw.

Jede der angeführten Kuranstalten hat eine eigene Solquelle.

In Kolberg praktizieren zur Zeit 15 Aerzte. Für die Krankenpflege sind Diakonissen und Privatpflegerinnen in genügender Zahl

Kolberg, Waldpflegestätte im Stadtwalde.

vorhanden. Der zum städtischen Krankenhause gehörige Isolierpavillon ist für die Aufnahme von Personen mit übertragbaren Krankheiten bestimmt. Ein Krankentransportwagen ist vorhanden. Beim Ausbruch einer Infektionskrankheit leitet ein geprüfter Desinfektor die Desinfektion am Krankenbett ein, nach Ablauf der Krankheit führt er die Schlussdesinfektion aus; ein Dampfdesinfektionsapparat und zwei Formalinapparate stehen ihm zu diesem Zwecke zur Verfügung. Die Desinfektion erfolgt durchweg auf Kosten des Kreises.

Privatwohnungen sind in grosser Zahl vorhanden. Familien finden Wohnungen mit Küche und Nebengelass. Die Führung eigener Wirtschaft ist durch die Verbindung des Bades mit der Stadt sehr bequem. Einzelstehende Kurgäste und Kinder finden in guten Pensionaten, darunter zwei in ärztlichen Familien, Aufnahme. Bequem eingerichtete Gasthöfe nehmen zu den verschiedensten Preisen Fremde auf, vereinbaren auch bei längerem Aufenthalt Pensionspreise. Ein amtliches Wohnungsnachweisbureau gibt schriftlich und persönlich Auskunft über die zur Verfügung stehenden Quartiere.

Die auf den Markt gebrachten Nahrungsmittel werden regelmässig durch geeignete Polizeiorgane revidiert. Das von auswärts eingeführte Fleisch unterliegt der tierärztlichen Aufsicht, im städtischen Schlachthofe findet eine sorgsame Kontrolle statt. Der Handel mit Kuhmilch ist durch eine Polizeiverordnung geregelt. Der Kreistierarzt ist mit der Beaufsichtigung der Stallungen, der Verkaufs- und Aufbewahrungsräume der Milch beauftragt. Jede zur Kindermilchgewinnung eingestellte Kuh wird durch Tierarzt untersucht, die Untersuchung wird von drei zu drei Monaten wiederholt.

Kolberg hat eine zentrale Wasserversorgung mit Grundwasser, das auf einem 8 km von der Stadt entfernten Quellgebiete erbohrt wurde, und aus neun Röhrenbrunnen in ein Sammelbassin, aus diesem in den Wasserturm geleitet wird, nachdem es eine Enteisenungsanlage passiert hat. Das Wasser ist klar, farb- und geruchlos, hat eine Temperatur von 10° C und 5,9 deutsche Härtegrade. Die chemische Untersuchung, in der Landesanstalt für Wasserhygiene zu Berlin im Jahre 1901 ausgeführt, ergab, dass Ammoniak, Salpetersäure, salpetrige Säure und Schwefelwasserstoff in dem Wasser nicht enthalten sind. Der Gehalt an Chloriden betrug 15 mg in 1 Liter Wasser, der Verbrauch an Kaliumpermanganat 3 mg. Die bakteriologischen Untersuchungen haben ein günstiges Ergebnis gehabt; die Zahl der Keime schwankte zwischen 4—24 in 1 ccm, nicht selten war das Wasser keimfrei. Koli- und pathogene Bakterien sind nicht gefunden worden. Die Wassermenge war zu allen Zeiten ausreichend, es können bei der jetzigen Anlage 5000 cbm täglich gefördert werden.

Die Beseitigung der Abfallstoffe erfolgt nach dem Trennsystem derart, dass die Tagewässer und die Schmutzwässer einschliesslich der Abortstoffe in je ein besonderes Kanalnetz eingeleitet werden. Die Schmutzwässer gelangen nach einem am östlichen Ufer der Persante gelgenen Sammelpunkt, passieren einen Sandfang mit Rechen und werden dann nach der 4 km westlich von der Stadt gelegenen Kläranlage gepumpt. Letztere besteht aus acht Kremer-Apparaten, die so angelegt sind, dass eine spätere Einschaltung von biologischen Körpern möglich ist. Das mechanisch geklärte Abwasser wird durch einen $1^1/_2$ km langen Vorflutkanal bis etwa 60 m in die See geleitet. Die festen Abfallstoffe gelangen in Gruben oder Kästen. Eine einheitliche Müllabfuhr seitens der städtischen Verwaltung ist in Aussicht genommen. Die Strassen sind gepflastert bis auf zwei, die chaussiert sind. Die Reinhaltung wird durch die von der Stadt angestellte Mannschaft besorgt, welche auch die Sprengwagen bedient.

Die Heilerfolge, welche das Bad Kolberg aufweist, sind nicht allein dem Seeklima und den Seebädern zu danken, sondern werden in einer grossen Anzahl von Fällen durch die Vereinigung dieser Kurmittel mit den Sol- und Moorbädern erzielt. Rachitis und Skrofulose, Drüsen-, Knochen- und Gelenktuberkulose werden insbesondere günstig durch die Badekur in Kolberg beeinflusst. Bei Anämie und Chlorose, chronischem Gelenkrheumatismus und Gicht, chronischen entzündlichen Prozessen mit Exsudaten werden gute Erfolge beobachtet. Wie an anderen Seeküsten erscheint auch in Kolberg das grosse Heer neurasthenischer Kranker. Nicht vereinzelt verlassen sie Kolberg mit gestärkten Nerven, sei es, dass sie nur Luft geatmet, sei es, dass sie Sol- oder Seebäder gebraucht haben.

4. Bodenhagen.

Das Ostseebad Bodenhagen, Station der Bahnstrecke Kolberg—Köslin, ein freundliches Bauerndorf, das seit 1904 Badeort ist, wurde im Jahre 1913 von ca. 600 Badegästen besucht. Es liegt 5 Minuten von der See entfernt, der breite Strand wird von bewachsenen Dünen begrenzt. Der Kolberger Stadtwald mit seinen alten Eichen- und Buchen-Beständen ist in ca. 20 Minuten auf guten Wegen zu erreichen.

Eine Badeanstalt ist nicht vorhanden, in der See ist die Badestelle durch Taue und Pfähle gekennzeichnet und am Strande stehen Badehütten zum Aus- und Ankleiden.

Zu beiden Seiten der gepflasterten Dorfstrasse, getrennt von ihr durch feste Fusssteige, liegen freundliche Landhäuser mit mehr oder weniger geräumigen Wohnungen. Drei Gasthöfe, Materialwarenhandlungen, Bäckerei und Fleischerei sind vorhanden.

Das Trinkwasser wird meist aus Kesselbrunnen, welche zum grössten Teil eine zementierte Wandung und eisernes Pumprohr haben, entnommen. Die Abfallstoffe gelangen in Gruben oder auf Düngerhaufen.

Bodenhagen ist für ruhebedürftige, nervöse Menschen geeignet, welche fern vom Geräusch der Grossstadt Erholung und Kräftigung finden wollen.

5. Henkenhagen.

Der Ort Henkenhagen ist seit der Mitte des vorigen Jahrhunderts als Badeort bekannt. Die Gäste stammten zumeist aus Hinterpommern, bis die Eisenbahn von Kolberg nach Köslin mit Henkenhagen als Station gebaut wurde, und durch sie der Zuzug auch von weither erfolgte. In dem letzten Jahrzehnt hat die Zahl der Besucher sich sehr vermehrt, im Jahre 1901 wurden 360, im Jahre 1910 1990 und im Jahre 1912 2980 Kurgäste gezählt.

Die Bewohner des Ortes betreiben grösstenteils Landwirtschaft, ein kleiner Teil hat seinen Erwerb durch Fischerei.

Das Dorf Henkenhagen hat 1103 Einwohner, ist mit der Bahn in 20 Minuten von Kolberg zu erreichen, liegt unmittelbar an der See. Im Osten des Dorfes befinden sich hohe Dünen, die mit Laub- und Nadelholz bewachsen sind. Das Klima ist erfrischend und anregend. Ein kleines Wäldchen gewährt Schutz gegen Winde.

Eine Anstalt für warme See- und medizinische Bäder, Einrichtungen für Licht- und Sonnenbäder sind vorhanden. Am Strande sind mehrere Badeplätze, für Nichtschwimmer sind in der See Badestellen abgegrenzt.

Im Jahre 1911 wurde in Henkenhagen ein Mittelstands-Kinderheim eröffnet, das erholungsbedürftige Kinder gegen ein Entgelt von 100 Mark auf 4 Wochen inkl. Reisegeld aufnimmt. Ein Heilpflegeverein — Geschäftsstelle Werder a. H. — leitet das Heim. Im Walde dicht an der See liegt das Erholungsheim Anker, in dem eine vegetarische Küche geführt wird, mit einem Luft- und Sonnenbad.

Ein Arzt aus Berlin, Anhänger des Naturheilverfahrens, praktiziert im Sommer in Henkenhagen, zwei Schwestern sind zur Pflege Kranker stationiert. Für die Absonderung ansteckender Kranker sind zwei Zimmer mit Nebenraum für eine Pflegerin und mit Küche in einem Gemeindehause eingerichtet. Die nötig werdenden Desinfektionen werden von einem Kreisdesinfektor auf Kosten des Kreises ausgeführt.

In den in den letzten Jahren erbauten Häusern sind Wohnungen enthalten, die den modernen Ansprüchen an Bequemlichkeit genügen, daneben ist eine Anzahl von Badewohnungen in alten Bauernhäusern vorhanden, die einfacher eingerichtet sind. Vier Gasthöfe mit Logierzimmern gewähren den Fremden Unterkunft.

In Henkenhagen sind Fleischer und Bäcker, welche gute Ware liefern. Eine Beaufsichtigung findet, abgesehen von der vorgeschriebenen Fleischbeschau, nicht statt. Von Zeit zu Zeit werden Proben von Materialwaren entnommen und untersucht.

Seit 2 Jahren sind 20 Häuser an eine Wasserleitung angeschlossen, welche aus einem Tiefbrunnen gespeist wird. Ein Gasmotor treibt das Wasser in ein schmiedeeisernes, innen asphaltiertes Reservoir, aus dem es durch ein verzinktes Eisenrohr mittels komprimierter Luft gedrückt und durch Abzweige in die Gebäude geleitet wird. Das Wasser, welches nach den angestellten Pumpversuchen in genügender Menge zutage tritt, hat im Hochsommer eine Temperatur von 10° C, ist geruch- und geschmacklos, klar, ein wenig gelblich gefärbt. Salpetersäure und salpetrige Säure sind nicht vorhanden, Ammoniak, Chlor und Eisen in Spuren. Zur Oxydation der organischen Substanzen sind in einem Liter Wasser etwa 17,69 mg Kaliumpermanganat erforderlich. Die bakteriologische Untersuchung hat ergeben, dass das Wasser keimfrei ist. Die von einem Privatunternehmer hergestellte und betriebene Anlage wird voraussichtlich demnächst an einen Verband der Interessenten übergehen. Anschluss an die Wasserleitung haben die im östlichen Teil des Dorfes gelegenen Villen genommen, die übrigen Gebäude, in denen Kurgäste wohnen, sind bezüglich ihrer Wasserversorgung weniger günstig daran. Kesselbrunnen mit zementierter oder aus Mauersteinen bestehender Umfassung, offen und bedeckt, mit und ohne Pumpe, liefern hier das Trink- und Gebrauchswasser.

In den neuerbauten Logierhäusern sind Klosettanlagen mit Spülvorrichtung vorhanden. Die Abwässer werden in aus Zement hergestellten Gruben angesammelt, die von Zeit zu Zeit entleert werden. Die alten Gehöfte haben Abtritte mit Gruben oder Kästen, die nach Bedarf entleert werden. Die wirtschaftlichen Abwässer und festen Abfälle gelangen auf den Düngerhaufen. Die Dorfstrasse ist nicht gepflastert, ein Pflaster ist aber für die nächste Zeit seitens des

Kreises in Aussicht genommen. Im oberen Teil des Kurortes läuft neben der Strasse ein fester Promenadenweg einher.

Das Ostseebad Henkenhagen ist besonders geeignet für nervöse Personen, insbesondere für abgearbeitete Männer, die durch Ruhe ihre Nerven kräftigen wollen, für Rekonvaleszenten und durch Krankheit erschöpfte Personen, endlich für leichte und mittlere Grade von Blutarmut. Kinder mit Anlage zur Skrofulose und Rachitis erholen sich durch das Leben am Strande gewöhnlich sehr bald.

II. Kreis Köslin.

1. Sorenbohm.

Freundliches, sauberes Bauerndorf (600 Einwohner), unmittelbar an der Ostsee gelegen.

Frequenz 8—900 Badegäste.

Strand breit und steinfrei. Infolge zahlreicher weit in das Meer hinaus gebauter Buhnen kein sehr kräftiger Wellenschlag. Eine 1 km lange zur Strandbefestigung aufgeführte, ca. 2 m breite Schutzmauer bietet einen angenehmen Promenadenweg, der bei jeder Witterung benutzt werden kann. Nach Osten ziehen sich mit Laub- und Nadelwald bestandene Dünen 7 km weit über Bauerhufen nach Gross-Möllen hin. Industrielle Anlagen mit störendem Betriebe sind nicht vorhanden. Nächste Bahnstation Alt-Banzin ($^1/_2$ Stunde), von da ab viermal täglich Omnibusverkehr.

Gebadet wird von kleinen am Strande aufgestellten Holzbuden aus. Badeanstalt für warme Seebäder vorhanden.

Arzt von Köslin ($1^3/_4$ Stunden) oder von Kordeshagen (1 Stunde) zu erreichen. Zur Aufnahme schwer Erkrankter dienen die Krankenhäuser in Köslin, Krankenschwester am Ort.

Die Badegäste finden Unterkunft im Strandhotel und Hotel Katte, sowie in den Pensionen Daheim und Geschwister Kausse (Pension 4—5 Mark), bescheidenen Ansprüchen genügend. Ausserdem sind Privatwohnungen mit Küche und Badehütte in den freundlichen, mit Gärten, Lauben und Zelten versehenen Bauernhäusern zum Preise von 80—160 Mark für die Saison zu haben.

Bäcker, Fleischer, Gärtner am Orte. Ausser Fleischbeschau keine besondere Nahrungsmittelaufsicht.

Die Wasserversorgung ist einwandfrei (Pumpen, Brunnen).

In bezug auf die Beseitigung der Abfallstoffe usw. walten rein dörfliche Verhältnisse.

Der Aufenthalt in Sorenbohm kann Erholungsbedürftigen, welche nur bescheidene Ansprüche machen, sehr wohl empfohlen werden.

2. Bauerhufen.

Freundliches Bauern- und Fischerdorf (180 Einwohner); ist $^1/_4$ Stunde östlich von Sorenbohm direkt hinter hohen mit Bäumen bewachsenen Dünen, nach Süden von Wiesen und Feldern begrenzt. Frequenz 7—800 Badegäste. Strand sandig und steinfrei. Kräftiger Wellenschlag. Nach Osten ziehen sich mit Laub- und Nadelholz bewachsene Dünen 5 km hin bis Gross-Möllen. Industrielle Anlagen nicht vorhanden. Nächste Bahnstation Alt-Banzin ($^3/_4$ Stunde). Viermal täglich Omnibusverkehr.

Jedes Haus stellt seinen Gästen eine Badehütte.

Aerzte können von Köslin oder Kordeshagen in 1—1$^1/_2$ Stunden herbeigerufen werden. Krankenunterkunftsräume sind nicht vorhanden.

Die Badegäste finden Unterkunft im Strandhotel (Pension 3 bis 5 Mark) und in den zahlreichen sauberen und freundlichen Bauernhäusern, welche sämtlich mit kleinen aber gepflegten Gärten, Zelten und Lauben versehen sind. Auch Wohnungen mit Küchen zum Führen eigener Wirtschaft sind zu haben. Preis der Wohnungen 60—120 Mark für die Saison.

Lebensmittel aller Art sind am Orte zu haben. Ausser Fleischbeschau keine Nahrungsmittelaufsicht.

Die Wasserversorgung (Pumpen und Brunnen) ist einwandfrei.

In bezug auf die Beseitigung der Abfallstoffe herrschen rein dörfliche Verhältnisse.

Erholungsbedürftigen, welche ruhig leben wollen und keine grossen Ansprüche machen, kann der Aufenthalt in dem hübsch gelegenen Bauerhufen zum Aufenthalt empfohlen werden.

3. Gross-Möllen.

In früherer Zeit fast nur von den Einwohnern Köslins besucht, ist Gröss-Möllen in den letzten zwei Jahrzehnten auch in weiteren Kreisen bekannt und beliebt geworden. Frequenz im Jahre 1912 1744 Badegäste (viele Berliner). Der Ort — aus Gut und bäuerlicher Gemeinde bestehend — liegt dicht am offenen Ostseestrande, 12 km von Köslin entfernt, mit der alle 20 Minuten fahrenden elektrischen Strandbahn in $^3/_4$ Stunden zu erreichen.

Die Bevölkerung treibt Ackerbau. Industrielle Anlagen störender Art sind nicht vorhanden.

Die Dünen sind mit ca. 30 jährigem Laub- und Nadelwald bestanden und bieten westlich nach dem $^3/_4$ Stunde entfernten Badeorte Bauerhufen zu hübsche Spaziergänge. Nach der Ostseite ist der Badeort Nest auf festem Strande in 20 Minuten zu erreichen.

Der Badestrand ist sandig und steinfrei. An Badeanstalten sind vorhanden: ein Herrenbad (38 Zellen), ein Damenbad (36 Zellen), ein Familienbad (20 Zellen). Ausserdem bietet ein Warmbad Gelegenheit zu warmen Seebädern, zu Sol- und medizinischen Bädern. Kaltbadeanstalten und Warmbad sind in der Zeit vom 15. Juni bis 15. September im Betriebe.

Ein Kinderheim bietet 40 erholungsbedürftigen Kindern Unterkunft. Pensionspreis für 4 Wochen 50—75 Mark.

Bei Erkrankungen sind die Kösliner Aerzte leicht erreichbar. Eine Krankenschwester am Ort, nicht aber ein Krankenhaus. Schwer Erkrankte müssen in den Krankenhäusern Köslins untergebracht werden.

An Hotels sind vorhanden: Hotel Böttcher (40 Zimmer), Hotel Keller (20 Zimmer), Hotel Parkschlösschen (15 Zimmer). Pensionspreis 4—5 Mark. Die Hotels genügen bescheidenen Ansprüchen. Möblierte Familienwohnungen — auch mit Küche — sind in den Bauernhäusern und in zahlreichen Villen zu haben. Anfragen betreffend Wohnungen sind zu richten an die amtliche Wohnungsnachweisstelle, z. H. des Gemeindevorstehers Schwertfeger, Seestr. 2. Für die Verpflegung sorgen ausser den Hotels einige Restaurants (Bahnhof-Restaurant, Parkschlösschen-Restaurant, Strandhallen-Restaurants Böttcher und Haase).

Zwei Fleischer, ein Bäcker, eine Konditorei und eine Genossenschaftsmolkerei mit Milchhalle sind vorhanden. Ausser der Fleischbeschau findet eine Nahrungsmittelkontrolle nicht statt.

Zahlreiche einwandfreie Pumpen liefern ein gutes Trinkwasser.

Die Beseitigung der Abfallstoffe geschieht durch Abfuhr.

Gross-Möllen verdient bei bescheidenen Ansprüchen als stilles, ruhiges Seebad mit gutem Wellenschlage durchaus Empfehlung.

4. Nest.

Im letzten Jahrzehnt auch von weiteren Kreisen besucht. Badefrequenz gegen 1000 Badegäste.

Nest ist ein ruhiges, freundliches, nur von Fischern bewohntes Dorf und liegt 14 km von Köslin und 2 km von Gross-Möllen entfernt, mit Köslin durch die Strandbahn verbunden. Die Lage des

Ortes hinter den grösstenteils mit Bäumen bestandenen Dünen ist deshalb eine besonders hübsche, weil sich der Ort am Nordufer des 10 km langen und 2—5 km breiten Jamundschen Sees hinzieht. Gelegenheit zum Segeln, Rudern, Angeln.

Der Strand, vom Dorfe in 3—4 Minuten zu erreichen, ist breit, sandig und steinfrei. Meist kräftiger Wellenschlag. Gebadet wird von kleinen hölzernen Badehütten aus, welche in grosser Anzahl vorhanden sind und den Badegästen von den Hauswirten zur Verfügung gestellt werden. Die Badeplätze sind ausgesteckt. Besondere Kuranstalten sind nicht vorhanden. Eine kleine Warmbadeanstalt steht zur Verfügung.

Bei Erkrankungen sind die Kösliner Aerzte leicht erreichbar. Schwerkranke finden in den Kösliner Krankenhäusern Aufnahme.

In sauberen Fischerhäusern, vereinzelten Villen und im Hotel Peglow (Pension 5 Mark) sind die Badegäste bescheiden aber gut untergebracht. Für Familien, die eigene Wirtschaft führen wollen, stehen in vielen Häusern Küchen zur Verfügung.

Lebensmittel, wie Backwaren, Fleisch, Milch, Eier, Gemüse, sind am Orte täglich frisch zu haben. Eine Beaufsichtigung des Nahrungsmittelverkehrs findet nicht statt.

Wasserverhältnisse einwandfrei (Pumpen, Brunnen).

In bezug auf Beseitigung der Abwässer und Abfallstoffe herrschen primitive, rein dörfliche Verhältnisse.

5. Deep.

Kleines einfaches Fischerdorf, $^3/_4$ Stunde östlich von Nest, auf einer $^1/_2$—1 km breiten Landenge zwischen der Ostsee und dem Jamundschen See gelegen. Spaziergänge in dem nur mit niedrigem Weidengebüsch bestandenen Dünengelände bieten bei der Weltabgeschlossenheit und lautlosen Einsamkeit einen eigentümlichen Reiz. Zahlreiche schöne Stranddisteln. 1912: 1901 Badegäste.

Es wird von hölzernen Badebuden an ausgesteckten Plätzen gebadet. Strand sandig, steinfrei. Kräftiger Wellenschlag.

Arzt und Krankenhäuser in Köslin (2 Stunden).

Die Badegäste wohnen in den Fischerhäusern und dem sehr einfachen Dorfkruge. Auf Komfort in Wohnung und Verpflegung müssen die Badegäste verzichten.

Lebensmittel werden von Köslin beschafft.

Die Wasserverhältnisse zufriedenstellend. Im übrigen sehr primitive Verhältnisse.

6. Laase.

Ebenfalls ein kleines, sehr einfaches Fischerdorf, $^1/_2$ Stunde östlich von Deep gelegen. Frequenz ca. 100 Badegäste. Im übrigen trifft das über Deep Gesagte auch für Laase zu.

III. Kreis Schlawe.

1. Neuwasser.

In Neuwasser wurden die ersten Badegäste vor ungefähr 15 Jahren gesehen. 1902 wurden 63, 1906 192 und 1911 330 Fremde gezählt.

Die Bewohner treiben Fischerei und Landwirschaft.

Der Ort wird südwestlich von dem grossen Buckower See und nördlich von der Ostsee begrenzt; er liegt in dem zwischen beiden befindlichen sandigen Dünenboden. Das fiskalische Dünengelände, ein etwa 100 m breiter Streifen zwischen Ostsee und Ort, ist mit Kiefernschonung bestanden. Etwa 3 km Luftlinie südlich von Neuwasser entfernt befindet sich das Königliche Forstrevier Seebuckow, hauptsächlich Laubwaldung. Das Klima ist im allgemeinen mild. Industrielle Anlagen fehlen.

Eigentliche Kureinrichtungen bestehen nicht. Zum Auskleiden am Strande haben die einzelnen Wirte für ihre Gäste Holzbuden aufgestellt. Diese in losem Zusammenhange nebeneinander aufgestellten Buden bilden eine kleine Budenstadt am Strande. Zu Luftbädern bietet der weite völlig abgeschieden liegende Strand genügend Gelegenheit. Warmbäder fehlen gänzlich.

Besondere Kuranstalten sind nicht vorhanden, Krankenhäuser und Isolierhäuser fehlen. Etwaige Infektionskranke nimmt vertragsgemäss das städtische Krankenhaus in Rügenwalde auf, dessen Dampfdesinfektionsapparat ebenfalls zur Verfügung steht. Wohnungsdesinfektion besorgt der zuständige Kreisdesinfektor. Der nächste Arzt wohnt in der 10 km entfernten Stadt Rügenwalde.

Am Ort befinden sich etwa 30 Wohngebäude, einstöckig, in ländlicher Bauart, meistens mit Strohdach, deren Besitzer sämtlich Badegäste aufnehmen. Ferner besteht seit 1903 das der Neuzeit entsprechend eingerichtete Logierhaus und Strandhaus, das volle Verpflegung gewährt.

Die Nahrungsmittelversorgung ist im allgemeinen eine schwierige. Milch, Eier, Fische, Brot sind allerdings im Orte zu haben, doch muss Fleisch und Butter aus Rügenwalde bezogen werden.

In Neuwasser sind zwei Tiefbrunnen vorhanden: Der öffentliche Gemeinde- und Schulbrunnen sowie der Röhrenbrunnen des Strandhauses. Die übrigen Brunnen sind flache Kesselbrunnen, grösstenteils ohne Pumpvorrichtung. Im allgemeinen kann die Wasserversorgung als ausreichend bezeichnet werden.

Die Abfallstoffe werden, wie auf dem Lande üblich, auf den Dungstätten gesammelt und nach Bedarf abgefahren. Kanalisation fehlt. Die beiden Hauptstrassen sind gepflastert bzw. durch Lehmschüttung befestigt. Im übrigen ist die Passage wegen des tiefen Sandes recht beschwerlich. Eine regelmässige Strassenreinigung findet nicht statt.

Besondere Heilerfolge und Krankheitsindikationen sind nicht zu verzeichnen. Neuwasser wird wegen des ungenierten, ruhigen und billigen Badelebens hauptsächlich von den kleineren Beamten der grossen Städte besucht.

2. Rügenwaldermünde.

Rügenwaldermünde ist eins der ältesten Ostseebäder Hinterpommerns. Bereits im Jahre 1815 wurde von dem derzeitigen Apothekenbesitzer in Rügenwalde ein Badehaus errichtet und im ersten Jahre von 34 Kurgästen besucht. In den nächsten Jahrzehnten nahm das Bad einen weiteren Aufschwung. Die Besucher gehörten zum grössten Teil den hinterpommerschen Adelsfamilien an. Es herrschte ein lebhaftes Badeleben, besonders in dem alten Badehause, später „Friedrichsbad“ genannt. Diesen Namen erhielt dasselbe nach dem Besuche des Kronprinzen (späteren König Friedrich Wilhelm IV), der hier in der Ostsee badete. Einen vollständigen Rückgang erfuhr das Bad durch den anfangs der 70er Jahre begonnenen Bau des Hafens, der 15 Jahre dauerte und einen Badeaufenthalt fast unmöglich machte. Erst nach Beendigung des Hafenbaues begann sich der Badeverkehr wieder zu heben, nahm aber erst, als Hinterpommern einen Schnellzugverkehr erhielt und Rügenwalde in etwa 7 Stunden von Berlin erreichbar machte, einen erneuten Aufschwung; so dass im Jahre 1911 die Besucherzahl 1541 gegen 671 im Jahre 1903 betrug.

Die Bevölkerung (700 Einwohner) besteht zum grössten Teil aus Fischern.

Der Ort liegt dicht am Meeresstrande, zu beiden Seiten des Wipperflusses. An der Ostseite schliesst sich unmittelbar ein grosser Park an, an der Westseite Nadelwald von etwa einer Stunde Ausdehnung. Bei dieser Lage ist die Luft stets völlig staubfrei. Weite Spaziergänge in Park und Wald schützen gegen etwa herrschende kühle Seewinde.

Die Kurhäuser „Friedrichsbad“ und „Strandschloss“, modern eingerichtete Hotels, verfügen über Warmbadeanstalten, die medizinische Bäder jeder Art verabreichen. Das Damen- und Herrenbad am Weststrande entspricht allen hygienischen Anforderungen und hat je 20 Auskleidezellen. Auch ein Familienbad ist eingerichtet. Der Strand ist breit, feinsandig und steinfrei. Der Wellenschlag an der freien offenen Meeresküste kräftig.

Seit etwa 15 Jahren senden die Charlottenburger Ferienkolonien alljährlich 120 Kinder hierher, die im alten Schulhause Unterkunft finden.

Erkrankte finden ärztliche Hilfe bei den drei Aerzten der 2 km entfernten Stadt Rügenwalde. Das dortige gut eingerichtete städtische Krankenhaus mit etwa 40 Betten nimmt vertragsgemäss Badegäste auf und verfügt über Dampfdesinfektions- und Formalinapparat. In Rügenwalde wohnt ein staatlich geprüfter Desinfektor.

In etwa 130 Wohnungen in zum Teil in den letzten Jahren im Villenstil neuerbauten Häusern finden Kurgäste bequeme und billige Unterkunft. In fast allen Häusern, auch den älteren, ist Anlage für Kochgas. Zwei Hotels, Friedrichsbad und Strandschloss, direkt an der See gelegen, sowie ein Restaurant, am Hafen, bieten Wohnung mit voller Verpflegung. Ferner besteht ein Privatpensionat.

Nahrungsmittel sind in stets vorzüglicher Qualität zu haben. Milch und Butter liefert die Genossenschaftsmolkerei in Rügenwalde. Fleisch, im Schlachthause Rügenwalde tierzärztlich untersucht, wird täglich frisch ins Haus geliefert. Für Backware sorgen vier Bäckereien, für Kolonialwaren drei Kaufleute.

Einwandfreies Trinkwasser in ausreichender Menge liefern ein etwa 180 m tiefer artesischer, sowie zwei etwa 100 m tiefe Röhrenbrunnen.

Strassenreinigung und Müllabfuhr erfolgt durch die Hausbesitzer. Kanalisation ist nicht vorhanden. Die Strassen sind sauber gehalten, aber nicht alle gepflastert.

Ueber besondere Heilerfolge und Krankheitsindikationen ist nichts zu erwähnen.

3. Jershöft.

Der Badeort Jershöft wird seit einigen Jahrzehnten namentlich von den Bewohnern der Stadt Schlawe besucht. In den letzten Jahren suchen ihn auch viele Berliner Familien wegen seiner Ruhe und ländlichen Abgeschiedenheit auf. Die Zahl der Badegäste betrug in den letzten zehn Jahren:

1902	277
1903	239
1904	309
1905	265
1906	308
1907	236
1908	305
1909	334
1910	425
1911	395

Die Bewohner von Jershöft betreiben Landwirtschaft und gehören dem kleinen Bauernstande an.

Der Ort liegt langhingestreckt auf hoher steil in das Meer abfallender Düne, doch besteht noch ein schöner breiter sandiger Strand. An der Westseite schliesst sich unmittelbar an das Dorf entlang stundenweit Fichtenwald. Die klimatischen Verhältnisse sind günstig, Industrielle Anlagen fehlen. Störend wirkt nur bei nebligem Wetter das Nebelhorn, das ebenso wie der Leuchtturm in fiskalischem Besitz ist.

An Kureinrichtungen sind nur zu nennen kalte Seebäder. Besondere Kaltbadeanstalten bestehen jedoch nicht, sondern nur einige hölzerne Buden am Fusse der Dünen, die jeder Wirt für seine Gäste zum An- und Auskleiden errichtet. Der Badestrand ist neuerdings entsprechend der Regierungspolizeiverordnung abgegrenzt. In dieser primitiven Art des Badelebens sehen ständige Besucher von Jershöft einen besonderen Reiz und Vorzug. Warmbäder und andere Kureinrichtungen fehlen gänzlich. Zu Luftbädern bietet die völlige Abgeschiedenheit des Ortes und des Strandes die ausgedehnteste Gelegenheit.

Besondere Kuranstalten und Krankenhäuser fehlen.

Die ärztliche Versorgung ist schwierig, da der nächste Arzt 12 km entfernt wohnt. Krankenpflegepersonen sind nicht vorhanden. Die Absonderung von Infektionskranken ist unmöglich. Die Gemeinde Jershöft hat daher mit dem Kreis-Ausschuss des Kreises Schlawe einen Vertrag abgeschlossen, dahin gehend, dass das Kreis-Krankenhaus in Schlawe (25 km entfernt) mit seinen Einrichtungen (Krankenwagen, Dampfdesinfektionsapparat) zur Verfügung steht. Auch für die Desinfektion der Wohnungen sorgt der zuständige Desinfektor.

Jershöft mit 297 Einwohnern verfügt nur über niedrige Bauernstuben ohne jeden Komfort. An Logierhäusern mit voller Pension ist eins vorhanden. Die beiden anderen Gasthöfe sind primitiver Art. Auch der vor einigen Jahren neuerbaute zeigt ländlichen Charakter. In den letzten Jahren haben einige auswärtige Familien, die Jershöft ständig besuchen, für ihren eigenen Bedarf Villen errichtet.

Die Nahrungsmittelversorgung ist im allgemeinen eine schwierige. Backwaren sind täglich zu haben. Milch erhalten die betreffenden Badegäste von ihren Wirten, Butter aus einer 4 km entfernten Genossenschaftsmolkerei, Fleisch von einem zweimal wöchentlich aus der Nachbarstadt Rügenwalde erscheinenden Fleischer. Doch ist die Niederlassung eines Fleischers für die Sommersaison in Aussicht genommen.

Die Wasserversorgung des Ortes ist ausreichend. Es bestehen 38 Senkbrunnen und 5 Bohrbrunnen. Das Wasser ist nicht zu beanstanden.

Besondere Abwässerbeseitigung und Müllbeseitigung sowie Kanalisation fehlen. Die Abgänge werden nach ländlicher Art auf den Dunghaufen des Hofes gebracht und nach Bedarf abgefahren. Die Hauptstrasse des Ortes ist gepflastert, wird aber nicht ständig gereinigt.

Ueber besondere Heilerfolge und Krankheitsindikationen ist nichts zu sagen.

IV. Kreis Stolp.

1. Stolpmünde.

Der Ursprung der Ortschaft Stolpmünde fällt in das Jahr 1337, in welchem die damalige, 18 km südlich von Stolpmünde gelegene Hansastadt Stolp an der Mündung des Stolpeflusses in die Ostsee einen Hafen gründete. Das Schicksal des letzteren war mit dem der Stadt Stolp eng verbunden bis in die neueste Zeit. Als mit dem Verfall der Hansa auch Handel und Gewerbe und damit der frühere Wohlstand von Stolp zurückging, verlor auch sein Ostseehafen seine frühere Bedeutung. Erst im Jahre 1831, nachdem der Hafen an den Preussischen Staat abgetreten worden war und von diesem ausgebaut wurde, hob sich der Verkehr in ihm wieder etwas. Was die Entwicklung Stolps als Seebad anbetrifft, so ist zu erwähnen, dass es schon Jahrzehnte hindurch der Einwohnerschaft der Stadt Stolp und einem grossen Teil des hinterpommerschen Adels in den Monaten Juli bis September als Sommerfrische diente — auch Bismarck weilte öfter hier —, bevor im Jahre 1870 der zunehmende Verkehr in dem Bade die Gründung einer Bade-Aktiengesellschaft herbeiführte, von der das jetzt noch bestehende Herren- und Damenbad erbaut wurde. Einen weiteren Aufschwung des Badeorts brachte die Eröffnung der Eisenbahn von Stolp nach Stolpmünde im Jahre 1878. Im Jahre 1881 übernahm die Gemeinde Stolpmünde die Verwaltung des Bades; das Aufblühen der Ortschaft selbst, insbesondere aber auch die Verbesserungen der Badeeinrichtungen, der Anlagen und der Wege am Badestrand vermehrte auch die Zahl seiner Besucher. Seine Einwohnerzahl war von 1900 im Jahre 1885 auf 2832 bei der letzten Volkszählung 1910 gestiegen. Im Jahre 1904 betrug die Zahl seiner Besucher 2094, im Jahre 1911 war sie auf 3610 gestiegen, im Jahre 1912 belief sie sich auf 4001. Im Jahre 1911 erhielt Stolpmünde auch Eisenbahnverbindung mit der Kreisstadt Schlawe.

Ein grosser, vielleicht der grösste Teil der Bevölkerung lebt von der Fischerei und der Seeschiffahrt. Auch der rege Verkehr im Hafen bietet den Einwohnern reichlich Gelegenheit zu gutem Verdienst. Von den Behörden, die dem Verkehr dienen und in Stolpmünde ihren Sitz haben, sind zu nennen ein norwegisches, schwedisches und dänisches Vizekonsulat, ein Hafenbauamt, ein Lotsenamt, ein Zollamt I und ein Kaiserliches Postamt II. Von besonderen gewerblichen Einrichtungen sind zu erwähnen: Fischräuchereien, eine Sammelmolkerei, eine Spirituslagerei, ein grosser Getreidespeicher des landwirtschaftlichen Konsumvereins des Landkreises Stolp, ein Holzschneidewerk und eine Zementbetonfabrik. Der Ort liegt 54° 35′ nördlicher Breite und 16° 57′ östlicher Länge. Er erstreckt sich am östlichen Ufer der Stolpemündung, die zu einem Hafen ausgebaut ist, landeinwärts. Westlich und östlich von ihm ziehen sich meilenweit hohe Kiefernwaldungen, dem Verlauf der Dünen folgend, hin. Nach den Beobachtungen, die von dem Königlichen Lotsenamt regelmässig gemacht werden, ist das Klima als ziemlich gleichmässig zu bezeichnen. In den frühesten Morgenstunden weht meistens ein leichter Südwind, der im Laufe des Vormittags sich nach Osten dreht, um am Mittag und in den ersten Stunden des Nachmittags über Norden nach Westen zu gehen; am Abend ist er nach Süden zurückgekehrt und beginnt den gleichen Kreislauf von neuem. Demnach herrscht meistens den grössten Teil des Tages Seewind. Die Windstärke (nach Beauforts Windskala) geht im Durchschnitt nicht über 4 hinaus. Heftige Seestürme sind nicht häufig. Die Temperatur unterliegt im allgemeinen während der Badezeit, die vom 15. Juni bis 15. September dauert, und zu den einzelnen Tageszeiten nur geringen Schwankungen; sie beträgt morgens 6 Uhr 16—17°, mittags 21—22°, abends 18—20° C im Schatten gemessen. Doch kommen im Juni noch kalte Tage vor; auch sind rauhe und kühle Tage von der Mitte des Monats August an nicht selten. Die Niederschlagsmenge betrug:

1908.	Juni 21″	Juli 53″	August 78″	September 70″
1909.	„ 21″	„ 71″	„ 29″	„ 30″
1910.	„ 57″	„ 32″	„ 37″	„ 42″

Bis vor einigen Jahren wurde noch von seiten der Badegäste über Belästigungen durch den Rauch der Fischräuchereien bei Landwind geklagt. Durch Erhöhung der Schornsteine und durch den Erlass einer den Betrieb regelnden Polizeiverordnung sind die Klagen verstummt.

An Kureinrichtungen sind vorhanden: eine Seebadeanstalt für Herren westlich, eine für Damen östlich der beiden Hafenmolen. Die Besucher des Herrenbades werden vermittels einer Fähre über die Stolpe übergesetzt. Die beiden Molen, welche den Hafeneingang umschliessen, erstrecken sich 500 m lang in die Ostsee hinaus. Sie ersetzen den Seesteg anderer Seebäder und bilden, besonders die Ostmole, einen sehr beliebten Spaziergang für die Badegäste. Die Warmbadeanstalt wurde im Jahre 1912 unweit des östlichen Badestrandes neu erbaut. Ihre Einrichtungen entsprechen allen Anforderungen, die an eine derartige Anstalt zu stellen sind. Es werden in ihr vorzugsweise warme Seebäder verabfolgt, aber auch medizinische Bäder aller Art. In der Nähe des östlichen Badestrandes befindet sich auch eine Rettungsstation für Rettung aus Seenot.

Von besonderen Kuranstalten ist zu erwähnen das vom Vaterländischen Frauenverein in Stolp im Jahre 1907 erbaute Kinderheim, in dem 50 Plätze für blutarme, skrofulöse usw. Kinder aus unbemittelten Familien eingerichtet sind, die hier, jährlich etwa 100, Wohnung und Pflege erhalten. Auch Badegäste finden hier für einen mässigen Preis Aufnahme.

Für die am Ort Erkrankenden sind vorhanden zwei Aerzte, die

im Orte ansässig sind, eine Apotheke, eine in der Krankenpflege ausgebildete Gemeindeschwester (Diakonissin) und eine Sanitätskolonne vom Roten Kreuz. Die öffentliche Gesundheitspflege wird von der in der Ortschaft eingerichteten Gesundheitskommission überwacht. Ein eigenes Krankenhaus besitzt Stolpmünde nicht. Im Bedarfsfalle sind Erkrankte auf die Krankenhäuser in der Stadt Stolp, in der zwei öffentliche allgemeine Krankenhäuser und Privatkliniken für chirurgische, Augen-, Nasen-, Hals- und Ohrenkrankheiten und für Frauenkrankheiten vorhanden sind, angewiesen, und wohin die Ueberführung mit der Eisenbahn oder durch Krankenwagen ohne Schwierigkeiten erfolgen kann. Für Infektionskranke sind in dem an der südlichen Grenze der Ortschaft neuerbauten Gemeindearmenhaus von der Gemeindeverwaltung zwei Zimmer bereitgestellt und eingerichtet worden. Ein Kreisdesinfektor wohnt in dem 4 km von Stolpmünde entfernt gelegenen Dorfe Lindow. Für Dampfdesinfektionen steht der fahrbare Dampfdesinfektionsapparat des Kreiskrankenhauses in Stolp zur Verfügung.

Für Badegäste zur Verfügung stehende Wohnungen sind in Stolpmünde in genügender Anzahl vorhanden in sechs Hotels, in Familienwohnungen mit Kücheneinrichtung und in einzelnen in Gärten gelegenen Villen. Die Hotels und die Gasthöfe haben sämtlich Gasbeleuchtung, von den Privatwohnungen die besseren; in diesen sind auch die Küchen meistens mit Gasherden versehen. Was die Beschaffenheit der Wohnungen anbetrifft, so kann allen Ansprüchen Genüge geleistet werden. Die Preise halten sich in mässiger Höhe. Die Verpflegung in den Hotels und in den Gasthöfen ist gut; auch hier sind die Preise als mässig zu bezeichnen.

Für die Nahrungsmittelversorgung der Ortschaft sind vorhanden: 7 Fleischereien, 6 Bäckereien, 9 Materialwarenhandlungen und eine Genossenschaftsmolkerei. Die Beaufsichtigung des Verkehrs mit Fleisch geschieht gemäss dem Fleischbeschaugesetz; auch die privaten Schlachtungen sind der Fleischschau unterstellt. Ueber die Beaufsichtigung des Handels mit Milch ist eine besondere örtliche Polizeiverordnung erlassen worden.

Die Wasserversorgung geschieht in der Hauptsache durch Röhrenbrunnen, die gutes und der Menge nach ausreichendes Trinkwasser liefern. Die Einrichtung einer zentralen Wasserversorgung ist von der Gemeinde in Aussicht genommen.

Die Haus- und Tagwässer werden in geschlossenen Kanälen in

das Hafenbecken geleitet. Sonst werden die Abfallstoffe auf den Höfen der Hausgrundstücke in Senk- und Düngergruben gesammelt und bei Nacht durch Abfuhr beseitigt. Die Strassen der Ortschaft sind sämtlich gepflastert und in einem guten Zustand. Gemäss Ortsstatut hat ihre Reinigung von seiten der Hausbesitzer während der Badesaison zweimal wöchentlich zu erfolgen.

Stolpmünde eignet sich in erster Reihe zum Aufenthalt für Erholungsbedürftige und Rekonvaleszenten. Auch Personen mit leichten Störungen der nervösen Funktionen, leichteren Neurasthenikern kann der Aufenthalt in diesem Bade empfohlen werden. Sonst sind auch gute Heilungserfolge beobachtet bei leichteren Störungen der Herztätigkeit, soweit sie nicht durch Klappenfehler, Basedowsche Krankheit oder Schlagaderverkalkung hervorgerufen wurden, ferner bei Blutarmut, Frauenleiden, bei Kindern mit Skrofulose und Rachitis. Nicht zu empfehlen ist der Aufenthalt in Stolpmünde ausser bei den bereits angeführten Krankheiten Personen, welche an Erkrankung der Atmungsorgane leiden, sowie fiebernden Kranken.

2. Neustrand.

Neustrand ist ein kleines Fischerdorf. Ueber seine Entwicklung als Seebadeort ist nur bekannt, dass es seit etwa 10 Jahren als Sommerfrische während der Schulferien besucht wird. Die Zahl der Besucher hat in den letzten Jahren zugenommen; im Jahre 1911 betrug sie 40, im Jahre 1912 etwa 60.

Die Bewohner der Ortschaft leben von Seefischerei und Landwirtschaft. Die Ortschaft liegt östlich von Stolpmünde. Sie ist von diesem 10 km entfernt und am besten von dort auf dem Landwege (13,6 km) zu erreichen.

Der Badestrand ist etwa 700 m von den letzten Häusern der nördlichen Grenze der Ortschaft entfernt. Der Weg zum Strand führt von der Ortschaft zunächst etwa 200 m weit durch Felder und dann durch hohen Nadel- und Laubwald, der westlich fast ununterbrochen bis zu dem Seebad Stolpmünde, östlich bis auf eine Entfernung von etwa $1^1/_2$ km von dem kleinen Seebadeort Rowe sich erstreckt. Von dem der Seeseite zugekehrten Rand des Waldes fallen die Dünen bis zu dem etwa 50 m tiefer als der Waldrand liegenden Strand ziemlich steil ab. Der Strand von den Dünen bis zur See ist etwa 40 m breit und vollständig steinfrei. Ueber die klimatischen Verhältnisse liegen

Beobachtungen nicht vor; sie dürften sich aber kaum von denen des Seebades Stolpmünde unterscheiden.

Am Strand ist eine Anzahl von Bretterhäuschen errichtet, in denen Badegäste sich an- und auskleiden können und bei etwa plötzlich auftretendem Unwetter Unterkunft finden. Für Nichtschwimmer ist in der See durch ein an Pfählen befestigtes Tau eine Stelle zum Baden abgegrenzt.

Aerztliche Hilfe ist in Stolpmünde am nächsten zu erreichen.

Wohnung und gegebenenfalls Verpflegung finden Badegäste bei den Einwohnern der Ortschaft, auf die sie, soweit sie nicht selbst dafür sorgen, auch hinsichtlich der Nahrungsmittelversorgung überhaupt angewiesen sind. Eine bescheidene Gastwirtschaft ist vorhanden.

Wasserversorgung und Abfallbeseitigung entsprechen den ländlichen Verhältnissen.

Neustrand eignet sich nur zum Aufenthalt bei sehr bescheidenen Ansprüchen.

3. Rowe.

Rowe ist ein kleines Fischerdorf. Es wird seit etwa 10 Jahren vorzugsweise in den Schulferien von Erholungsbedürftigen aufgesucht. Die Zahl seiner Besucher betrug im Jahre 1911 etwa 50, im Jahre 1912 etwa 70.

Seine Bewohner leben von Fischerei und Landwirtschaft.

Die Ortschaft liegt östlich von Neustrand und ist am besten von Stolpmünde aus auf dem Landweg (18,7 km) zu erreichen. Etwa $1^1/_2$ km westlich von der Westgrenze der Ortschaft beginnt hoher Kiefernwald, der fast ununterbrochen bis Neustrand und weiter bis Stolpmünde sich erstreckt.

Der Badestrand grenzt unmittelbar an das linke Ufer der Mündung des Lupowflusses in die Ostsee und ist etwa 200 m von der Grenze der Ortschaft entfernt. Er ist etwa 20 m breit und völlig steinfrei. Die Dünen, welche an ihn angrenzen, sind flach und niedrig und spärlich mit Dünengras bewachsen. Für Nichtschwimmer ist in der See durch ein an Pfählen befestigtes Tau eine Stelle zum Baden abgegrenzt. Zum An- und Auskleiden sind Bretterhäuschen erbaut, die sich an die Dünen anlehnen.

Bezüglich des Klimas, der Wohnungs- und Verpflegungsverhältnisse gilt das gleiche wie für Neustrand.

V. Kreis Lauenburg.

Leba.

Leba ist ein dicht am Strande gelegenes Hafenstädtchen, das bequem mit der Bahn erreicht werden kann. Der Badeort befindet sich in aufsteigender Entwickelung, wozu wesentlich die Bahnverbindung, der Bau von zwei Badeanstalten, die Erbauung eines neuen, auf hoher Düne, dicht am Strande gelegenen Kurhauses beigetragen haben. Der Ort hat schwedisches Kopfsteinpflaster, mit Bäumen bepflanzte Bürgersteige und bietet das Bild eines sehr freundlichen und sauberen Landstädtchens. Die Besucherzahl ist von 1902 bis 1912 von 277 auf 768 im Jahre gestiegen.

Die Bevölkerung besteht vorwiegend aus Ackerbürgern und Fischern. Störende Industrie gibt es nicht.

Der Ort ist auf drei Seiten von Wasser umgeben und zwar liegt nördlich die Ostsee, westlich der 17 km lange und 7 km breite Leba-See, östlich der 7 km lange Sarbsker See. Die Stadt liegt 5 Minuten vom Strande entfernt. Dicht hinter den Dünen ist neuerdings eine Villenkolonie entstanden. Zwischen Stadt und Dünen sind teils älterer Wald, teils Schonungen gelegen, die für die Zukunft viel versprechen. Einen besonderen Reiz gewähren die nach Osten und Westen zwischen der Ostsee und den beiden genannten Binnenseen sich hinziehenden teilweise bewaldeten Dünenstreifen, die meilenweite angenehme Spaziergänge bieten, auf denen man kaum einen Menschen sieht. Besonders interessant ist die grosse Wanderdüne, die Lonschke-Düne. Auch bietet der Leba-See Gelegenheit zu bei jedem Wetter möglichen Segelfahrten. Der Laub- und Nadelwald mit seinen schattigen Promenaden schützt die Stadt vor Wind und Wetter. Auch gestattet der breite, steinfreie und feste Strand ein freies, ungeniertes Promenieren. Infolge der Lage zwischen der See und zwei Binnenseen ist die Luft besonders rein und staubfrei.

In den beiden gut eingerichteten Kaltbadeanstalten für Damen und Herren sind auch warme Seebäder erhältlich. Der Badegrund ist steinfrei und besteht nur aus Sand. Auf dem Strandteil der Badeanstalten können Luft- und Sonnenbäder genommen werden.

Besondere Kuranstalten sind bis auf mehrere Heime für Ferienkolonien nicht vorhanden.

Arzt und Apotheke sind am Orte vorhanden. Das Johanniter-Krankenhaus in Lauenburg ist in geeigneten Fällen schnell und bequem erreichbar. Das Desinfektionswesen ist von Kreiswegen geregelt und streng durchgeführt.

Wohnungen sind in den kleinen Fischerhäusern, aber auch in vielen mit allem Komfort ausgestatteten Neubauten des Ortes sowie in der in nächster Nähe des Strandes gelegenen Villenkolonie zu haben. Das Kurhaus, Hotels, Gasthäuser, Pensionate bieten Wohnung und Verpflegung in der Preislage von 3,50 M. bis 6,00 M. pro Tag.

Am Orte sind Bäcker, Fleischer, Kaufleute, Fischräuchereien, Molkerei und Fischhandlungen vorhanden. Gemüse und Obst wird von den umliegenden Gütern und von Lauenburg aus im Hause zum Verkauf angeboten. Der Nahrungsmittelverkehr wird beaufsichtigt.

Eine grosse Zahl von öffentlichen und privaten eisernen Röhrenbrunnen liefern nie versiegendes, in gesundheitlicher Beziehung einwandfreies, zum Teil allerdings etwas eisenhaltiges Wasser.

Die Abfallstoffe werden in Gruben gesammelt und landwirtschaftlich verwertet. Die Strassen sind sauber.

Die Heilwirkungen sind infolge der absoluten Reinheit der See- und Waldluft sehr gute.

---

b) Die Seebadeorte im Regierungsbezirk Stettin.

Von

Reg.- und Geh. Med.-Rat Dr. **Dütschke**-Stettin und

Kreisarzt Dr. **Kurpjuweit**-Swinemünde.

(Mit 4 Abbildungen im Text.)

Allgemeines.

Die im Regierungsbezirk Stettin gelegenen Seebadeorte gehören, in der Richtung von Osten nach Westen betrachtet, zu den Kreisen Greifenberg in Pommern, Cammin und Usedom-Wollin. Die Küste wird hier in Deep, Kreis Greifenberg, von dem Regafluss, sodann zwischen den Ortschaften Ost- und West-Dievenow von der Dievenow und bei Swinemünde von der Swine durchbrochen.

Die sich längs der ganzen Küste hinziehenden, oft recht steilen Dünenufer vereinigen die Schönheiten und Vorzüge des Meeres harmonisch mit reizvoller Landschaft prachtvoller Buchen- und Kieferwaldungen oder, wie bei Dievenow, frischer Birkenhaine. An den Stellen, an denen sich die obengenannten Flüsse in die Ostsee ergiessen, ist der Strand vielfach zerrissen und zerklüftet, und alljährlich bröckelt ein nicht unbeträchtlicher Teil der Dünen hier ab, so dass starke Schutzbauten errichtet werden müssen. Der Strand ist sonst fest, feinsandig und gut zu beschreiten, an manchen Stellen ohne besondere Breite. Es gehört zu den schönsten Wanderungen, unmittelbar am brausenden Meer die ganze pommersche Küste zu Fuss zu durchstreifen.

Das, was dem reichen Kranz der Ostseebäder, welcher die Küste des Regierungsbezirks Stettin umsäumt, ein besonderes Gepräge verleiht, sind die prachtvollen Waldungen, die sich längs der ganzen Küste, besonders aber von Neuendorf an, über Misdroy, Swinemünde, Ahlbeck, Heringsdorf und Bansin hinaus bis nach Zinnowitz und weiter hin erstrecken und dem Wanderer immer neue Eindrücke aufdrängen.

In jenen Waldungen wechseln Eichen mit Buchen, Kiefern und Birken, während dichtbelaubte Erlen sich geheimnisvoll in dem dunklen Wasser des Jordansees bei Misdroy spiegeln und wilder Hopfen nebst Jelängerjelieber sich bis in die Wipfel der hohen Bäume rankt, sie wie mit Guirlanden schmückend. Bei Heringsdorf bildet der Buchenwald mit dem 112 Fuss hohen Kulm, gekrönt von dem Bismarckturm, eine weithin sichtbare Warte für die Küste.

Die Ortschaften liegen meist, geschützt gegen den Seewind, hinter den hohen Dünen, während die stattlichen Kur-, Land- und Gasthäuser auf den Dünen erbaut sind und, schon weither sichtbar, einen vornehmen und freundlichen Eindruck machen, so dass man nicht ohne Unrecht hier von einer „pommerschen Riviera" spricht. Aus den früheren kleinen Fischerdörfern haben sich, besonders seit den letzten 10—15 Jahren, vornehme Orte mit städtischem Charakter entwickelt, und nur in wenigen Orten betreibt die Bevölkerung noch ihr früheres Fischer- oder Schiffergewerbe, meist hat sie sich der Ausnutzung der weit erspriesslicheren Fremdenindustrie zugewendet.

So viel in den letzten Jahren, grösstenteils unter dem Druck der Aufsichtsbehörde, aber auch vielfach aus eigener Initiative geschehen ist, durch Beschaffung einwandfreien Trinkwassers und geordneter Beseitigung der Abfallstoffe, sowie Einführung regelmässiger Nahrungsmittelkontrolle und durch Vervollkommnung der Rettungseinrichtungen am Badestrande usw. eine Besserung der hygienischen Verhältnisse in den Seebadeorten des Regierungsbezirks, deren Zahl sich von Jahr zu Jahr vermehrt, zu schaffen, so bleibt doch, besonders in den kleinen wenig leistungsfähigen Badeorten, noch manche gesundheitliche Verbesserung erforderlich.

I. Kreis Greifenberg.

1. Deep.

Deep ist von der Stadt Treptow a. Rega 14 km entfernt und durch die am 1. Juli 1912 eröffnete Kleinbahn Treptow-Deep zur Badezeit durch 7 Züge täglich zu erreichen.

Als Bad besteht Deep schon seit 1850. Die beiden Dörfer Ost-Deep und West-Deep zählen zusammen 361 Bewohner und haben eine gemeinschaftliche Badeverwaltung.

Ost-Deep liegt zwischen dem Regafluss, der hier in die Ostsee einmündet, und zwischen moorigen Wiesen, während West-Deep zwischen Rega und den bewaldeten Sanddünen gelegen ist.

Die am Orte tätige Gesundheitskommission unter dem Vorsitz des zuständigen Amtsvorstehers in Neuhof ist bemüht, die gesundheitlichen Verhältnisse des in den letzten Jahren recht in Aufnahme gekommenen Bades zu heben.

In Deep sind zwei Kaltbadeanstalten mit männlichem und weiblichem Badepersonal vorhanden, welch letzteres alljährlich in der ersten Hilfeleistung bei Unglücksfällen, insbesondere in den Wiederbelebungsversuchen beim Ertrinken ärztlicherseits unterrichtet wird. In den Badeanstalten sind 30 bzw. 20 Badezellen zum Auskleiden vorhanden, auch besteht eine „Badeordnung“ und wird für gute Instandhaltung der Rettungsvorrichtungen gesorgt.

Als Badearzt ist ein Arzt aus Treptow angestellt, der während der Badezeit allwöchentlich dreimal in Deep Sprechstunden abhält und sonst auf Erfordern dort erscheint.

Besondere Absonderungsräume für Kranke sind nicht vorhanden; das nächste Krankenhaus ist das Kreiskrankenhaus Treptow a. Rega, 14 km von Deep entfernt.

Gasthöfe und Wohnungen befinden sich in ordnungsmässigem Zustande und entsprechen einfachen Ansprüchen; Schlächterei, Bäckerei und Drogenhandlung sind vorhanden, eine regelmässige Kontrolle der Nahrungsmittel findet nicht statt.

Die Wasserversorgung erfolgt aus einer Anzahl von bis 70 m tiefen Bohrbrunnen, aus welchen das einwandfreie Wasser dauernd ausfliesst. Von den einzelnen Brunnen führen Rohrleitungen nach den verschiedenen Gehöften.

Kanalisation ist in Deep nicht vorhanden, die Fäkalien werden in Gruben gesammelt und abgefahren.

In Deep besteht ein Ferienheim, das Eigentum der Wadzek-Anstalt in Berlin ist und vom Juni jeden Jahres an mit den Pfleglingen des Wadzek-Waisenhauses in Berlin belegt wird. Die Zahl der im Alter von 6—17 Jahren befindlichen Pfleglinge, die hier Kräftigung suchen, beläuft sich auf etwa 105. In gesundheitlicher Hinsicht sind gegen die Einrichtungen dieses Ferienheims, das zum grössten Teil in einem früheren Hotel untergebracht ist, besondere Einwendungen nicht zu erheben, nur erscheinen die räumlichen Verhältnisse recht beschränkt.

Im Jahre 1912 sind in Deep 1901 Badegäste polizeilich angemeldet worden.

2. Horst.

Etwa $1^1/_2$ Stunden von der Kreisstadt Greifenberg in Pommern entfernt, mit dieser durch eine Kleinbahn verbunden, liegt Horst hart an der pommerschen Küste. Gegen die Westwinde ist der Ort durch ein hohes lehmiges Ufer geschützt. Auf der höchsten Stelle befindet sich der etwa 50 m hohe Leuchtturm, dessen Blinkfeuer 21 Seemeilen sichtbar ist. An der Küste zieht sich nach Westen ein Kiefernwald bis nach dem eine Stunde entfernten Badeort Rewahl hin. Bei dem Badeort Horst selbst hört das Steilufer auf, und es tritt an seine Stelle gewöhnliche Dünenbildung. Nach Osten hin erstrecken sich weite Kiefernwaldungen, durch die einzelne Horster Villen herausleuchten. Im Südosten wird Horst durch den Eiersberger See begrenzt.

Der vorzügliche Wellenschlag, der bei jedem Winde — ausser südlichem — eintritt, zieht alljährlich zahlreiche Badegäste nach Horst; im Jahre 1912 betrug deren Zahl 1874.

Das Ostseebad Horst besteht aus den zusammenbelegenen Dörfern Klein-Horst und Gross-Horst mit zusammen 481 Einwohnern. Seit 1860 ist Horst als Seebad in Betrieb.

Die Wassergewinnung geschieht aus einer Anzahl von Kessel- und Rohrbrunnen in einer Tiefe von 3—10 m.

Die Fäkalien werden in Gruben gesammelt und abgefahren.

Für die Badegäste sind zwei Kaltbadeanstalten eingerichtet, welche durch zwei Wärter und zwei Wärterinnen versorgt werden. Rettungseinrichtungen sind vorhanden, die Ausbildung des Wärterpersonals hinsichtlich der Wiederbelebungsversuche ist zurzeit noch unzureichend und wird auf behördliche Anordnung verbessert werden. Ausser den beiden Seebadeanstalten steht noch eine Warmbadeanstalt mit 6 Baderäumen zur Verfügung.

Gasthöfe und Mietswohnungen sind ausreichend vorhanden und ordnungsmässig gehalten.

Nahrungsmittel sind in Horst käuflich zu haben, eine regelmässige Kontrolle der Nahrungsmittel findet nicht statt, es werden nach Bedarf Proben entnommen und in Stettin untersucht.

Als Badearzt ist ein Arzt aus Treptow tätig, der für die Monate Juli und August zu täglichem Erscheinen in Horst kontraktlich verpflichtet ist, sonst nach Bedarf dorthin kommt. Eine Gesundheitskommission ist ebenfalls hier tätig. Die nächste Apotheke befindet sich in Treptow a. Rega; Kranke werden den beiden Kreiskrankenhäusern in Treptow und Greifenberg zugeführt.

Seit dem Jahre 1903 besteht im Seebad Horst die Charlottenburger Ferienkolonie „Kaiser Friedrich-Erholungsheim". Das Heim ist in einem früheren grossen Hotelgebäude untergebracht, umfasst drei Schlafsäle, zwei mit je 30 und einen mit 40 Betten, Zimmer für die Führerinnen, Waschräume, Empfangszimmer, Schwestern- und Krankenzimmer und verfügt über eigene Brunnenanlage. Da jährlich nur 300 Kinder bei den zur Verfügung stehenden Räumen in dem Heim Unterkunft finden können, diese Zahl aber dem schnellen Wachstum der Stadt Charlottenburg nicht mehr entspricht, ist zurzeit ein Erweiterungsbau in Aussicht genommen, der bei demnächstiger jährlich dreimaliger Belegung die Aussicht gewährt, in Zukunft 480 Kinder unterzubringen, zumal Heizungsanlagen vorgesehen sind, die eine weitere Ausnutzung des Heims im Frühjahr und Herbst möglich machen sollen.

Westlich von Horst liegt

3. Rewahl.

299 Einwohner. Der Strand wird durch die hohe lehmige Küste vom Dorfe Rewahl abgegrenzt.

Die Wasserversorgung erfolgt durch Rohr- und Kesselbrunnen; die Fäkalien werden in Gruben gesammelt.

Neben zwei Kaltbadeanstalten, in denen zwei Wärter und zwei Wärterinnen angestellt sind, ist ein in Privatbesitz befindliches Warmbad mit fünf Zellen vorhanden.

Rewahl ist seit 1850 Badeort und weist zahlreiche, meist in gutem Zustand befindliche Wohnungen auf.

Der ärztliche Dienst wird mit von dem Badearzt in Horst wahrgenommen. Absonderungsräume für Kranke sind in Rewahl nicht vorhanden. Eine Gesundheitskommission ist auch hier tätig.

Der Besuch des Bades bezifferte sich 1912 auf 2161 Fremde.

Zwischen Horst und Rewahl befindet sich auf den bewaldeten Dünen das „Cäcilien-Kinderheim“, vom Brandenburgischen Verein für innere Mission errichtet, ein geschmackvoller, den hygienischen Anforderungen in jeder Weise entsprechender Bau, der etwa 100 Kinder gleichzeitig zu beherbergen vermag. Das Heim, ganz im Walde gelegen, hat in unmittelbarer Nähe einen eigenen Badestrand.

Etwas westlicher von Rewahl liegt

4. Pustchow,

das sich in letzten Jahren als Badeort aufgetan hat und 1912 schon 377 Badegäste zählte.

Es ist ein kleines Dorf mit nur 70 Einwohnern, das unmittelbar an einen Kiefernwald stöst oder zum Teil in diesem selbst liegt und nur auf staubiger Strasse zu erreichen ist.

Der Badebetrieb — es stehen nur sechs Zellen einfachster Beschaffenheit zur Verfügung — ist bislang, wie die oben angegebene Zahl zeigt, ein mässiger. Das Badepersonal ist vom Kreisarzt in der ersten Hilfe bei Unglücksfällen unterrichtet; Rettungsvorrichtungen am Strande fehlen bislang, werden aber nunmehr beschafft werden.

Die Wassergewinnung geschieht durch Bohr- und Kesselbrunnen aus mässiger Tiefe, die aber einwandfrei abgedeckt sind; die Abgänge werden in Gruben aufbewahrt.

Wohnungs- und Verpflegungsverhältnisse genügen nur bescheidenen Ansprüchen.

II. Kreis Cammin.

1. Klein-Dievenow,

in 1—$1^1/_2$ stündiger Wagenfahrt von der Kreisstadt Cammin zu erreichen, ist ein Fischerdorf mit 300 Einwohnern, das seit etwa 37 Jahren schon als Badeort bekannt ist. Zu letzterem macht es seine Lage, dicht an der Küste und von dieser durch Dünen und Wald von etwa 500 m Tiefe getrennt, besonders geeignet, zumal es gegen die kalten Nord-Nordwest- und Ostwinde geschützt ist und eine durchwegs milde Witterung aufweist.

Klein-Dievenow besitzt zwei Seebadeanstalten und verfügt über zahlreiche Familienwohnungen mit Veranden, auch befinden sich hier zwei Gasthäuser, die bescheidenen Ansprüchen genügen.

Die Wasserversorgung erfolgt durch Bohrbrunnen aus geringer

Tiefe und ist nicht immer hygienisch einwandfrei; die Fäkalien werden in Gruben gesammelt und abgefahren.

Die Besucherzahl, welche ständig zwischen 1000 und 1100 schwankt, zeigt, dass Klein-Dievenow zu denjenigen Badeorten gehört, die ein sogenanntes Stammpublikum besitzen, das sich bei den hier herrschenden einfachen Verhältnissen und billigen Preisen wohl fühlt und alljährlich hierher zurückkehrt.

Die ärztliche Versorgung geschieht von Cammin aus, desgleichen die Beschaffung der Lebensmittel für die Familien, welche während ihres Aufenthaltes dort eigenen Haushalt führen.

Die Wohnungen, vielfach nur 20—30 cm über dem Erdboden gelegen und nicht unterkellert, lassen oft die erforderliche Trockenheit vermissen und sind nicht alle heizbar.

Eine Verbesserung der Rettungseinrichtungen am Badestrand, die zurzeit noch nicht den zu stellenden Anforderungen in jeder Hinsicht genügen, ist behördlicherseits veranlasst; vor allem fehlt bislang noch ein zweites Rettungsboot am Herrenstrand.

2. Berg-Dievenow,

mit 500 Einwohnern, auf einer langen schmalen Landzunge gelegen, die sich zwischen der Ostsee und dem Camminer Bodden bzw. dem Fritzower See hinstreckt, hat eine fast insuläre Lage, welche das Klima sehr günstig beeinflusst, indem die den Ort von allen Seiten einschliessenden grossen Wasserbecken die Temperatur vorteilhaft ausgleichen. Infolge der günstigen Lage von Berg-Dievenow sind die Abende nicht zu kühl, die Mittagstemperatur nicht zu hochsteigend, und beträgt die Differenz zwischen Morgen-, Abend- und Mittagtemperatur im Durchschnitt 4°. Als besonderer Vorteil des Ortes ist hervorzuheben, dass man in wenigen Minuten vom Strand nach dem Bodden übersiedeln und sich jederzeit den Genuss des erfrischenden Windes sichern, sowie andererseits einem etwaigen scharfen Sturm entgehen kann.

Berg-Dievenow wird am bequemsten von Stettin aus durch tägliche Dampferverbindung in 3—4 Stunden erreicht, oder von Cammin aus mit dem Dampfer bzw. Motorboot in $^1/_2$ stündiger Fahrt. Sein Ruf als Badeort reicht schon etwa 70 Jahre zurück und führt alljährlich etwa 4100 Badegäste zusammen.

Berg-Dievenow besitzt zwei Seebadeanstalten, ein Sol- und Moorbad nebst warmen Seebädern und seit 1911 auch ein Familienbad.

Die Solquelle wurde 1896 in einer Tiefe von 185 m erbohrt und gehört zu den starken 4 proz. Solen, welche in einer Minute eine Ausbeute von 200 Litern gibt und bedeutende Spuren von Jod, Brom und Lithion aufweist. Zu den Moorbädern wird das den stark eisenhaltigen Lagern am Camminer Bodden und Fritzower See entnommene Material verwendet. Medizinische Bäder jeder Art, Kohlensäurebäder mit Duschevorrichtungen werden ebenfalls verabreicht, auch sind Inhalationszellen vorhanden.

Rettungsvorrichtungen sind in den Seebadeanstalten vorhanden, auch ist das Personal in der ersten Hilfe bei Unglücksfällen unterwiesen; der häufige Wechsel des Personals indessen bringt es mit sich, dass bei den amtlichen Probealarmierungen wiederholt Mängel, besonders in der Frauenbadeanstalt, beobachtet worden sind, so dass jetzt auch hier männliches Personal Verwendung finden soll.

Während der Badezeit sind mehrere Aerzte in Berg-Dievenow tätig, auch befindet sich eine Zweigapotheke in dieser Zeit hier.

Ein besonderes Absonderungshaus für Kranke mit übertragbaren Krankheiten ist im Jahre 1913 in Betrieb genommen werden. Formalindesinfektion wird schon jetzt ausgeführt nach ansteckenden Krankheiten, während Dampfdesinfektion der Wäsche und Kleidungsstücke im neuerrichteten Kreiskrankenhause in Cammin erfolgt.

Der Ort entbehrt nicht eines gewissen Komforts und hat verschiedene gute Gasthöfe und zahlreiche Familienwohnungen mit Veranda. Für die eigene Verpflegung der Familien bietet die sauber gehaltene Markthalle täglich frische und gute Erzeugnisse in grosser Auswahl; eine bestimmte Anzahl hier entnommener Proben von Nahrungsmitteln wird in Stettin der Untersuchung unterzogen.

Die Wasserversorgung geschieht durch Bohrbrunnen, welche aus einer Tiefe von nur 2—4 m einwandfreies Wasser liefern. Eine grössere Tiefe der Brunnen ist nicht angängig, da man sonst eine feste Letteschicht durchbohrt, welche Sole zutage fördern würde, denn die ganze Küste steht nämlich auf Sole.

Die Fäkalien werden in Gruben gesammelt und zweimal im Jahre abgefahren; die Abtritte befinden sich meist auf den Höfen.

Zur Vermeidung von Staubbelästigung erfolgt Strassenbesprenguug durch besondere Wagen.

Die geschützte Lage Berg-Dievenows und die Möglichkeit, ausser der stärkenden Seeluft und den Seebädern auch noch alle anderen medikamentösen Bäder bequem hier zur Anwendung bringen zu können, hat dem Ort seit Jahren den Charakter eines Kinder- und Familienbades aufgeprägt.

Vor 10 Jahren wurde hier das Stettiner Ferienheim gegründet, welches in der Nähe des Waldes gelegen, alljährlich mehreren Hundert kränklichen Kindern aus der Stadt Stettin Aufnahme, Erholung und Kräftigung gewährt.

3. Ost-Dievenow,

mit 300 Einwohnern, seit 1891 Badeort, weist eine jährliche Besuchsziffer von 2625 Kurgästen auf. Seine Lage ist dieselbe wie die von Berg-Dievenow, mit dem es durch eine Reihe hübscher Landhäuser eng verbunden ist. Ebenso ist die Trinkwasserversorgung und Abwässerbeseitigung dieselbe wie in dem zuvor beschriebenen Badeort, nur besitzt das „Kurhaus" Wasserspülung mit Sinkkästen und Ablauf zum Bodden.

Ausser den zwei Kaltwasserbadeanstalten und dem Familienbade sind in dem „Bergmannschen Kurhaus" noch Sol-, Moor- und elektrische Bäder, sowie Radiumtrink- und badeeinrichtungen in Ost-Dievenow vorhanden, auch werden dort sonst noch alle medizinischen Bäder verabfolgt.

Das Kurhaus ist ein in unmittelbarer Nähe des Seestrandes errichtetes Etablissement mit parkartigem Garten, elektrischem Licht und vornehm eingerichteten Wohn- und Schlafräumen. Arzt im Kurhause.

In Ost-Dievenow befindet sich auch ein mit allen hygienischen Neueinrichtungen ausgestattetes grosses „Eisenbahnheim", das sich alljährlich eines sehr guten Besuches seitens der Beamten der Eisenbahnverwaltung zu erfreuen hat und aus eigenen Mitteln der Beamten mit einer staatlichen Unterstützung von 30 000 Mark errichtet worden ist.

Ost-Dievenow zeichnet sich durch eine stattliche Zahl hübscher, im Privatbesitz befindlicher Landhäuser aus, welche am Bodden gelegen sind und dem Ort von vornherein ein besonders freundliches Aussehen geben.

Im übrigen sind die Verhältnisse hier die gleichen wie in Berg-Dievenow.

III. Kreis Usedom-Wollin.

1. Ahlbeck.

Dorf mit 2297 Einwohnern auf der Insel Usedom, an der Bahn von Swinemünde nach Wolgasterfähre. Im Sommer vermitteln ausserdem Automobil-Omnibusse und zahlreiche Motorboote den Verkehr mit den umliegenden Badeorten.

Der Badeort ist im Jahre 1852 mit 361 Kurgästen begründet. In den letzten zehn Jahren stieg die Zahl der Badegäste von 14183 im Jahre 1901 auf 20695 im Jahre 1912.

Die Bevölkerung ernährt sich hauptsächlich durch Fischerei.

Der Ort erstreckt sich über 2 km lang am Strande hin und stösst dicht an Heringsdorf an. Nach Süden und Südwesten liegen mit Laub- und Nadelwald bestandene Höhenzüge und bewaldete Dünen mit zahlreichen Spaziergängen, z. B. nach dem Wolgastsee.

Industrielle, störende Anlagen sind nicht vorhanden.

An dem breiten, feinkörnigen Strand liegen fünf Badeanstalten mit 392 Zellen. Fernerhin ist ein Gemeindewarmbad mit 40 Zellen und ein privates Warmbad vorhanden, in denen warme Seebäder und medizinische Bäder verabfolgt werden.

Die Zahl des Badepersonals reicht aus. Es erhält von der Gemeinde festen Lohn, der jährlich festgesetzt wird, und ist ausserdem auf Trinkgelder angewiesen. Die Rettungseinrichtungen entsprechen den Vorschriften.

Von besonderen Kureinrichtungen ist ein Erholungsheim für Buchhändler und ein privates Kinderheim zu erwähnen. Für die Aufnahme ansteckender Kranker dient eine steinerne Baracke mit sechs Betten. Als Aerzte sind ein Gemeindearzt und im Sommer ausserdem ein Badearzt tätig. Im Ort befindet sich eine Apotheke. Eine Schwester sorgt für die Krankenpflege. Die Desinfektionen werden von einem amtlichen Desinfektor mit einem Formalinapparat ausgeführt. Ein Dampfdesinfektionsapparat ist 1913 beschafft.

Etwa 250 villenmässig gebaute Häuser dienen zur Aufnahme der Badegäste, ausserdem sind noch rd. 200 andere Wohnungen vorhanden. Die Zahl der Gasthöfe und Hotels beträgt 19.

Fleisch kann von den Schlächtern im Ort bezogen werden. Auch die andern Lebensmittel sind im Ort erhältlich. Milch wird von der Molkerei in Swinemünde, von einigen Milchwirtschaften im Ort und von den anliegenden Ortschaften geliefert. Eine Nahrungsmittelkontrolle findet durch Entnahme von Proben zur chemischen Untersuchung statt. Die Milchlieferanten in Ahlbeck werden durch den Kreistierarzt in der Badezeit zweimal revidiert.

176 Grundstücke sind an die Heringsdorfer Wasserleitung angeschlossen. Die übrigen Häuser haben teils Bohr- teils Kesselpumpen, wie man sie auf dem Lande findet.

Eine Kanalisation ist nicht vorhanden. Abfallstoffe und Müll werden von den Hausbesitzern abgefahren. Zur Entleerung der Kloakengruben dient ein besonderer Wagen der Gemeinde. Der Inhalt wird auf die Wiesen entleert.

Die Strassen sind grösstenteils chaussiert, zum Teil auch gepflastert. Für Reinigung und Sprengung der Strassen sorgt die Gemeinde.

Dicht bei Ahlbeck ist von Seiner Majestät dem Kaiser ein Kinderheim für erholungsbedürftige Berliner Arbeiterkinder im Jahre 1913 errichtet. Es führt den Namen „Kaiser-Wilhelm-Kinderheim". Vier Pavillons aus festem Holzbau dienen zur Aufnahme von 150 Kindern. Ausserdem ist ein Isolierpavillon mit 5 Betten für kranke Kinder, und ein Dampfdesinfektionsapparat vorhanden. Das Heim ist an die Heringsdorfer Wasserleitung angeschlossen. Die Abwässer werden in eine Kläranlage mit Sickergruben abgeleitet.

2. Bansin.

Dorf mit 261 Einwohnern auf der Insel Usedom, an der Bahn Swinemünde—Wolgasterfähre. Im Sommer besteht ein lebhafter Motorbootsverkehr nach Swinemünde, Ahlbeck, Heringsdorf usw.

Der Badeort ist im Jahre 1897 gegründet. Während im Gründungsjahr nur 380 Badegäste gezählt wurden, stieg die Zahl in den folgenden Jahren rasch an und betrug im Jahre 1911 9205.

Die Einwohner ernähren sich nur durch den Badeverkehr. Fischerei wird nicht gewerbsmässig betrieben.

Der Ort liegt dicht an der See und besteht aus rund 100 neuerbauten Villen, die sich am Strande nach dem Langen Berg zu und vom Strande zum Bahnhof hinziehen. Nach Osten grenzt der Ort dicht an Heringsdorf an. Nach Nordwesten liegt dicht angrenzend der Lange Berg und die Königliche Forst mit gemischtem Wald.

An dem feinsandigen, breiten Strand liegen drei Seebadeanstalten je ein Herren-, Damen und Familienbad) mit 281 Zellen. Die Badeanstalten sind infolge von Anbauten und Vorbauten, die im Laufe der Jahre zur Vergrösserung vorgenommen sind, zum Teil unübersichtlich.

Das Warmbad im Gemeindehaus hat zwölf Zellen, deren Einrichtungen genügen. Es werden sämtliche medizinische Bäder verabfolgt.

Das Badepersonal erhält keinen festen Lohn. Die Rettungseinrichtungen sind gut imstande.

Ein Badearzt ist von der Gemeinde angestellt. Ausserdem ist noch ein Arzt zeitweilig in der Badezeit tätig.

Absonderungsräume für ansteckende Kranke werden errichtet. Ein geprüfter Desinfektor, der Desinfektionen auf polizeiliche Anordnung vornimmt, ist angestellt.

Ausser den oben erwähnten Villen sind sieben Gasthöfe und Hotels zur Aufnahme von Fremden vorhanden.

Nahrungsmittel sind im Ort erhältlich und zwar Fleisch in zwei Fleischereien, Brot in den Bäckereien, Milch in einer Filiale der Swinemünder Genossenschaftsmolkerei. Demnächst errichtet diese Genossenschaft eine eigene Molkerei in Bansin. Ausserdem wird Milch von Eigentümern in Bansin und aus der Umgebung von kleinen Besitzern geliefert. Die Saisonlieferanten in Bansin werden in der Badezeit vom Kreistierzarzt zweimal revidiert.

Ihr Wasser erhält die Mehrzahl der Grundstücke (83) von der Heringsdorfer Wasserleitung. Ausserdem bestehen fast auf jedem Grundstück Pumpen, deren Beschaffenheit und Lage ländlichen Verhältnissen entspricht.

Es sind Spülklosetts vorhanden. Für Beseitigung der Abfallstoffe dienen Sickergruben, deren Inhalt nach Bedarf geleert wird. Kanalisation fehlt.

Neuerdings soll eine geregelte Müllabfuhr eingerichtet werden.

Die chaussierten Strassen werden nach Bedarf gereinigt und gesprengt.

3. Carlshagen.

Dorf mit 639 Einwohnern auf der Insel Usedom, an der Chaussee von Wolgast (Bannemin) nach Peenemünde. Die nächste Bahnstation Carlshagen-Trassenheide ist 3,5 km von der Ortsmitte entfernt. Die Schnellzüge von Berlin werden im Sommer durchgeleitet. Fernerhin fahren von Wolgast und von Zinnowitz aus Motorboote auf der Peene bzw. über See nach Carlshagen.

Das eigentliche Dorf liegt, aus verstreuten oder in Gruppen zusammenliegenden Gehöften bestehend, zwischen der Chaussee und der Peene. Die Wege im Dorf sind sandig. Die Hauptstrasse bildet die Chaussee. Nordöstlich von der Chaussee und parallel zum Strand verlaufen niedrige Dünenzüge, die hauptsächlich mit Kiefern bestanden sind. Nach Norden zu erstreckt sich der ausgedehnte Wolgaster Stadtforst mit gemischtem Bestand.

Nach dem 1 km vom Dorf entfernten Strand und zu den Villen führen mehrere Fuss- und Fahrwege.

Die Einwohner ernähren sich hauptsächlich vom Badebetrieb, fernerhin wird Fischerei betrieben. Der Badeort besteht seit 1885. Die Besucherzahl betrug 1909: 1500, 1910: 1850, 1911: 2027, 1912: 1802.

Es sind vorhanden ein Herrenbad mit 16 Zellen, ein Familienbad mit 30 Zellen, ein Damenbad mit 20 Zellen, ein einfaches Warmbad mit 4 Zellen und 2 Sonnenbäder. Der Badestrand ist breit und besteht aus feinkörnigem Sand. Das Badepersonal erhält keinen festen Lohn. Die Zahl genügte bisher nicht, jedoch soll für die Zukunft ausreichendes Personal bestellt werden.

Von besonderen Kuranstalten ist ein privates Erholungsheim mit 75 Betten zu erwähnen. Absonderungsräume für ansteckende Kranke sind nicht vorhanden. Der Desinfektor aus Zinnowitz wird mit den Schlussdesinfektionen im Bedarfsfalle beauftragt. Der Badearzt wechselte bisher in jedem Jahr. Die nächste Apotheke befindet sich 6 km entfernt in Zinnowitz.

Die Zahl der Villen beträgt 15, ausserdem stehen noch 30 Wohnungen für Badegäste, hauptsächlich im Dorf, zur Verfügung. Es sind ferner 5 Gasthöfe bzw. Hotels vorhanden.

Lebensmittel können im Dorf gekauft werden. Milch wird von den Besitzern im Dorf geliefert. Eine Stallkontrolle findet nicht statt. Proben werden vom Amt in Zinnowitz zur Untersuchung eingesandt.

Die Wasserversorgung findet durch Bohrbrunnen statt. Einzelne Häuser haben eigene Wasserleitung aus Bohrbrunnen und Spülklosetts. Die Abgänge gelangen in Sickergruben oder auf Dunggruben.

Eine Reinigung der unbefestigten Strassen findet nicht statt.

4. Heidebrink.

Dorf mit 100 Einwohnern auf der Insel Wollin, auf einer schmalen Landzunge zwischen dem Camminer Bodden und der See gelegen. Heidebrink ist in der Badezeit in etwa $1/2$ Stunde mit dem Motorboot von Cammin aus zu erreichen. Ferner legt das Dampfschiff von Stettin nach Dievenow in Heidebrink an.

Der Badeort besteht seit ca. 30 Jahren. 1910 wurden 900 Badegäste und 1911 1200 Badegäste gezählt.

Die Dorfbewohner sind Fischer und ernähren sich daneben durch den Badebetrieb. 46 Grundstücke, darunter ca. 30 villenartige Häuser, dienen zur Aufnahme der Badegäste.

Die Häuser liegen teils an der Chaussee, teils an nicht befestigten Nebenwegen nach dem Strande zu. Nur die Fusswege sind zum Teil befestigt.

Die Villen sind weitläufig gebaut und umstanden von jungen Kiefern. Die weitere Umgebung ist auch mit Kiefern und gemischtem Wald bestanden.

Der Strand ist breit und feinsandig. Hier liegt ein Herrenbad mit 18 Zellen und ein Damen- bzw. Familienbad mit 40 Zellen. Das Badepersonal besteht aus zwei Männern und zwei Frauen, die keinen festen Lohn erhalten. Die Rettungseinrichtungen entsprechen billigen Anforderungen. Ausserdem ist ein privates, sehr einfaches Solbad (2,3 pCt.) mit zwei Zellen vorhanden.

Absonderungsräume fehlen. Die nächsten Aerzte und die Apotheke befinden sich in Cammin. Desinfektionen werden vom Wolliner oder Camminer Desinfektor ausgeführt.

Es bestehen zwei Gasthöfe bzw. Hotels. Fleisch wird von einem Fleischer, Brot von zwei Bäckereien im Ort und Milch von den Eigentümern im Ort und aus der Umgebung geliefert. Eine regelmässige Kontrolle findet nicht statt.

Das Wasser stammt aus Röhren- und Kesselbrunnen. Es ist meistens gelb gefärbt.

Zur Beseitigung der Abfälle dienen undichte Gruben. Dichte Miststätten, Jauchegruben, Müllgruben sind nicht vorhanden.

Eine Strassenreinigung findet nicht statt.

5. Heringsdorf.

Dorf mit 880 Einwohnern auf der Insel Usedom, an der Bahn Swinemünde-Wolgasterfähre. Im Sommer vermitteln Automobilomnibusse und zahlreiche Motorboote den Verkehr mit den anliegenden Badeorten. Ausserdem legen an der Kaiser Wilhelmsbrücke die Rügen- und die Swinemünder Dampfer an.

Der Badeort ist im Jahre 1819 gegründet. Die Besucherzahl betrug 1912 13829.

Die Bevölkerung besteht hauptsächlich aus Villenbesitzern.

Der Ort erstreckt sich über 2 km weit am Strand und liegt zum Teil auf dem bewaldeten Kulm. Nach Westen schliessen sich mit Buchen bestandene Höhenzüge, der Präsidentenberg und Jägersberg an. Die Lage des Dorfes ist daher eine sehr anmutige. Zahlreiche Spaziergänge führen durch den Wald nach der Rennbahn zu.

Industrielle störende Anlagen sind nicht vorhanden.

An dem breiten, feinkörnigen Strand liegen fünf Seebadeanstalten mit 344 Zellen, darunter das mit allem Komfort ausgestattete, neue Familienbad mit 210 Zellen.

Die Zahl des Badepersonals genügt. Die Rettungseinrichtungen befinden sich in gutem Zustand.

Das gut eingerichtete Warmbad hat 39 Zellen. Es untersteht der Leitung eines Badearztes. Neben allen medizinischen und warmen Seebädern werden natürliche Solbäder (1,5 pCt.) verabfolgt.

Von besonderen Kuranstalten ist ein Erholungsheim für Krankenschwestern und ein mit diesem verbundenes Kinderheim zu erwähnen, das dem Diakonissen-Mutterhaus Bethanien in Berlin gehört.

Für die Aufnahme von Kranken dient ein kleines Krankenhaus und eine Isolierbaracke mit 10 Betten.

Im Sommer sind die beiden ortsansässigen Aerzte und auch der Arzt des Warmbades als Badeärzte tätig. Im Ort ist eine Apotheke vorhanden. Die Krankenpflege wird von zwei Krankenschwestern wahrgenommen. Für Desinfektionen dient ein kleiner Dampfdesinfektionsapparat und ein Formalinapparat. Die Desinfektionen werden von einem amtlichen Desinfektor ausgeführt.

Die Zahl der villenmässig und für Badegäste eingerichteten Grundstücke beträgt 255.

Die Zahl der Hotels und Gastwirtschaften beträgt 15.

Nahrungsmittel können im Ort bezogen werden. Kur- und Kindermilch werden sowohl von einer Molkerei in Heringsdorf, als auch von der Molkerei in Swinemünde geliefert. Eine Nahrungsmittelkontrolle findet durch Probeentnahme statt. Die Molkerei in Heringsdorf wird in der Badezeit zweimal vom Kreistierarzt und einmal vom Kreisarzt revidiert.

215 Grundstücke sind an die Heringsdorfer Wasserleitung angeschlossen. Das Wasser stammt aus Grundwasserbohrbrunnen, die am Fuss des Präsidentenbergs in einem kleinen Tal gelegen sind. Die Hochbehälter befinden sich auf dem Präsidentenberg. Ausserdem sind noch 50 Tief- und 48 Flachbrunnen vorhanden.

Die Abwässer werden in grossen Gruben, zum Teil in Sickergruben, gesammelt und mit einem Patentwagen abgefahren. Eine Kanalisation ist nicht vorhanden. Der Müll wird abgefahren.

Die chaussierten Strassen werden im Sommer täglich gereinigt und gesprengt.

6. Koserow.

Dorf mit 552 Einwohnern auf der Insel Usedom, Station der Bahn Swinemünde—Wolgasterfähre. Es liegt auf einem schmalen Landstreifen zwischen der See und dem Achterwasser und steigt nach dem 57 m hohen bewaldeten Streckelberg langsam an. Am Strande fällt das Gelände steil ab. Die Häuser liegen teils um die Chaussee gruppiert, teils an unbefestigten Strassen, weit verstreut nach dem Strand und dem Streckelberg zu.

Der Badeort besteht seit 1850. Die Besucherzahl betrug 1906 1423 und stieg in den folgenden Jahren sehr rasch bis auf 3207 im Jahre 1911.

Die Ortseinwochner nähren sich von der Landwirtschaft, Fischerei und dem Badebetrieb.

Es sind drei Badeanstalten, Herren-, Damen- und Familienbad, mit 80 Zellen vorhanden. Das Badepersonal, zwei Männer und zwei Frauen, erhält keinen festen Lohn und ist auf Trinkgelder angewiesen. Der Strand ist schmal und sandig.

Am Streckelberg liegt in freier Lage das Sanatorium mit 54 Betten, Besitzer Dr. med. Parow in Berlin.

Sonstige Aufnahmeräume für ansteckende Kranke sind nicht vorhanden. Desinfektionen werden vom amtlichen Desinfektor in Zinnowitz ausgeführt.

Im Sommer ist ein Badearzt anwesend, ausserdem ist Dr. Parow noch ärztlich tätig.

Die Zahl der villenartig gebauten Häuser beträgt etwa 50, ferner sind noch rund 50 Wohnungen für Badegäste und mehrere Gasthöfe bzw. Hotels vorhanden.

Nahrungsmittel, Fleisch, Brot, Milch usw. sind im Dorf erhältlich. Eine Kontrolle findet nur durch Probeentnahme vom Amt Zinnowitz statt.

Zur Wasserversorgung dienen Tiefbrunnen, welche meistens den ländlichen Verhältnissen entsprechen. Die Abfallstoffe werden in vollkommen ländlicher Weise beseitigt.

Die Strassen, ausser der Chaussee, sind nicht befestigt.

7. Misdroy.

Dorf mit 2088 Einwohnern auf der Insel Wollin, an der Bahn von Ostswine (Swinemünde)—Stettin.

Im Sommer vermitteln auch Schiffe bzw. Motorboote den Verkehr nach Stettin, Swinemünde und den anliegenden Badeorten. Die Schiffe legen am Seesteg oder in Laatziger Ablage an.

Der Badeort ist etwa im Jahre 1840 gegründet worden. Die Besucherzahl betrug 1907 13733, 1908 13756, 1909 17603, 1910 17234, 1911 14754, 1912 17579.

Die Bevölkerung besteht grösstenteils aus Fischern und Landwirten. Sie lebt hauptsächlich vom Badebetrieb.

Die Lage des Ortes, dicht am Fuss bewaldeter Höhenzüge und an der See, ist eine sehr anmutige. Die Höhenzüge schützen den Ort gegen Nordosten und Osten. In dieser Richtung dehnen sich grosse Laub- und Nadelwaldungen mit schönen Spazierwegen, u. a. nach dem idyllischen Jordansee, aus.

Die Zahl der Seebadeanstalten beträgt vier, eine Anstalt ist als Zeltluftbad und Seebad eingerichtet. Die Rettungseinrichtungen funktionieren gut. Das Bedienungspersonal erhält einen festen Lohn.

Die Gemeinde besitzt ferner ein geräumiges Warmbad mit zweckentsprechender Einrichtung. Es werden sämtliche medizinische Bäder abgegeben. Ausserdem ist ein privates, primitiv eingerichtetes Warmbad vorhanden.

Von besonderen Kuranstalten sind ein christliches Hospiz (Pensionat), ein Erholungsheim für weibliche Berufsarbeiterinnen, ein Kaufmannserholungsheim und zwei private Kinderheime anzuführen.

Zur Aufnahme von Kranken ist eine feste Isolierbaracke mit zehn Betten gebaut. Am Orte sind zwei Aerzte ansässig. Zur Arzneiversorgung dient eine Apotheke. Die Krankenpflege wird von einer Gemeindeschwester wahrgenommen. Kranke mit ansteckenden Krankheiten finden in der Isolierbaracke Aufnahme. Hier ist auch ein Dampfdesinfektionsapparat eingebaut. Die Desinfektionen werden von einem amtlichen Desinfektor ausgeführt.

Zur Aufnahme von Badegästen stehen zahlreiche villenartig gebaute Häuser und sonstige Wohnungen zur Verfügung. Ihre Zahl beträgt etwa 500. Die Zahl der Hotels und Gasthöfe beträgt 20.

Die Nahrungsmittel stammen hauptsächlich aus dem Dorf. Die Milch wird von der Genossenschaftsmolkerei in Wollin, von einem grossen Gut und aus den umliegenden Dörfern bezogen. An einigen

Stellen ist auch Kindermilch erhältlich. Die Saisonlieferanten in Misdroy werden vom Kreistierarzt zweimal in der Badezeit revidiert. Die Kontrolle der Nahrungsmittelversorgung erfolgt in der üblichen Weise durch Entnahme von Nahrungsmittelproben, namentlich von Milch. Die Molkerei in Wollin untersteht der kreisärztlichen und kreistierärztlichen Kontrolle.

Zur Wasserversorgung dient das neuerrichtete Grundwasserwerk, welches im Laufe des Sommers 1912 in Benutzung genommen wurde.

Eine Kanalisation ist im Winter 1912/13 gebaut worden. Die Abwässer werden über 4 km weit fortgeleitet und nach grober Klärung in das Haff (Gr. Vietziger See) eingeleitet. Die Müllbeseitigung wird durch die Hausbesitzer ausgeführt.

Die Strassen sind chaussiert und werden während der Badesaison täglich gefegt und gesprengt.

8. Neuendorf.

Dorf mit 223 Einwohnern auf der Insel Wollin. Es liegt 6 km von der Eisenbahnstation Warnow i. Pomm. entfernt.

Der Ort wird seit langen Jahren von Sommergästen aufgesucht. Seit 1910 besteht eine Badegenossenschaft. Die Besucherzahl betrug immer gegen 400.

Die Dorfeinwohner beschäftigen sich mit der Fischerei bzw. mit Waldarbeit.

Der Ort liegt an der Chaussee von Misdroy nach Kolzow an einem kleinen See und ist von bewaldeten Hügeln zum Teil umgeben. Die waldreiche Umgebung bietet Gelegenheit zu schönen Spaziergängen. Der 1,8 km lange Weg zum Badestrand führt durch Nadelwald.

Der Strand ist mässig breit, sandig. Für die Badenden sind von den einzelnen Villenbesitzern einfache Badebuden, je 10 für Damen und Herren, errichtet. Während der Badezeit ist ein Badewärter und eine Badewärterin anwesend. Die Rettungseinrichtungen sind mangelhaft beschaffen.

Besondere Kuranstalten sind nicht vorhanden. Der nächste Arzt und die Apotheke befinden sich in dem 12 km entfernten Misdroy und in Wollin.

Unterkunftsräume für Kranke, besonders für ansteckende Kranke, sind nicht vorhanden. Die Schlussdesinfektionen bei ansteckenden Krankheiten werden, auf Anordnung des zuständigen Amtes, vom Desinfektor in Misdroy ausgeführt.

Mehrere villenartig gebaute Häuser, daneben aber auch einfachere Häuser nehmen Badegäste auf. Ein Zimmer kostet nach dem Badeprospekt in der Badezeit 8—15 Mark pro Woche.

Nahrungsmittel sind teils im Dorf erhältlich, teils werden sie, wie das Fleisch, aus den anliegenden Dörfern bezogen. Eine Kontrolle der Nahrungsmittel, besonders der Milch, findet nur gelegentlich statt. Zwei Gasthöfe sorgen ausserdem für die Verpflegung.

Zur Wasserversorgung dienen hauptsächlich Bohrpumpen. Die Beseitigung der Abfallstoffe entspricht rein ländlichen Verhältnissen.

9. Neuhof.

Dorf mit 815 Einwohnern auf der Insel Usedom, an der Chaussee Swinemünde-Wolgast, $1^1/_2$ km von der Bahnstation Heringsdorf bzw. Bansin entfernt.

Der Badeort besteht seit 1898. 1909 wurden 1275, 1910: 1350, 1911: 1574, 1912: 1481 Badegäste gezählt.

Die Dorfeinwohner nähren sich hauptsächlich von der Fischerei, Landwirtschaft und vom Badebetrieb.

Eigene Badeanstalten besitzt Neuhof nicht. Die Badegäste benutzen die Heringsdorfer Badeanstalten, die 10—20 Minuten entfernt sind.

Der Ort ist nach Osten geschützt durch den Heringsdorfer Kulm und den Präsidentenberg, die mit Buchenwald bestanden sind. Besondere Einrichtungen für Kranke sind nicht vorhanden. Diese finden Aufnahme im Heringsdorfer Krankenhaus. Vom amtlichen Desinfektor des Amtes Heringsdorf werden die erforderlichen Desinfektionen ausgeführt.

Aerztliche Hilfe ist in Heringsdorf oder im Seebad Bansin erreichbar.

Die Villen (40) und Wohnungen (30) für die Badegäste liegen an der Chausse oder an der Dorfstrasse. Ausserdem sind 4 Gasthöfe vorhanden.

Nahrungsmittel, Fleisch, Milch usw., sind im Dorf käuflich zu erhalten. Eine Kontrolle, durch Entnahme von Proben, findet durch das Amt in Heringsdorf statt. Eine Stallkontrolle findet nicht statt.

Einige Grundstücke (16) sind an die Heringsdorfer Wasserleitung angeschlossen, ausserdem sind ca. 50 Tiefbrunnen und 20 Flachbrunnen vorhanden.

Bezüglich der Beseitigung der Abfallstoffe herrschen vollkommen ländliche Verhältnisse. Es bestehen vielfach offene Dungstätten.

Die Chaussee wird nach Bedarf durch Strassenfeger gereinigt und gesprengt.

10. Osternothhafen.

Dorf mit 841 Einwohnern auf der Insel Wollin, am rechten Ufer der Swine, dicht an ihrer Einmündung in die Ostsee. Die nächste Eisenbahnstation Ostswine, an der Strecke Swinemünde bzw. Ostswine-Stettin, ist 1,5 km entfernt. Vom Leuchtturm aus verkehren Motorboote nach dem Bollwerk und nach dem Strand von Swinemünde. Nach Osten erstreckt sich weithin Nadelwald auf niedrigen Dünenzügen.

Die Bevölkerung besteht aus Ostseefischern und Hafenbauarbeitern. Der Badeort ist 1890 gegründet. Die Zahl der Badegäste betrug im Jahre 1902: 1290, 1910: 3335, 1911: 3668, 1912: 4208.

Die drei Seebadeanstalten mit 92 Zellen gehören einer Badegesellschaft. Sie sind über 1 km vom Ort entfernt an dem breiten, feinkörnigen Strand gelegen. Das Badepersonal besteht aus fünf Männern und vier Frauen. Die Männer erhalten 150 Mark, die Frauen 80 Mark festen Lohn für die Badezeit. Die Rettungseinrichtungen sind gut imstande.

Von besonderen Kuranstalten ist ein Seeheim für Unteroffizierfrauen und -Kinder der preussischen Armee zu erwähnen. Ausserdem steht die staatliche Quarantäneanstalt weniger bemittelten Lehrerinnen zum Erholungsaufenthalt zur Verfügung.

Ein ständiger Badearzt ist nicht vorhanden. Aerztliche Hilfe ist in dem über 2 km jenseits der Swine gelegenen Swinemünde, auch telephonisch, erreichbar. Dort befindet sich auch die nächste Apotheke. Absonderungsräume für ansteckende Kranke fehlen. Die erforderlichen Desinfektionen werden von dem amtlichen Desinfektor in Swinemünde ausgeführt.

Villenmässig gebaute Grundstücke sind nicht vorhanden. Es stehen über 250 Wohnungen zur Verfügung der Badegäste. Die Häuser sind innerhalb des Festungsrayons leicht gebaut. Gasthöfe sind drei vorhanden.

Nahrungsmittel liefern vier Kaufleute, zwei Bäcker, ein Fleischer. Die Milch wird aus den naheliegenden Dörfern geliefert. Eine Stallkontrolle findet nicht statt. Die Ortspolizeibehörde entnimmt lediglich Proben zur chemischen Untersuchung.

Zur Wasserversorgung dienen 75 Tiefbrunnen, 5 Flachbrunnen, 1 offener Brunnen. Die Beseitigung der Abfallstoffe ist eine rein ländliche. Zur Reinigung der zum Teil chaussierten Strassen ist ein Arbeiter angenommen.

11. Swinemünde.

Stadt mit 13 914 Einwohnern auf der Insel Usedom an der Bahn Ducherow-Swinemünde. Im Sommer vermitteln zahlreiche Dampfer, Motorboote und Automobilomnibusse den Verkehr mit den anliegenden Seebädern bzw. mit Rügen, Bornholm, Dänemark usw.

Der Ort ist seit dem Jahre 1824 als Kur- und Badeort, seit dem Jahre 1896 als Solbad bekannt. Die Zahl der Besucher stieg von 23 320 im Jahre 1902 auf 44 119 im Jahre 1911. Die Zahl der Kurgäste betrug im Jahre 1902: 7627 und im Jahre 1911: 26 446.

Die Bevölkerung setzt sich aus Kaufleuten, Beamten, Seefahrern, Fischern und Villenbesitzern zusammen.

Der Ort liegt an der Mündung der Swine in die Ostsee und ist ringsum von Wasser und Wald umgeben. Das eigentliche Bad erstreckt sich, durch einen Waldgürtel von der Stadt getrennt, über 1 km lang am Strand und ist in den letzten 3 Jahrzehnten angelegt. Zwischen Stadt, Bad und der Swine liegt die als Kurpark dienende Plantage mit zahlreichen Spazierwegen.

Das Klima ist für Swinemünde und alle übrigen Bäder auf den Inseln Usedom-Wollin das gleiche. Das Frühjahr und der Sommer sind kühler als im Binnenland, der Herbst und der Winter wärmer. Ferner sind die täglichen Schwankungen zwischen Temperaturmaximum und -Minimum geringer als auf dem Festland.

Die Luft ist wegen der ständigen Wasserverdampfung feuchter. Die Zahl der Niederschläge ist im Sommer geringer. Die Geschwindigkeit der Luftbewegung, die Reinheit der Luft ist grösser als im Binnenland. Charakteristisch für alle im Dünenbereich gelegenen Badeorte und auch für Swinemünde ist das rasche Versickern der Niederschläge im Untergrund und damit das rasche Trockenwerden der Wege.

Störende industrielle Anlagen sind nicht vorhanden.

An dem sehr breiten, feinsandigen Strand liegen der Anlegesteg für die Motorboote und die drei Seebadeanstalten mit 442 Zellen. Die Zahl des Badepersonals reicht aus. Es bekommt zum Teil festen Lohn. Die Rettungseinrichtungen entsprechen allen Anforderungen.

Ferner sind zwei Warmbadeanstalten mit 116 Badezellen vorhanden. Neben allen medizinischen Bädern werden natürliche Solbäder (4,3 pCt.) verabfolgt. Im Kaiser Friedrich-Bad befindet sich ausserdem ein mediko-mechanisches Institut (Zander-Saal).

Swinemünde, Tennisplätze im Westkurpark.

Von besonderen Kuranstalten ist ein Sanatorium mit 54 Betten zu erwähnen (Besitzer Sanitätsrat Dr. Scheffler). Im Marta-Else-Haus mit 84 Betten, welches unter der Leitung von Schwestern steht, finden Kinder gebildeter Stände Aufnahme. Das städtische Krankenhaus, welches demnächst neu gebaut werden soll, verfügt über 50 Betten. Für die Aufnahme ansteckender Kranker dient eine Isolierbaracke.

Swinemünde, Abwässerpumpwerk.

Die Versorgung der Kranken findet durch elf Aerzte und zwei Apotheken statt. Ferner sind zwei Zahnärzte ortsansässig. Mit der Krankenpflege beschäftigen sich eine Diakonissenstation und mehrere

Krankenpflegerinnen. Die Desinfektionen führt ein amtlicher Desinfektor mit einem Formalin- oder Dampfdesinfektionsapparat aus.

Zur Aufnahme der Badegäste dienen 150 neugebaute Villen im Bad und gegen 200 sonstige Wohnungen in den angrenzenden Strassen. Der Preis des Zimmers schwankt im Hochsommer zwischen 7—75 Mark pro Woche.

Die Zahl der Hotels, Gast- und Schankwirtschaften beträgt 123.

Zur Nahrungsmittelversorgung dienen zahlreiche Fleischereien usw. Wochenmarkt findet zweimal wöchentlich, Fischmarkt täglich statt. Der neue Schlachthof mit Kühlhaus steht unter tierärztlicher Leitung. Im Sommer liefert das städtische Eiswerk künstliches Eis. Milch, besonders Kindermilch, ist in der Genossenschaftsmolkerei, die regelmässig vom Kreistierarzt und einmal jährlich vom Kreisarzt revidiert wird, erhältlich. Ausserdem sind zahlreiche kleinere Milchgeschäfte vorhanden.

Eine Kontrolle der Fleischer findet durch den Schlachthofdirektor statt. Die Gesundheitskommission besichtigt jährlich zahlreiche Gasthöfe, Fleischereien, Bäckereien. Von den Nahrungsmitteln werden regelmässig Proben zur Untersuchung eingesandt.

Das Trinkwasser stammt aus einer zentralen Wasserversorgungsanlage. Die Tiefbrunnen liegen 4 km von der Stadt entfernt im Walde. Das Wasser wird enteisenet. Der Hochbehälter steht auf dem sogenannten Kalkberg. Die häuslichen Abwässer, ausschliesslich der Niederschlagswässer, werden durch eine Abwässerpumpstation nach einer Kläranlage, 2 km oberhalb der Stadt, gepumpt, dort grob gereinigt und in die Swine eingelassen. Wasserwerk und Kanalisation arbeiten einwandfrei. Eine obligatorische Müllbeseitigung nach dem Wechselbodensystem ist zunächst für das Strandviertel eingeführt.

Die Strassen sind mit Kopfstein- bzw. Kleinpflaster versehen oder chaussiert. Sie werden regelmässig gereinigt und gesprengt.

Die Strassenbeleuchtung ist, ebenso wie in allen anderen Badeorten, elektrisch und wird durch die Ueberlandzentrale vermittelt. Eine Gasanstalt ist im Bau.

12. Ueckeritz.

Dorf mit 465 Einwohnern auf der Insel Usedom, an der Bahn von Swinemünde nach Wolgasterfähre.

Der Ort hat seit einer Reihe von Jahren Badegäste aufgenommen. Ihre Zahl betrug 1907: 696, 1908: 708, 1909: 803, 1910: 904, 1911: 1204, 1912: 1346.

Die Einwohner des Dorfes beschäftigen sich mit der Landwirtschaft und Fischerei, im Winter auch mit Waldarbeiten. Das Dorf liegt zwischen der Chaussee und dem Achterwasser. Nach dem Strande führt durch Nadel- und Laubwald ein 1,5 km langer Weg. Das Ufer fällt steil ab. Der vorgelagerte Sandstrand ist schmal. Hier liegen zwei Seebadeanstalten mit je 22 Zellen. Rettungseinrichtungen sind vorhanden, ebenso genügendes Badepersonal. Dieses erhält einen kleinen festen Lohn und ist ausserdem auf Trinkgelder angewiesen.

In der Hochsaison ist ein Badearzt anwesend. Sonst muss ärztliche Hilfe aus Zinnowitz oder Heringsdorf herbeigeholt werden. Dort befinden sich auch die nächsten Apotheken.

Isolierräume für ansteckende Kranke sind nicht vorhanden. Die Desinfektionen bei ansteckenden Krankheiten werden vom Desinfektor aus Bansin ausgeführt.

Für die Aufnahme von Badegästen dienen 16 villenartige Häuser im neuen Ortsteil am Walde und 55 sonstige Wohnungen im Dorf. Der Mietspreis für 2 Stuben, Veranda und Küche schwankt zwischen 80—200 Mark für 5 Wochen.

Ferner sind drei Gasthäuser vorhanden.

Nahrungsmittel sind im Dorf erhältlich, Milch bei den Landwirten. Eine regelmässige Kontrolle der Nahrungsmittelversorgung findet nicht statt. Proben werden vom Amt zur chemischen Untersuchung eingesandt.

Zur Wasserversorgung dienen 68 Tiefbrunnen, 3 Flachbrunnen, 1 Ziehbrunnen. Die Art der Wasserversorgung und Abwässerbeseitigung entspricht den ländlichen Verhältnissen.

13. Zempin.

Dorf mit 411 Einwohnern auf der Insel Usedom, an der Bahnstrecke Swinemünde-Wolgasterfähre gelegen.

Das alte Dorf erstreckt sich von der Chaussee nach dem Achterwasser zu. An der Chaussee und am Waldrand liegen mehrere villenmässig gebaute Häuser. Der Strand ist 0,5 km entfernt. Der Weg zum Strande führt durch niedrige Dünen mit gemischtem Waldbestand. Nach Norden und nach Zinnowitz zu erstreckt sich zum Teil schöner Buchenwald auf niedrigen Dünenzügen.

Die Bevölkerung betreibt hauptsächlich Fischerei und nur wenig Landwirtschaft. Der Badeort besteht seit 1892. Die Zahl der Badegäste betrug 1912: 1603.

An dem breiten, feinsandigen Strand liegen zwei kleine Seebadeanstalten mit 14 bzw. 22 Zellen, deren Rettungseinrichtungen häufig zu wünschen übrig liessen. Das Badepersonal besteht aus zwei Männern und zwei Frauen, die keinen festen Lohn erhalten, sondern auf Trinkgelder angewiesen sind.

Ein Badearzt ist nicht vorhanden. Aerztliche Hilfe ist in dem über 2 km entfernten Zinnowitz, auch telephonisch, erreichbar. Dort

Zinnowitz, Westlicher Teil des Strandes.

befindet sich auch die nächste Apotheke. Absonderungsräume für ansteckende Kranke fehlen. Etwaige Desinfektionen werden durch den amtlichen Desinfektor in Zinnowitz ausgeführt.

Wohnungen sind in ca. 20 Villen und auf 20—30 Grundstücken zu vermieten.

Fleisch wird von Fleischern aus Koserow und Zinnowitz geliefert. Milch verkaufen die Dorfbewohner. Eine Stallkontrolle findet nicht statt. Die Probeentnahme zur chemischen Untersuchung erfolgt durch das Amt in Zinnowitz.

Die Grundstücke erhalten ihr Wasser aus Bohr- und Kesselbrunnen. Die Abfallstoffe werden in vollkommen ländlicher Weise beseitigt. Eine Strassenreinigung der nicht befestigten Strassen findet nicht statt.

14. Zinnowitz.

Dorf mit 1358 Einwohnern auf der Insel Usedom, an der Bahn Swinemünde-Wolgasterfähre. Im Sommer vermitteln Motorboote und Dampfer den Verkehr mit den anliegenden Badeorten und mit Rügen.

Zinnowitz, Blick über Dünenwald zum Strand.

Der Badeort ist schon seit langen Jahren bekannt. Als Gründungsjahr wird 1868 angegeben. Die Zahl der Kurgäste stieg von 2500 im Jahre 1888 auf 10869 im Jahre 1912.

Die Einwohner leben von der Fischerei, Lohnarbeit und besonders vom Badeverkehr.

Der Ort liegt zwischen der See und dem Achterwasser, nach Nordwesten und Südosten umgeben von niedrigen Höhenzügen, die mit Laub- und Nadelwald bestanden sind.

An dem feinsandigen Strand liegen der Seesteg und 5 Seebadeanstalten mit 200 Zellen. Ausserdem ist noch ein einfaches Warmbad mit 20 Zellen vorhanden. Das Badepersonal reicht nicht ganz aus, infolgedessen entsprechen die Rettungseinrichtungen nicht allen Ansprüchen. Es erhält keinen festen Lohn.

Von besonderen Kureinrichtungen ist ein ärztliches Kinderheim zu erwähnen. Für die Aufnahme von Kranken, auch von Infektionskranken, dienen 2 Krankenstuben mit 2 Betten. Ansteckende Kranke werden auch nach Greifswald in die Universitätsklinik überführt.

Die ärztliche Versorgung der Kranken findet durch zwei Aerzte und eine Krankenpflegerin statt. Die Arzneiversorgung vermittelt eine Apotheke. Ein Desinfektor ist für die Desinfektionen bestellt. Sie werden mit einem Formalinapparat ausgeführt.

Für die Aufnahme der Badegäste dienen etwa 200 Villen und Wohnungen. Hotels und Gastwirtschaften sind 11 vorhanden.

Nahrungsmittel sind im Ort erhältlich, Milch in zwei kleinen Molkereien, die vom Kreistierarzt mehrfach, vom Kreisarzt einmal jährlich revidiert werden. Eine Kontrolle der Nahrungsmittel findet durch Probeentnahme statt.

Jedes Grundstück hat seine Bohr- oder Kesselpumpe bzw. Hauswasserleitung. Die Wasserversorgung und Abwässerbeseitigung ist teilweise eine rein ländliche. Die Abwässer werden zum Teil in Sickergruben gesammelt und der Inhalt durch Patentwagen abgefahren. Die Müllbeseitigung ist den einzelnen Grundstücksbesitzern überlassen.

Die Strassen sind chaussiert. Die Gemeinde sorgt für die Reinigung und Besprengung.

---

c) Die Seebadeorte im Regierungsbezirk Stralsund.

Von

Reg.- und Med.-Rat Dr. **Stumm** in Stralsund.

(Mit Abbildungen im Text.)

Allgemeines.

Die Seebadeorte des Regierungsbezirks Stralsund befinden sich vorwiegend auf der Insel Rügen. Nur einzelne wenige liegen auf dem Festlande und zwar im Kreise Greifswald und im Kreise Franzburg auf dem Darss, einer vom mecklenburgischen Gebiete her dem Festlande parallel nach Osten ziehenden Halbinsel. Die Badeorte auf der Insel Rügen, die noch vor 3 Jahrzehnten elende Fischerdörfer waren, haben sich infolge ihrer grossartigen landschaftlichen Lage teilweise zu Weltbadeorten entwickelt.

Rügen, das unstreitig zu den schönsten Flecken der deutschen Erde gehört, bietet mit seinen dunklen Buchenwäldern, den weissschimmernden Kreidefelsen, dem blauen Meere, mit seinen zahlreichen Buchten, Wieken und vorgelagerten Inseln, mit seiner Abwechselung von Land und Meer, Berg und Tal, Wald und Feld einen herrlichen Anblick. Die Küste ist teils flach, teils fällt sie steil zum Meere ab. Die Bäder befinden sich grösstenteils auf der Ostseite der Insel, auf der Halbinsel Jasmund in geschützten Buchten, von Wäldern, die teils reinen Buchen-, teils gemischten Bestand aufweisen, umrahmt. Der Strand ist grösstenteils breit und feinsandig, nur an der Stubnitz steinig und schmal. Infolge dieser einzigartigen Lage, bei dem schönen milden Klima, dem Fehlen von rauhen Winden weisen die Bäder eine stetig steigende Besuchszahl auf. Neben den mit allen hygienischen Einrichtungen versehenen Badeorten werden in jährlich immer grösserer Zahl auch die nicht am offenen Meere liegenden Orte aufgesucht, und es entstehen immer neue Badeorte, die anfangs nur primitive Einrichtungen aufweisen, in denen es keine grosse Badeanstalten gibt und keine Kurtaxe erhoben wird, sondern wo nur die einzelnen Hausbesitzer Badebuden für ihre Gäste am Strande errichten und sich hier ein ungezwungenes idyllisches Badeleben entwickelt. Da überall die Orte, die meist einfache Fischerdörfer sind, von Wald in nächster Nähe umgeben sind, ist für Abwechselung gesorgt. Die früher nur dem Fischfang obliegende Bevölkerung erwirbt sich jetzt vorwiegend ihren Unterhalt durch das Vermieten ihrer Häuser und Wohnungen an Sommergäste. Die Bautätigkeit ist in den Orten infolgedessen eine sehr grosse.

Für die grösseren Bäder — Sassnitz, Binz, Sellin und Göhren — ist im Jahre 1910 eine Kreis-Polizeiverordnung erlassen worden, die für zwei Baubezirke, die alte Dorflage und den Landhausbezirk Geltung hat. Für den letzteren Bezirk sind besondere Bestimmungen getroffen, nach denen in diesem Teile Fabriken und Anlagen, die durch schädliche Dünste, starken Rauch oder ungewöhnliches Geräusch Gefahren, Nachteile oder Belästigungen herbeizuführen geeignet sind, nicht errichtet, wieder errichtet oder erweitert, auch bestehende Gebäude dazu nicht eingerichtet werden dürfen. Es sind genaue Bestimmungen über die Einfriedigung der Grundstücke, Gärten an der Strasse, über die zulässige Bebauung der Grundstücke, den Abstand der Gebäude voneinander und von Nachbargrenzen, die Höhe der Gebäude, die Beschaffenheit der Aufenthaltsräume usw. getroffen worden, durch die der einheitliche Charakter — Villenstil — gewährleistet wird. Die Wohnräume in den kleinen Badeorten sind, soweit sie Fischerhäuser betreffen, niedrig, aber luftig, dienen nur als Schlafräume. Für den Tagesaufenthalt sind für jeden Mieter gedeckte, in den Gärten oder an den Häusern stehende Holzlauben aufgestellt. Die Häuser sind fast durchweg einstöckig und vielfach mit Stroh gedeckt, sie sehen freundlich und sauber aus.

Während die Bäder auf dem Darss an der freien See liegen und mitunter einen recht kräftigen Wellenschlag aufweisen, liegen die des Kreises Greifswald am Greifswalder Bodden. Auch diese Bäder sind von grösseren Waldungen unmittelbar oder in nächster Umgebung umsäumt. Die Häuser liegen hier meist an einer sich lang hinziehenden Dorfstrasse oder verteilt in Gärten und bieten in ihren oft bunten Farben einen malerischen Anblick.

Die grösseren Badeorte, z. B. Binz, Sassnitz, Sellin, liegen dicht am Strande und gewähren freien Ausblick auf die See, die übrigen Bäder befinden sich in mehr oder weniger grosser Entfernung vom Strande und sind vollkommen geschützt vor rauhen Winden. Da nur selten Ostwinde wehen, liegt das Meer an den Bädern Rügens meist ruhig und glatt. Nur die Insel Hiddensee, deren Strand an der Westseite liegt, und der Darss, der frei nach Nordwesten ist, haben meist einen recht bewegten Seegang.

Das Seewasser weist im Juli und August keine grösseren Schwankungen auf, die Temperatur beträgt durchschnittlich 16—18° C.

In den grossen Badeorten herrscht ein buntbewegtes Treiben, für Vergnügungen aller Art ist gesorgt, in den kleineren Bädern ist das Leben ruhig und einfach. Die Hauptbesuchszeit ist der Juli und der August, im Juni und September sind nur verhältnismässig wenige Badegäste da.

Der besondere Vorzug der Badeorte Rügens uud Neuvorpommerns liegt in der unvergleichlichen schönen Lage, dem milden Wellenschlage und der Abwechselung zwischen Meer und Wald.

I. Die Badeorte auf dem Festlande.

A. Die im Kreise Greifswald liegenden Seebäder.

1. Wieck.

Wieck ist ein Fischerdorf, welches sich nur in geringem Masse entwickelt hat. Von auswärts wird es sehr selten aufgesucht, es hat nur für die Stadt Greifswald Bedeutung, von wo der Ort viel zum Baden besucht wird.

Die Besucherzahl ist in den letzten 5 Jahren von 193 im Jahre 1907 auf 248 im Jahre 1912 gestiegen.

Wieck liegt etwa 2 km von Greifswald entfernt am Ausfluss des Ryck in die Dänische Wiek, des Greifswalder Boddens, und ist mit der Kleinbahn oder mit dem Dampfer von Greifswald aus zu erreichen. Wald ist 1 km entfernt. Industrielle Anlagen störender Art sind nicht vorhanden.

An Kureinrichtungen sind Kaltbadeanstalten mit einfachen Einrichtungen vorhanden und die erforderlichen Rettungseinrichtungen sind beschafft. Besondere Kuranstalten fehlen.

Einrichtungen zur Unterbringung kranker Personen sind nicht vorhanden und auch wegen der Nähe der Stadt Greifswald entbehrlich, von wo aus die ärztliche Versorgung geschieht.

Die Wohnungen, die einen ländlichen Charakter haben, sind in genügender Zahl vorhanden, ebenso einzelne, wenn auch bescheidene Gasthöfe.

Die Nahrungsmittelversorgung geschieht teilweise aus Wieck selbst, soweit es Milch, Butter, Eier betrifft, im übrigen meist aus Greifswald.

Die Wasserversorgung erfolgt durch Einzelbrunnen, meist flache Kesselbrunnen, die offen sind oder mit eingesenktem Rohr versehen sind und genügendes und gutes Wasser liefern.

Die Beseitigung der Abfallstoffe geschieht durch Ansammlung in Gruben und in den Dunghöfen. In den Wohnhäusern sind teilweise Zimmerklosetts aufgestellt, deren Kübel auf die Dunghöfe entleert werden. Die Abfuhr der Abfallstoffe erfolgt nach Bedarf auf die Felder. Die Müllbeseitigung liegt den Hausbesitzern ob. Die Strassen sind gepflastert und sauber.

Wieck wird fast lediglich als Erholungsort und zur Sommerfrische benutzt.

2. Eldena.

Eldena ist ein Fischerdorf, in dem auch in nicht unerheblichem Masse Landwirtschaft betrieben wird. Als Badeort hat es Bedeutung nur für die Bevölkerung Greifwalds, die die Seebäder benutzt. Die Verbindung mit Greifswald, von dem es nur 2 km entfernt ist, ist günstig, mittelst Kleinbahn und Dampfer.

Der Ort liegt gegenüber Wieck am Ausfluss des Ryck in die

Dänische Wiek des Greifswalder Boddens, parkartige Anlagen kleinerer Art um die alte Klosterruine Eldena und Wald in etwa $^1/_2$ km Entfernung machen den Aufenthalt sehr angenehm. Die Besucherzahl ist von 102 in 1909 auf 231 in 1912 gestiegen. Industrielle Anlagen störender Art fehlen.

Die Kureinrichtungen bestehen nur in kalten Seebädern. Die erforderlichen Rettungseinrichtungen sind vorhanden.

Besondere Kuranstalten fehlen. Die Unterbringung zweier Ferienkolonien aus Berlin, die seit vielen Jahren herkommen, erfolgt in dazu eingerichteten Privathäusern.

Aerztliche Hilfe ist in Erkrankungsfällen stets aus Greifswald zu haben, wo erforderlichenfalls kranke Personen in den Krankenhäusern Unterkunft und Pflege finden.

Die Wohnungen weichen von dem gewöhnlichen ländlichen Charakter nicht ab, einzelne bescheidene Gasthöfe sind vorhanden.

Die Nahrungsmittel werden aus dem Orte selbst oder aus Greifswald bezogen. Die Nahrungsmittelkontrolle geschieht nach den bestehenden Vorschriften.

Die Wasserversorgung erfolgt durch einzelne Brunnen, meist flache Kesselbrunnen und gibt zu Beanstandungen keinen Anlass. Das Wasser ist gut und in genügender Menge vorhanden.

Bezüglich der Beseitigung der Abfallstoffe besteht das Kübelsystem. Die Abwässer gelangen auf Dunghöfe, dann alsbald auf Acker und Feld. Die Müllbeseitigung liegt den einzelnen Hausbesitzern ob. Die Strassen sind gepflastert und sauber.

Eldena wird fast nur zu Erholungszwecken und zur Sommerfrische benutzt.

3. Lubmin.

Es ist der einzige Badeort von Bedeutung im Kreise Greifswald und hatte, aus einem Fischerdorf hervorgegangen, bis vor 10 Jahren auch nur eine geringe Entwicklung genommen. In den letzten zehn Jahren ging die Entwicklung schneller vor sich (im Jahre 1912 — 2455 Besucher).

Lubmin liegt am Greifswalder Bodden, hat bewaldete Dünen und in unmittelbarer Nähe reichlich Wald. Industrielle Anlagen störender Art fehlen gänzlich.

Die Erwerbsverhältnisse der Bevölkerung bestehen in Fischerei und Räucherei. Infolge der landschaftlich schönen Lage und der einfachen Verhältnisse wird der Ort von Minderbemittelten gern aufgesucht.

Ausser den Seebadeanstalten besteht ein Warmbadehaus für warme Seebäder. Die erforderlichen Rettungseinrichtungen sind vorhanden. Seitens der Eisenbahnbehörde ist ein Erholungsheim für 20 Personen eingerichtet.

Die ärztliche Versorgung geschah bis zum Jahre 1912 durch einen am Orte ansässigen Arzt. Nachdem derselbe verzogen ist, sind 2 auswärtige Aerzte nacheinander als Badeärzte für die Zeit der Saison tätig gewesen. Krankenpflegepersonal fehlt. Infektionskranke werden nach Greifswald transportiert. Ein Desinfektor ist am Ort.

Die Arzneimittel müssen aus Wolgast oder Greifswald bezogen werden.

Es stehen genügend Wohnungen von meist ländlichem Charakter zu Vermietungszwecken zur Verfügung, ferner sind einige gute Gasthöfe vorhanden.

Die Nahrungsmittel werden von den umliegenden Gütern und aus Greifswald bezogen und haben nie zu Beanstandungen Anlass gegeben.

Die Wasserversorgung erfolgt durch meist flache Kesselbrunnen, die entweder offen oder mit eingesenktem Rohr versehen sind. Das Wasser ist gut und in genügender Menge vorhanden.

Die Beseitigung der Abfallstoffe geschieht durch Kübelsystem. Die Abwässer gelangen auf Dunghöfe, dann alsbald auf den Acker und Feld. Müllbeseitigung liegt in den Händen der einzelnen Hausbesitzer.

Die Strassen sind zwar ungepflastert, aber rein gehalten.

Lubmin wird als Erholungsort und bei Stoffwechselerkrankungen, fehlerhafter Blutbildung, Skrofulose aufgesucht.

4. Spandowerhagen.

Der Ort hat eine sehr geringe Bedeutung als Bad. Der Haupterwerbszweig der Bevölkerung ist der Fischfang, daneben wird etwas Landwirtschaft betrieben.

Die Besucherzahl, welche 1903 — 301 Personen betrug, ist auf 138 im Jahre 1912 zurückgegangen.

Am Spandowerhagener Wick des Greifswalder Boddens gelegen, sind bewaldete Dünen und Wald in unmittelbarer Nähe vorhanden. Industrielle Anlagen störender Art fehlen.

Es sind nur Badeanstalten für kalte Seebäder vorhanden, die mit den erforderlichen Rettungseinrichtungen versehen sind.

Weder Arzt noch Apotheke sind am Ort, im Bedarfsfalle werden Aerzte aus Wolgast oder Lubmin herangezogen, was mit erheblichen Kosten verknüpft ist. Krankenpflegepersonal fehlt. Beim Auftreten von Infektionskrankheiten kann eine Absonderung nicht erfolgen. Die Kranken müssen nach Greifswald gebracht werden. Die Desinfektion erfolgt durch den Desinfektor aus Wolgast bzw. Lubmin.

Es sind nur wenige Wohnungen zu Vermietungszwecken geeignet und vorhanden. Die Gasthöfe sind sehr primitiv.

Die Nahrungsmittel werden von den umliegenden Gütern, aus Greifswald oder Wolgast bezogen.

Das Wasser wird aus offenen und gedeckten Kesselbrunnen entnommen, ist gut und in genügender Menge vorhanden.

Die Abfallstoffe werden in Düngergruben gesammelt und nach Bedarf auf Acker und Feld abgefahren.

Die Dorfstrasse ist ungepflastert, aber sauber.

5. Freest.

Der Ort hat eine geringe Bedeutung, wird meist zu Erholungszwecken und als Sommerfrische aufgesucht. Die Besucherzahl, welche 1907 310 betrug, ist auf 524 in 1912 gestiegen.

Freest liegt gegenüber der Insel Usedom, am Ausfluss des Peenestroms. Es hat bewaldete Dünen und Wald in unmittelbarer Nähe, so dass es als Erholungsort sehr geeignet ist. Industrielle Anlagen störender Art fehlen. Die Bevölkerung ernährt sich vom Fischfang und von Räucherei der Fische.

Es sind nur Badeanstalten für kalte Seebäder vorhanden. Besondere Kuranstalten fehlen.

Die ärztliche Versorgung geschieht von Wolgast oder Lubmin aus. Da kranke Personen keine Aufnahme und Pflege finden können, werden sie nach Greifswald transportiert. Die Desinfektion wird im Bedarfsfalle durch den Desinfektor aus Wolgast oder Lubmin ausgeführt.

Es sind einige einfache Wohnungen ländlichen Charakters zu Vermietungszwecken vorhanden. Gasthöfe sind sehr primitiv.

Milch und Gemüse wird von den umliegenden Gütern, Fleisch aus Greifswald oder Wolgast bezogen.

Wie überall in den Landgemeinden geschieht die Wasserversorgung durch flache Kesselbrunnen. Das Wasser ist gut und seine Menge genügend.

Die Abfallstoffe werden auf Dungstätten gesammelt, dann auf den Acker und das Feld abgefahren. Die Müllbeseitigung liegt in den Händen der einzelnen Hausbesitzer.

Die Dorfstrasse ist ungepflastert, aber rein gehalten.

B. Die Seebadorte im Kreise Franzburg.

1. Devin.

Der Ort ist ein kleines Dorf, in welchem nur ein sogenanntes Kurhaus besteht. Dieses und die ganze Badeanlage ist Privatbesitz des Gemeindevorstehers. (Besucherzahl 268 im Jahre 1912.)

Der Ort ist am Strelasund gelegen, gegenüber der Rügenschen Halbinsel Drigge. Ein kleines am Berge gelegenes und als Kurpark bezeichnetes Wäldchen befindet sich unmittelbar zwischen See und Kurhaus. Der Strand ist feinsandig, weiss und ziemlich breit. Oft störte eine Schnitzelgrube durch ihren Geruch.

Von Kureinrichtungen ist je ein kaltes Seebad für Damen und Herren mit Krankenzellen, mit schwimmkundigem Wärterpersonal, (je 1) Rettungsboote, Schwimmgürtel, Haken usw. vorhanden.

Die ärztliche Versorgung erfolgt von Stralsund, das 5 km entfernt ist, aus, wo auch das nötige Pflegepersonal zu haben ist und die Absonderung der Kranken erfolgen kann.

Die auswärtigen Gäste logieren in dem im allgemeinen sauberen und gut verwalteten Kurhaus. Vorwiegend wird Devin von den Stralsundern zum Baden aufgesucht.

Die Nahrungsmittel werden aus Stralsund bezogen.

Die Wasserversorgung geschieht durch einen Kesselbrunnen mit eingesenktem Holzrohr. Die Beschaffenheit und Menge des Wassers ist genügend.

Die Beseitigung der Abfallstoffe geschieht durch Ansammlung in einer Grube, aus der sie aufs Feld abgefahren werden. Der Müll wird ebenfalls auf den Acker abgefahren.

Die Strassen sind sauber, ungepflastert.

2. Zingst.

Der Badeort war früher ein einfaches Fischerdorf, hat jetzt 1267 Einwohner. Er liegt auf der durch den Barther und Bodtstedter Bodden wie den Prerower Strom vom Festlande getrennten Insel Zingst, dicht an der Ostsee. Kiefern und Laubwald befinden sich in unmittelbarer Nähe. Das Klima ist gemässigt. Durch die vorgelagerten ziemlich hohen Dünen ist der Ort geschützt. Die Häuser liegen vereinzelt, von Gärten umgeben und machen einen freundlichen Eindruck. Industrielle Anlagen fehlen. Die Besucherzahl hat sich von 2467 im Jahre 1907 auf 3994 im Jahre 1912 erhoben.

Die Bevölkerung betreibt Fischerei und Landwirtschaft.

Der Strand ist breit und feinsandig, der Wellenschlag bei Nordwestwinden ziemlich stark.

Von Kureinrichtungen besteht ein Warmbadehaus, in dem warme See- und Dampfbäder verabfolgt werden. Dasselbe ist gut eingerichtet. Das kalte Seebad besteht aus Herren- und Damenbad. Krankenzellen sind in denselben vorhanden. Das Wärterpersonal ist schwimmkundig, es sind Rettungsboote, Ringe und Stangen beschafft.

Einzelne grössere Häuser sind zur Unterbringung von Ferienkolonien zweckentsprechend eingerichtet.

Die ärztliche Versorgung erfolgt durch den ansässigen Badearzt. Die Arzneimittel werden aus Barth bezogen. Ein ständiges Krankenpflegepersonal ist nicht vorhanden. Zur Absonderung von Infektionskranken ist von der Gemeinde ein Bauernhaus angekauft und zweckentsprechend eingerichtet. Ein Desinfektor ist am Ort.

Zur Aufnahme von Badegästen sind neben den freundlichen Fischerhäusern eine Anzahl im allgemeinen sauberer und gut geleiteter Pensionate und Gasthöfe vorhanden.

Die Nahrungsmittel werden teils aus dem Orte selbst, teils aus Barth oder Stralsund bezogen.

Die Wasserversorgung erfolgt im allgemeinen durch flache Kesselbrunnen, die teils offen sind, teils mit eingesenktem Rohr versehen sind. In einzelnen Pensionaten sind Privatwasserleitungen angelegt. Das Wasser sieht gelblich, mitunter direkt braun aus (brackig), ist aber nach seiner chemischen Zusammensetzung als gesundheitsschädlich nicht zu bezeichnen. Anderes Wasser wird bei den Bodenverhältnissen kaum zu beschaffen sein.

Die Abfallstoffe werden in Gruben aufgefangen, die gesundheitlichen Ansprüchen im allgemeinen genügen; z. T. ist auch Kübelsystem vorhanden. Die Entleerung geschieht stets auf den Acker. In einzelnen Häusern sind Spülklosetts, die teils nach Gräben ohne Vorflut abgeleitet werden. Der Müll wird auf einen abseits gelegenen Platz zusammengetragen bzw. gefahren.

Die Strassen sind nur zum Teil gepflastert, sauber.

Der Badeort wird in der Hauptsache als Sommerfrische benutzt.

3. Prerow.

Der Ort war früher lediglich Fischerdorf, der jetzt eine Einwohnerzahl von 1876 Seelen hat.

Die Besucherzahl ist von 2802 im Jahre 1908 auf 3962 im Jahre 1912 gestiegen.

Von allen Seiten von Wald umschlossen und direkt an den Wald anstossend macht der Ort, auf der ganz bewaldeten Halbinsel Darss gelegen, einen freundlichen Eindruck. Das Klima ist mild, im allgemeinen beständig. Der Strand ist breit, feinsandig. Störend sind nur die vielen Mücken, zu deren Beseitigung Massnahmen eingeleitet sind.

Die Bevölkerung betreibt Fischfang und Landwirtschaft. Industrieanlagen störender Art sind nicht vorhanden.

Der Ort besitzt 4 Seebadeanstalten (2 Damenbäder, 1 Familienbad und 1 Herrenbad), die wie in Zingst sich in tadellosem Zustande befinden. Krankenzellen sind überall eingerichtet. Rettungseinrichtungen bestehen in schwimmkundigem Wartepersonal, Rettungsbooten, Rettungsringen und Stangen. Ein Warmbad für warme See- und Dampfbäder ist hinter den Dünen errichtet und in gutem Zustande.

Ferner sind 2 Ferienkolonistenhäuser für je 40 Kinder, geräumig und sauber, eingerichtet.

Der ansässige Arzt hat in seinem Hause ein Sanatorium für kranke Kinder errichtet.

Die ärztliche Versorgung erfolgt durch den ansässigen Arzt. Apotheke ist am Ort. Zur Krankenpflege ist eine Diakonissin stationiert. Ein Desinfektor ist ebenfalls am Ort.

Zur Unterbringung von Infektionskranken ist ein massives Gebäude, das abseits vom Dorfe liegt, zweckentsprechend eingerichtet.

Die Wohnungen machen einen freundlichen Eindruck, die Fischerhäuser sind einstöckig und in bunten Farben gehalten, teils Holzbauten. Die Gasthöfe und Pensionate sind mehrstöckige, meist massive Gebäude. Dieselben sind gut geleitet und sauber. An jedem Hause ist ein Garten vorhanden.

Die Nahrungsmittel werden aus dem Ort bzw. aus Barth bezogen.

Eine allgemeine Wasserleitung besteht nicht. Doch haben einzelne Hausbesitzer eine Privatleitung angelegt, oft sind aber die Sammelbassins nicht genügend vor Verunreinigungen geschützt. Die Brunnen sind meist flache Kesselbrunnen mit Zement-, Stein- oder Holzverschalung, oft offen, sonst mit eingesenktem Holz- oder Eisenrohr. Das Wasser, leicht fade riechend, ist wie an allen Orten dieser Küste gelb bzw. bräunlich, aber nicht gesundheitsschädlich, an Menge auskömmlich. In letzter Zeit ist es gelungen, aus einem Tiefbrunnen einwandfreies, gut aussehendes und gut schmeckendes Wasser zu erlangen.

Einzelne Häuser haben eine Spülklosetteinrichtung, doch ist die Abwässerbeseitigung hinsichtlich des Verbleibs nicht immer einwandfrei und hat zu Beanstandungen geführt. Im grossen und ganzen besteht Gruben- und Kübelsystem. Der Inhalt wird auf den Acker gefahren. Eine geregelte Müllabfuhr ist nicht vorhanden. Der Müll wird von den Hausbesitzern an einen abgelegenen Platz getragen bzw. gefahren. Die Strassen sind nur zum Teil gepflastert, sauber.

Prerow wird hauptsächlich als Erholungsort und Sommerfrische benutzt.

4. Ahrenshoop.

Der Ort ist aus einem Fischerdorf hervorgegangen und hat nur geringe Bedeutung.

Die Besucherzahl betrug 1912 990 Personen.

Der Ort liegt auf der Südspitze der Halbinsel Darss zwischen Ostsee und Saaler-Bodden auf einem schmalen Küstenstrich, dicht an der Mecklenburgischen Grenze. In unmittelbarer Nähe ist nur wenig Wald, doch in höchstens 2 km Entfernung befindet sich der Darsser Forst.

Die Bevölkerung ernährt sich vom Fischfang.

Von Kureinrichtungen sind Seebadeanstalten für Herren und Damen mit Krankenzellen, schwimmkundiges Wärterpersonal (je 1), Rettungsboote und -ringe vorhanden.

Besondere Kuranstalten fehlen.

Die ärztliche Versorgung geschieht von Wustrow i. M. aus.

Einige gute Gasthöfe und zahlreiche Privatwohnungen zu Vermietungszwecken sind vorhanden.

Die Nahrungsmittel werden entweder aus dem Ort beschafft oder von Barth und Damgarten bzw. Ribnitz besorgt.

Das Wasser wird meist flachen Kesselbrunnen mit eingesenktem

Rohr oder auch aus noch offenen Kesselbrunnen entnommen. Das Wasser ist etwas gelb gefärbt, aber nicht gesundheitsschädlich, in genügender Menge vorhanden.

Die Abfallstoffe werden in Gruben oder Kübel angesammelt, die in bestimmten Zeiträumen ausgetragenen Kübeln werden auf den Acker entleert, ebenso die Gruben.

Der Müll wird von den Hausbesitzern auf einen abseits gelegenen Platz geschafft. Die Strassen sind sauber, nur zum kleinsten Teil gepflastert.

Meist wird der Badeort nur von erholungsbedürftigem Publikum als Sommerfrische benutzt.

II. Die auf der Insel Rügen liegenden Seebadeorte.

Die Hauptbadeorte liegen auf der Ostseite der Insel.

1. Breege.

Breege ist ein Fischerdorf, welches an der Südküste Wittows am Breeger Bodden liegt und von der Ostsee etwa 2 km entfernt ist. Anfangs wohnten die wenigen Badegäste ausschliesslich in den einstöckigen, freundlichen Fischerhäuschen im Dorf. Im Laufe der Zeit wurden aber einige grosse Hotels und Pensionate am Strande, der sehr breit ist, errichtet, so dass diese in erster Linie von Badegästen aufgesucht werden. Daneben wohnt aber die grösste Anzahl noch im Dorf. Die an der See liegenden Häuser sind mit allen modernen Einrichtungen versehen. Wald — Nadelwald — ist in grosser Ausdehnung in nächster Nähe. Das Klima ist milde. Der Ort wird von Jahr zu Jahr in steigendem Masse besonders aus der Provinz Sachsen aufgesucht.

Die Besucherzahl ist von 1910 im Jahre 1906 auf 2144 im Jahre 1912 gestiegen.

Die Bevölkerung beschäftigt sich mit Landwirtschaft und Ackerbau. Industrielle Anlagen fehlen.

Von Kureinrichtungen sind 2 Kaltbadeanstalten sowie 2 Luft- und Sonnenbäder vorhanden. Dieselben sind neuerbaut und liegen am Ostseestrande, hinter der Düne liegt ein kleines Warmbad. Am Bodden finden sich keine Badeeinrichtungen. Die verschiedenen Rettungseinrichtungen: Rettungsboote, -ringe, -westen, -haken sind vorhanden und je 1 schwimmkundiger Wärter bzw. Wärterin sind angestellt.

Besondere Kuranstalten fehlen.

Das Badepublikum hat auf dem Bodden reichlich Gelegenheit zum Fischen, Angeln, Segeln und Rudern.

Zwischen dem Dorf Breege und der Ostsee liegt eine parkartige Anlage, Juliusruhe, der einzige Buchenhain auf der Halbinsel Wittow; diese Anlage wird von den Badegästen und den Bewohnern der Halbinsel mit Vorliebe aufgesucht.

Zur Pflege der am Ort Erkrankenden ist eine mit 2 Betten vollständig eingerichtete Krankenstube vorhanden. Desinfektionen werden unter Aufsicht des Badearztes ausgeführt. Arzt und Apotheke sind in dem 2 km entfernten Altenkirchen.

Die Wohnungen im Dorf sind einfach, aber sauber. Im Dorf befinden sich 3 Gasthöfe und am Strande ein Kurhaus, einige gut eingerichtete Hotels und Pensionate.

Die Nahrungsmittel werden grösstenteils aus dem Ort bezogen. Die Milch von den in der Nähe bzw. im Dorf wohnenden Landwirten, das Fleisch von 2 daselbst ansässigen Fleischern.

Das Wasser wird aus gemauerten Brunnen mit Pumpvorrichtung bzw. Abessinierbrunnen entnommen. Es ist ausreichend und von guter Beschaffenheit.

Die Abfallstoffe sowie Müll werden in vorschriftsmässig angelegten und zementierten Gruben, welche mit Deckel versehen sind, beseitigt und nach Bedarf aufs Feld abgefahren. Die Strasse ist gedämmt und wird durch die Anwohner rein gehalten.

2. Glowe.

Der Ort hat nur geringe Bedeutung als Bad.

Die Besucherzahl ist von 412 im Jahre 1905 auf 724 im Jahre 1912 gestiegen.

Glowe liegt auf Jasmund am Anfang der über die Schabe verlaufenden Chaussee und ist bis an die Ostsee heran ausgebaut worden. Kiefernwald ist in unmittelbarer Nähe. Die klimatischen Verhältnisse sind gut. Der Strand ist gleich dem in Breege steinfrei und hat hübsche Steilufer. Die bestehende Heringsmarinierfabrik bewirkt keine Störung.

Die Bevölkerung ernährt sich von Fischfang.

Die Kureinrichtungen bestehen in kalten und Luftbädern. Die erforderlichen Rettungseinrichtungen sind vorhanden.

Besondere Kuranstalten fehlen.

Der nächste Arzt wohnt in Sagard, das etwa 8 km entfernt ist. Für Pflege, Absonderung usw. ist im Ort nicht gesorgt.

Die Wohnungen sind gut und in genügender Anzahl mit und ohne Küchenbenutzung vorhanden. Die 3 Gasthäuser entsprechen mittleren Anforderungen.

Die Nahrungsmittelversorgung ist einwandfrei. Fleisch wird aus Sagard bezogen, Milch ist im Orte erhältlich.

Wasser ist in genügender Menge vorhanden. Dasselbe ist gut und wird Kesselbrunnen entnommen.

Die Abfallstoffe werden in Dunggruben angesammelt und nach Bedarf aufs Feld gefahren.

3. Lohme.

Lohme war ursprünglich ein kleines Fischerdorf, dessen Einwohner etwas Viehzucht trieben, vornehmlich aber der Fischerei nachgingen. In den siebziger Jahren kamen die ersten Sommergäste und kehrten, angezogen durch die Schönheit der Landschaft, immer zahlreicher wieder, so dass die Besucherzahl im Jahre 1912 auf 2653 Personen gestiegen ist.

Die Einwohner ernähren sich im Herbst und Frühjahr von Fischerei, hauptsächlich aber im Sommer durch Vermieten von Wohnungen.

Lohme liegt an der Nordküste der Halbinsel Jasmund, ca. 50 m hoch über dem Meere. Seine reichbewaldeten Ufer stehen nach Osten zu in direkter Verbindung mit den grossen Buchenwaldungen der Stubbnitz über Stubbenkammer nach Sassnitz. Nach Westen zieht sich die Uferwaldung ca. 8 km ununterbrochen an der Küste entlang. Der Strand ist schmal, steinig, der Wellenschlag ist ziemlich kräftig. Die klimatischen Verhältnisse von Lohme sind die denkbar günstigsten. Die Luft ist reich an Ozon und äusserst arm an Kohlensäure. Im Jahre 1912 betrug

	die Luftwärme	die Temperatur des Seewassers
im Juni:	15° C	15° C
„ Juli:	18° C	18° C
„ August:	17° C	18° C
„ September:	14° C	15° C

Industrielle Anlagen störender Art sind nicht vorhanden.

2 Badeanstalten für kalte Bäder, ein Herren- und Damenbad, welch letzteres zu bestimmten Stunden auch als Familienbad dient,

und ein Warmbad sind in ausreichender Grösse vorhanden. Das Badepersonal ist im Rettungswesen ausgebildet, die erforderlichen Rettungseinrichtungen sind vorhanden.

Besondere Kuranstalten bestehen nicht.

Die ärztliche Versorgung der am Ort Erkrankenden geschieht durch den Arzt aus Sagard, der nach getroffener Vereinbarung täglich nach Lohme kommt. Etwa nötige Krankenpflege übernimmt die in Sagard stationierte Krankenschwester. Infektionskranke werden in das Krankenhaus nach Bergen befördert.

Grössere Hotels und Privatwohnungen sind in ausreichender Auswahl vorhanden. Die Preise sind nach Lage und Grösse der Zimmer verschieden, einzelne Stuben pro Woche von 8 M. an, Wohn- und Schlafstube von 15—30 M., volle Pension in den Hotels 4—6 M., Pension auch in einigen Privathäusern zu mässigen Preisen. Wer selbst seine Küche besorgen will, findet in einigen Häusern genügende Kücheneinrichtung. Die Pensionate und Hotels sind gut eingerichtet.

Die Nahrungsmittelversorgung geschieht entweder durch ansässige Lieferanten oder von Sagard aus, von wo das Fleisch geliefert wird. Die Untersuchung des Fleisches wird von angestellten amtlichen Fleischbeschauern ausgeübt, die Milch wird hin und wieder vom Untersuchungsamt in Stralsund zur Prüfung eingefordert.

Die Wasserversorgung geschieht durch Quellwasser, welches von der Quelle in Salsitz bei Lohme durch Wasserleitung in die Häuser geführt wird. Die Beschaffenheit des Wassers ist gut, es ist in mehr als ausreichender Menge vorhanden.

Die Abfallstoffe werden in Gruben beseitigt, die nach Bedarf entleert werden. Eine Kanalisation ist nur zur Ableitung des in den Kellern auftretenden Grundwassers sowie zur Ableitung des Regenwassers vorhanden. Dieselbe mündet zwischen dem Hafen und dem Herrenbad in die See. Die Reinhaltung der in guter Beschaffenheit befindlichen Strassen wird im Sommer täglich bewerkstelligt, Müll und Strassenkehricht wird durch Abfahren auf den Acker beseitigt.

In erster Stelle empfiehlt sich ein Aufenthalt in Lohme für Erholungsbedürftige und Rekonvaleszenten bei Erkrankungen des Nervensystems, wie Nervosität usw.

4. Sassnitz.

Das jetzige Bad ist aus den Orten Crampas im Westen und Sassnitz im Osten hervorgegangen, die bis in die neueste Zeit gesonderte Gemeinwesen waren. Beide Orte sind Ansiedlungen, die im 12. Jahrhundert entstanden sind, und zwar Crampas auf der Höhe der Steilküste, Sassnitz in einer Schlucht, die den Verlauf der Steilküste unterbricht. Crampas war von nur bäuerlicher Bevölkerung, Sassnitz von einer Fischerbevölkerung bewohnt. Seit alter Zeit befand sich auch in Sassnitz eine Kalkbrennerei und ein Mühlengehöft. Im Jahre 1767 hatte Crampas eine Einwohnerzahl von 41, Sassnitz eine solche von 77 Personen. Im Jahre 1860 hatte Sassnitz etwa 200, Crampas 5 Badegäste. Die Wohnhäuser waren vielfach noch Rauchhäuser, d. h. Wohnhäuser, in denen kein Schornstein vorhanden ist. Nach dieser Zeit setzte in Sassnitz die Bautätigkeit ein, die bald einen so grossen Umfang annahm, dass in einem Zeitraum von drei Jahrzehnten das Fischerdorf in eines der grössten Badeorte sich verwandelte. Auch in Crampas entwickelte sich die Bautätigkeit in erheblichem Masse, dadurch rückten die Ortschaften einander immer näher und verschmolzen schliesslich ineinander. Im Jahre 1906 wurden die Orte zu einem Gemeindebezirk Sassnitz vereinigt, der jetzt 2300 Einwohner zählt und vollständig städtischen Charakter zeigt. Der Ort macht von der See aus gesehen einen prächtigen Eindruck mit seinen hellen, meist weiss gestrichenen Landhäusern, die sich von dem dunklen Waldhintergrunde abheben. Besonders schön gelegen sind die Landhäuser, welche hoch oben auf der Steilküste liegen und mit bis zum Strande herabreichenden prachtvollen Gärten versehen sind. Alle Häuser, auch die kleinsten, sind mit Balkons und Veranden versehen. Von allen Seiten ist der Wald und der Strand leicht zu erreichen. In östlicher Richtung schliesst sich an den Ort die wundervolle Buchenwaldung, die Stubnitz, an, die Spaziergänge in derselben gehören zu den schönsten in Deutschland. Glänzend weiss leuchten die schimmernden Kreidefelsen, deren höchste Erhebung der Königsstuhl in Stubbenkammer bildet. Die Steilküstenbildung in der Nähe von Sassnitz ist unstreitig die schönste und grossartigste auf Rügen.

Von Sassnitz, das einen vorzüglichen Hafen besitzt, der zugleich Kohlenstation für die Marine ist, finden täglich ständige Fahrten nach Stubbenkammer und Binz statt, ferner findet sich Gelegenheit zu Ruder- und Segelbootfahrten.

Das Klima ist gemässigt, im Sommer kühler und im Winter wärmer als im Binnenlande. Besonders zeichnen sich die Herbsttage durch ihre Schönheit und Milde aus, wunderbar sind die Spaziergänge in der Stubnitz zu dieser Zeit, wo das Laub sich färbt. Leider ist der Strand sehr schmal und steinig, so dass ein künstlicher Sandstrand geschaffen werden musste.

Die Bevölkerung erwirbt sich ihren Unterhalt vorwiegend durch Vermieten von Wohnungen an Badegäste, deren Zahl im Jahre 1912 auf 26 095 angewachsen ist.

In Sassnitz herrscht nicht nur ein sehr reger Badeverkehr, sondern auch ein sehr lebhafter Durchgangsverkehr, da Sassnitz die Verbindung mittels Dampffähre nach Trelleborg-Schweden vermittelt und von Sassnitz aus Dampferverkehr nach Bornholm und Kopenhagen besteht.

Industrielle Anlagen störender Art sind nicht vorhanden. Die Kalkschlemmereien verursachen keine Störung.

Die Kaltbadeanstalten sind erst neu errichtet, und zwar unter einem Dach, zu beiden Seiten Herren- und Damenbad, in der Mitte das Familienbad. Die Zellen sind sehr gut eingerichtet, Sonnen- und Luftbäder vorhanden.

Das Wartepersonal ist in der ersten Hilfe ausgebildet, die erforderlichen Rettungseinrichtungen sind beschafft.

Das Warmbad ist ebenfalls — 1910 — neu errichtet, in ihm befindet sich zugleich das Gemeindeamt. In dem Warmbad werden warme Seebäder, warme Süsswasserbäder mit und ohne Zusatz von Fichtennadelextrakt oder Sole, kohlensaure Bäder, Sauerstoffbäder, Heissluft-, Dampfbäder, elektrische Licht- und Schwitzbäder, Wechselstrombäder, sowie Kreidebäder, die als Schönheitsbäder zur Verbesserung des Teints dienen sollen, verabfolgt.

Besondere Kuranstalten sind nicht vorhanden.

Die ärztliche Versorgung liegt in den Händen des ansässigen Arztes. Während der Saison ist eine Zweigapotheke vorhanden. Zur Unterbringung von Infektionskranken ist ein Isolierhaus in der Nähe des Waldes erbaut, das zweckentsprechend eingerichtet ist. Desinfektionen werden durch den ansässigen Desinfektor ausgeführt.

Gasthöfe und Wohnungen zu Vermietungszwecken sind in reicher Zahl vorhanden, und zwar von den einfachsten bis zu den elegantesten. Elektrisches Licht ist in alle Wohnungen gelegt.

Die Nahrungsmittel sind im allgemeinen gut, Fleisch wird von den im Orte wohnhaften Schlächtern, welche das Vieh von den benachbarten Gütern kaufen, in genügender Menge geliefert, die Milch von den 2 vorhandenen Molkereien. Im Sommer 1912 liess die Buttermilch öfter zu wünschen übrig.

Die Wasserversorgung geschieht durch die 1908 fertiggestellte Wasserleitung. Nach Enteisenung ist das Wasser vorzüglich.

Die Abwässer werden durch die Kanalisation in einer Entfernung von über 2 km vom Ort in die See geleitet, nachdem die gröbsten Stoffe abgefangen sind. Der Müll wird täglich abgefahren. Die Strassen sind gepflastert, rein, der Bürgersteig mit Platten belegt.

Nicht bloss auf Erholungsbedürftige, sondern auch auf Kranke, die an Skrofulose, Katarrhen der verschiedensten Schleimhäute, Nervosität leiden, wirkt die Meeresluft und die ozonreiche Waldluft wohltuend und kräftigend ein.

5. Binz.

Der Ort war vor 3 Jahrzehnten noch ein Fischerdorf und ist jetzt ein elegantes Weltbad, das einen lebhaften Badeverkehr vom Mai bis in den September aufweist. Der Strand ist breit, sandig, die Strandburgen und Zelte stehen in dichten Reihen hintereinander und nebeneinander in langer Linie und gewähren ein anmutiges, buntes Bild.

Binz liegt eben an der Proraer Wieck und ist von Wald umgeben, nach Norden liegt die Prora, die Kiefern- und Eichenbestand aufweist. Südlich erhebt sich der Strand, die Steilküste ist mit herrlichen Buchen bedeckt (Granitz). Im Rücken des Ortes finden sich einige Erhebungen, so dass Binz nur nach der Seeseite freiliegt.

Das alte Dorf liegt etwa 8—10 Minuten vom Strande entfernt, ist gegen Nord- und Ostwinde geschützt. An dasselbe schliesst sich jetzt, bis an den Strand heranreichend, das neue Badeviertel, das mit eleganten Villen, die teilweise parallel dem Strand errichtet sind, besetzt ist. Fast jedes Haus ist mit Veranden, Balkons und mit einem Garten versehen. Der Ort ist von Wald umgeben. Von der Strandpromenade aus zieht sich der feste Seestrand in gleicher Beschaffenheit nach Norden zwischen den mit Nadelwald bestandenen Dünen und dem Meere eine Meile lang hin. Südlich von Binz zeigt die Küste einen wesentlich verschiedenen Charakter. Schroff zum Meere abfallend, steigt sie oft beträchtlich empor, mit üppigem Buchenwald besetzt, in einer Ausdehnung von einer Meile in der Länge und Breite. Gleich der Stubnitz bietet die Granitz die herrlichsten Partien in ihren Schluchten und Erhebungen. Im Norden

Binz, Seeluftsonnenbad.

wird Binz durch ausgedehnte Kiefern- und Mischwaldungen — die Prora — geschützt.

Die Bevölkerung ernährt sich hauptsächlich durch Zimmervermieten, zum geringsten Teile vom Fischfang. Die Einwohnerzahl beträgt ca. 900. Der grösste Teil der Villen, Hotels und Pensionate, der Geschäfte usw. sind im Winter geschlossen. Die Zahl der Besucher hat im Jahre 1912 22 228 Personen betragen. Für die Unterhaltung des Badepublikums ist durch Vergnügungen aller Art aufs reichlichste gesorgt.

Die See ist mässig bewegt, die Luft frisch und staubfrei. Die Wassertemperaturen schwanken zwischen 18 und 20°, da das ge-

Binz, Familienbad.

schützte flache Wasser in der Bucht leichter von den Sonnenstrahlen durchwärmt wird. Das Klima ist milde bis in den Winter hinein.

Industrielle Anlagen störender Art fehlen.

Von Kureinrichtungen sind 3 grosse Badeanstalten — getrennt für Herren und Damen sowie für Familien, sowie ein neu und praktisch eingerichtetes Sonnen- und Luftbad mit breitem Strand zum Liegen — vorhanden. Ferner besteht ein Warmbad für warme Seebäder, ferner ein orthopädisch-gymnastisches Institut.

In den Seebadeanstalten sind die Rettungseinrichtungen vollständig vorhanden, während der Badezeit fährt vor jeder Anstalt ein mit schwimmkundigen Leuten bemanntes Boot hin und her.

Die ärztliche Versorgung geschieht während der Saison durch 4 Aerzte. Eine Diakonissin ist am Orte stationiert, 2 Zimmer sind als Krankenzimmer eingerichtet. Im Winter ist nur 1 Arzt vorhanden.

Binz, Gemeindewarmbad.

Binz, Garderobe zum Seeluftsonnenbad.

Die Arzneimittel, die während der Saison aus der Zweigapotheke in Binz entnommen werden, werden im Winter aus dem nahegelegenen Putbus bezogen.

Wohnungen sind in grosser Menge vorhanden, in etwa 20 Hotels, 200 Villen und Wirtshäusern. Dieselben sind gut und komfortabel eingerichtet.

Die Versorgung mit Nahrungsmitteln erfolgt vom Ort aus sowie durch die Dampfer aus Stettin und Greifswald. Die Kontrolle wird durch das Nahrungsmitteluntersuchungsamt in Stralsund ausgeführt, das wiederholt in Hotels die Milch beanstandet hat.

Binz wird durch eine zentrale Wasserleitung — aus 6 Tiefbrunnen in der Granitz — mit gutem und reichlichem Wasser versorgt. Die vorhandene Kanalisation — biologische Kläranlage — hat sich bei dem grossen Wachstum des Ortes als ungenügend erwiesen, mit dem Bau einer neuen Anlage ist begonnen worden. Zurzeit werden die Abwässer dem Schmachtersee zugeführt. Der Müll wird in festen, verschliessbaren Wagen abgefahren. Die Strassen sind gepflastert und in gutem, sauberen Zustande.

Binz gilt als Kinderbad und wird bei Skrofulose, Rachitis, Chlorose, Hautausschlägen aufgesucht. Heilerfolge werden ferner erzielt bei akuten und chronischen Knochen- und Gelenkleiden, Rheumatismus, Gicht, Nervenschmerzen, Neurasthenie, bei Rückständen alter Entzündungen der Brust- und Bauchorgane.

6. Sellin.

Sellin hat sich ebenfalls aus einem Fischerdorf, das in der Nähe desSelliner Sees etwa 1 km vom Ostseestrande entfernt lag, entwickelt. Jetzt ist das alte Fischerdorf nahezu verschwunden und eine lange Strasse mit schönen neuen Häusern — Villen — führt bis dicht an den Strand, hinter dem sich nördlich und südlich steil die Küste erhebt. Der Ort liegt am Fusse der Granitz in einer Talschlucht. Nach Süden zu beginnt Kiefern- und Eichenwald. Die Besucherzahl betrug 1905: 8024 Personen, 1912: 14 100 Personen.

Die Bevölkerung betreibt Landwirtschaft, Fischerei und Zimmervermietung an Badegäste.

Das Klima ist milde, entspricht dem von Binz, der Strand ist sandig und ziemlich breit, die Lage des Ortes durch die bewaldeten Dünen eine geschützte. Industrielle Anlagen störender Art fehlen.

Die Kureinrichtungen bestehen in 3 kalten Seebadeanstalten, die gut eingerichtet und mit allen Rettungseinrichtungen versehen sind. Ferner ist ein komfortables Warmbad mit Lesesaal und Kurhaus errichtet.

Ausserdem besteht ein dem ansässigen Arzt gehöriges Sanatorium mit Sonnen-, Licht- und Luftbädern, mit Einrichtungen für elektrische usw. Bäder sowie ein Kinderheim.

Ein Arzt ist vorhanden, im Sommer eine Saisonapotheke. Krankenpflegepersonen sind am Orte nicht stationiert. Für die Ab-

Sellin, Uferpartie.

Alt-Sellin, Bauernhaus.

sonderung von Kranken sind 2 Isolierräume vorhanden. Die Desinfektion wird durch den Kreisdesinfektor ausgeführt.

Etwa 120 Villen und 15 Hotels bieten genügende und gute Unterkunft für die Badegäste. Elektrisches Licht ist in fast alle Häuser gelegt.

Frisches Gemüse wird am Orte, aus Putbus und Stettin, frisches Fleisch wird durch die 3 dort wohnhaften Schlächter geliefert; die grösseren Hotels beziehen auch Fleisch aus Greifswald und Stettin. Fleischbeschauer sind vorhanden. Milch wird aus den nahen Bauerndörfern geliefert; sie wird wöchentlich untersucht.

Die Wasserversorgung erfolgt durch das nahe Wasserwerk aus Tiefbrunnen. Nach Enteisenung ist das Wasser ausgezeichnet, es ist in reichlicher Menge vorhanden.

Sellin hat Kanalisation (Trennsystem); die Abwässer werden in einen Klärbrunnen geführt, von wo aus die flüssigen Teile auf ein Rieselfeld geleitet werden und dann in den Selliner See fliessen; die festen Teile aus dem Klärbrunnen werden beerdigt. Die Müll-

Sellin, Brücke mit Strand.

beseitigung geschieht durch die Gemeinde in Müllwagen, die Reinhaltung der Strassen wird ebenfalls durch die Gemeinde bewirkt.

Bei den meisten Formen der Skrofulose, bei Katarrhen der Schleimhäute, Nervosität hat der Aufenthalt günstig gewirkt, ferner wird Sellin viel von Rekonvaleszenten und Erholungsbedürftigen aufgesucht.

7. Baabe.

Der Ort liegt auf der Halbinsel Mönchgut zwischen den Seebädern Göhren und Sellin nur etwa 10 Minuten von dem steinfreien Ostseestrand entfernt. Er ist im Osten und Süden von prächtigem Nadel- und Laubwald, im Westen vom Selliner See umsäumt. Die Häuser, welche zu beiden Seiten der Landstrasse liegen, zeigen vorwiegend noch ländlichen Charakter und weisen auf den Erwerb der Bevölkerung, der in Fischfang und Landwirtschaft besteht, hin.

Die Besucherzahl ist von 651 Personen im Jahre 1905 auf 2783 Personen im Jahre 1911 gestiegen.

Der Ort ist von allen Seiten, auch gegen die See durch die bewaldeten Dünen gegen Winde geschützt, hat das Inselklima. Die Luft ist rein und staubfrei. Industrielle Anlagen störender Art sind nicht vorhanden.

Von Kureinrichtungen sind vorhanden: 1 Damenbad, 1 Herrenbad, 1 Familienbad. Alle 3 Bäder sind mit Sonnen- und Luftbädern versehen. Rettungseinrichtungen sind in ausreichendem Masse beschafft und das Personal damit vertraut.

Besondere Kuranstalten fehlen.

Die ärztliche Versorgung geschieht durch den Arzt in Göhren. Für die Krankenpflege bestehen keine Einrichtungen.

Die in den letzten Jahren erbauten neuen Villen und Häuser sind der Neuzeit entsprechend eingerichtet und bieten den Sommergästen bequeme und gesunde Wohnungen. Nur die Fischerhäuser sind in der ländlichen Bauart gehalten, aber dennoch sauber und rein, so dass viele Gäste diese mit Vorliebe aufsuchen und daselbst Wohnung nehmen.

Die Nahrungsmittelversorgung geschieht von den Geschäftsleuten im Orte. Bezugsquellen sind: Stettin, Stralsund, Greifswald, Bergen, Putbus und der Ort selbst. Das Fleisch wird im Orte vom Schlächter, auch zum Teil von ausserhalb bezogen und von dem Fleischbeschauer geprüft.

Die Wasserversorgung findet im allgemeinen aus Brunnen von 9—10 m Tiefe statt. Nur einzelne alte Häuser haben Kesselbrunnen. Wasser ist in genügender Menge vorhanden und gut, nur ein wenig eisenhaltig.

Die Beseitigung der Abfallstoffe geschieht in den Villen durch Eimersystem, durch Anlage von Spülklosetts oder in besonderen Abortanlagen mit gemauerten Gruben im Hofraum. Alle Abwässer werden in eine vorgeschriebene, ausgemauerte Grube gebracht, zum Herbst entleert und auf den Acker geleitet. Die Strassen werden durch den Gemeindediener gereinigt.

Alle chronischen Krankheiten, Halsleiden, Nervenkrankheiten, Hautkrankheiten, skrofulöse Erscheinungen bei Kindern, skrofulöse Drüsenanschwellungen und katarrhalische Krankheiten, Blutarmut werden günstig beeinflusst.

8. Göhren.

Göhren ist von drei Seiten von Wasser umgeben und liegt auf Hügeln, so dass die Luft rein und kräftig ist. Vor rauhen Winden ist es gegen Norden, Westen und Osten durch die umschliessenden Wälder — Laub- und Kiefernbestände — geschützt. Der Strand ist vortrefflich, breit und steinfrei. Im Osten des Ortes zieht sich der Göhrensche Hövt hin, eine etwa 60 m hohe, ziemlich lange und breite, sich in das Meer hinausschiebende Hügelkette. Dieselbe ist zum Teil mit herrlichem Laubwald bestanden und bietet sehr schöne Fernsichten.

Göhren hat sich aus einem kleinen Fischerdorf, dessen Bevölkerung jetzt noch Landwirtschaft, Fischerei, hauptsächlich aber das Vermieten von Wohnungen an Badegäste betreibt, zu seiner jetzigen Grösse entwickelt.

Die Besucherzahl hat im Jahre 1912 14 138 Personen betragen.

Industrielle Anlagen störender Art sind nicht vorhanden.

Die Kureinrichtungen bestehen in 3 Kaltbadeanstalten und einem Warmbad. Die erforderlichen Rettungseinrichtungen sind vorhanden.

Besondere Kuranstalten bestehen nicht.

Arzt, Krankenschwester, Desinfektor sind am Orte. Zur Unterbringung von Infektionskranken ist eine Döckersche Baracke aufgestellt, die besser in Ordnung gehalten werden muss.

Die Gasthöfe und Privatwohnungen sind gut eingerichtet und entsprechen allen Anforderungen.

Die landwirtschaftlichen Produkte liefert hauptsächlich die Königliche Domäne Philippshagen sowie die hier ansässigen Bauern. Konserven und Fleisch werden von ausserhalb bezogen.

Der Ort wird durch eine zentrale Wasserleitung — Tiefbrunnen und Enteisenungsanlage — mit reichlichem und gutem Wasser versorgt.

Göhren hat Kanalisation. In 2 Absitzbecken nahe am Südstrande werden die gröbsten Stoffe zurückgehalten. Aus denselben gelangen die Abwässer dann ohne Klärung durch eine Rohrleitung in die See. Nach Schluss der Saison bis Mitte Mai werden die Abwässer aus dem nördlichen Teil des Ortes, welche in 3 Bassins im Warmbade gesammelt und während der Badesaison in das Kanalrohr gehoben werden, so dass sie während dieser Zeit ebenfalls am Südstrande in die See abgeführt werden, am Nordstrand in der Nähe des Damenbades der See zugeführt. Die Strassen sind in gutem Zustande, werden im Sommer täglich gesprengt und gereinigt.

Bei Nervenkrankheiten allgemeiner und lokaler Art, Neurasthenie, Nervosität, chronischen Katarrhen der Respirationsorgane und leichtem Emphysem, leichten Magen- und Darmkrankheiten wirkt der Aufenthalt günstig.

9. Thiessow.

Der Ort liegt an der Südspitze von Mönchgut, ist ringsum von Wasser umgeben, im Osten und Süden von der Ostsee, im Westen vom Greifswalder Bodden, im Norden von Zickersee. Als Badeort hat Thiessow nur geringe Bedeutung, es zeigt noch durchweg ländlichen Charakter. Die Bewohner leben vom Fischfang und Landwirtschaft.

Die Besucherzahl betrug im Jahre 1912 1901 Personen.

In nächster Nähe befindet sich Laub- und Nadelwald, die Dünen, hinter denen die Ortschaft liegt, sind ebenfalls bewaldet. Industrielle Anlagen störender Art fehlen.

Kalte Seebäder befinden sich an der Ost- und Westseite, sind mit Luft- und Sonnenbädern versehen. Das Warmbad, in der Nähe des Oststrandes gelegen, enthält nur 4 Zellen, ist sauber und gut. Die Rettungseinrichtungen genügen. Besondere Kuranstalten fehlen.

Die ärztliche Versorgung geschieht durch den Arzt aus Göhren. Infektionskranke müssen nötigenfalls nach Bergen transportiert werden.

Wohnungen sind im allgemeinen einfach und in genügender Zahl vorhanden — 4 Hotels und 40 Privathäuser —, in letzteren sind Wohnungen mit und ohne Küche erhältlich.

Fleisch wird von Lobbe, Göhren und Greifswald bezogen. Die Milch wird aus dem Orte geliefert.

Die Wasserversorgung geschieht durch Brunnen (Abbessinier-Bohrbrunnen) und durch Pumpen. Das Wasser ist stellenweise sehr gut und reichlich vorhanden, stellenweise lässt es zu wünschen übrig.

Die Abfallstoffe werden in dichten Gruben gesammelt und nach Bedarf aufs Feld abgefahren. Die Strassen sind sauber.

Thiessow zeigt einen einfacheren Charakter als die vorgenannten grösseren Bäder. Die Heilfaktoren sind im grossen und ganzen dieselben: das milde Klima, der gute Wellenschlag, die reine und staubfreie Luft.

10. Lauterbach.

Der Ort liegt an der südlichen Küste Rügens, direkt am Rügenschen Bodden, die Einwohnerzahl beträgt 250. Es wird Landwirtschaft und Fischfang betrieben. Gegen Nord- und Ostwinde ist es geschützt, in nächster Nähe liegt Nadel- und Laubwald — die Goor.

Die Besucherzahl ist gering. Das Klima ist mild. Industrielle Anlagen störender Art fehlen.

Eine Badeanstalt für kalte und warme Seebäder ist im Friedrich-Wilhelmsbad vorhanden.

Im Ort selbst gibt es keinen Arzt, keine Apotheke, keine Pflegeperson und keine Räume zur Unterbringung von Kranken. Die nächste ärztliche Hilfe ist aus dem 2 km entfernten Putbus zu holen.

Fleisch wird aus Putbus bezogen, Milch, Butter, Eier aus dem Dorf selbst.

Die Wasserversorgung erfolgt durch Brunnen und ist einwandfrei.

Die Abfallstoffe werden in dicht gemauerten Gruben gesammelt. Die Strassen sind gepflastert und sauber.

Gegenüber Lauterbach liegt die idyllische Insel Vilm, die viel besucht wird.

Lauterbach ist als Vorort von Putbus zu bezeichnen, da von hier aus der grösste Besuch kommt. Sonst wird Lauterbach nur als Luftkur- und Erholungsort aufgesucht. Zur Aufnahme von Fremden dienen einige Logierhäuser und die Privathäuser.

11. Neuendorf.

Dieser Ort hängt mit Lauterbach unmittelbar zusammen und ist mit Putbus durch eine schöne Allee verbunden. Die Häuser liegen sämtlich am Strande. Im Westen bilden die Grenze die Neuendorfer Kiefern. Die Zahl der Einwohner beträgt 200. Seit ca. 15 Jahren kommen Sommergäste dahin, die gerade die einfachen Verhältnisse bevorzugen. Die Wohnungen sind einfach, nur ein Gasthaus ist vorhanden. Besondere Badeanstalten sind nicht vorhanden. Im übrigen trifft hier auch das über Lauterbach Gesagte zu.

12. Altefähr.

Altefähr ist ein einfaches, aber von den Stralsundern sehr gern aufgesuchtes Seebad, es liegt an der Westküste Rügens am Strelasund gegenüber Stralsund und mit dieser Stadt durch die Eisenbahntrajekte, sowie stündlichen Dampferverkehr verbunden, es hat schöne, auf leicht ansteigendem, hügeligem Terrain gelegene Parkanlagen.

Die Besucherzahl ist gering und ständig zurückgegangen.

Die Bevölkerung betreibt Landwirtschaft und Fährbetrieb. Das Klima ist mild, der Strand ist feinkörniger Sand. Industrielle Anlagen störender Art fehlen.

2 gut eingerichtete Badeanstalten für kalte Bäder sind vorhanden.

Arzt und Apotheke sind am Ort. Bei der Nähe Stralsunds sind besondere Massnahmen zur Unterbringung Infektionskranker nicht erforderlich.

Die Wohnungen sind im allgemeinen einfach. 5 Gasthöfe sind vorhanden, ferner stehen eine Anzahl von Wohnungen in Privathäusern zur Verfügung.

Die Nahrungsmittel-Versorgung gibt zu Bedenken keinen Anlass.

Der Ort wird aus Kesselbrunnen mit Wasser versorgt, das Wasser ist reichlich und gut.

Die Abfallstoffe werden im Dunghof und auf Dunggruben angesammelt und nach Bedarf abgefahren. Die Hauptstrassen sind gepflastert und werden von der Chausseeverwaltung gereinigt, die Nebenstrassen von den Besitzern.

13. Wieck.

Wieck, das grösste Dorf auf der Halbinsel Wittow, liegt am Wiecker Bodden. Gegen Westen ist es durch die auf der Halbinsel Berg gelegenen Waldungen geschützt. Wald fehlt in der Nähe. Als Badeort ist Wieck von nur geringer Bedeutung, der Strand ist rein und steinfrei. Die Bevölkerung betreibt Landwirtschaft und Fischfang.

Industrielle Anlagen fehlen.

Besondere Kureinrichtungen bestehen nicht. Am Strand befindet sich eine Badebude, die dem Badeverein gehört. Am Ort ist ein Arzt ansässig. Für die Pflege und Unterbringung von Infektionskranken ist nicht gesorgt.

Die Wohnungen, sowohl in den Privathäusern als auch in den 3 Gasthäusern, sind einfach.

Die Nahrungsmittel: Milch, Butter, Eier werden gut aus dem Ort bezogen, Fleisch kann aus dem Ort geliefert werden, wird aber auch von Stralsund aus mitgebracht.

Das Wasser ist gut und einwandsfrei, wird Brunnen entnommen.

Die Abfallstoffe werden in Gruben und Dungstätten angesammelt und nach Bedarf abgefahren.

14. Hiddensee.

Hiddensee ist eine langgestreckte Insel an der Westküste Rügens mit den als Badeorte in Betracht kommenden Dörfern Grieben, Kloster, Vitte und Neuendorf. Die Dörfer liegen auf der Ostseite der Insel am Bodden. Die ganze Insel ist 17 km lang und etwa 240 m bis 1,82 km breit. Der Nordteil ist bergig mit etwa 30 Höhenkuppen, die 70 m oder mehr emporsteigen und zur See hin schroff abfallen. Dieser Teil — der Dornbusch — ist kein Dünenhügel, sondern besteht aus einem Untergrund von hartem Mergel, Lehm und Ton, der oben mit Flugsand bedeckt und fast überall grün bewachsen ist. Ein Kiefernwald von mehr als 2 km Länge zieht sich auf den nach dem Meere schroff und steil abfallenden Höhen hin, von denen man eine weite Aussicht auf die Insel Rügen und bis nach Stralsund hat. Am Fusse des Dornbusches liegen die beiden Dörfer Grieben und Kloster. An den bergigen Nordteil schliesst sich das Flachland mit seinen weiten Heideflächen und ganz ansehnlichen Dünenhügelketten an. Im August ist die Heide wie ein bunter Teppich mit blühendem Heidekraut und sonstigen Blumen bedeckt. Infolge ihrer Eigenart und ihres Liebreizes wird die Insel immer mehr von Badegästen besucht.

Die Bewohner, deren Zahl 828 beträgt, ernähren sich vom Fischfang. Die Besucherzahl, die im Jahre 1909 300 betrug, ist im Jahre 1912 auf 1265 Personen gestiegen.

Das Klima ist milde und bei skrofulösen und chronischen Katarrhen sehr günstig wirkend. Der Wellenschlag ist kräftig, nur selten bei Ostwind liegt das Meer ruhig und still da.

Industrielle Anlagen sind nicht vorhanden.

Kur-Einrichtungen fehlen. Die Besitzer der Gasthöfe und Privathäuser haben für ihre Mieter am Seestrande, der in wenigen Minuten zu erreichen ist, Badehäuschen aufgestellt. Das Badeleben ist ungezwungen, fast den ganzen Tag verbringen die Gäste am Strande liegend nur mit Badehose oder Badeanzug bekleidet. Der Strand ist sandig, aber am Nordteil stark mit Steinen durchsetzt.

Ein Arzt ist in Vitte, dem Hauptort, vorhanden, derselbe führt auch eine Hausapotheke. Krankenpflegepersonen und Desinfektor fehlen. Kranke können in Hiddensee nicht untergebracht werden, sie müssen nach Stralsund mittels Dampfer, der einzigen bestehenden Verbindung, gebracht werden.

In Kloster, dem Hauptverkehrsort, sind 2 neue Pensionate und

Hotels erbaut worden, die allen Anforderungen entsprechen. Im übrigen sind einfache Wohnungen bei den Fischern zu haben. Die alten Häuser haben zum grossen Teil schon neuen freundlichen Gebäuden Platz gemacht, in denen zum Vermieten geeignete Zimmer eingebaut sind. Um die Häuser sind Gärten angelegt und Holzlauben aufgestellt.

Die Nahrungsmittel: Butter, Eier, Fleisch werden durch die Dampfer aus Stralsund bezogen und die Milch wird vom Gutshof und von einigen Fischern entnommen.

Fast jedes Haus hat einen eigenen Brunnen — Pumpe —, das Wasser ist gut und ausreichend.

Die Abfallstoffe werden in Dunggruben angesammelt und nach Bedarf abgefahren.

Die Strassen — Landstrassen — sind ungepflastert.

4.

Die Seebadeorte im Gebiete der Freien und Hansestadt Lübeck.

Von

Med.-Rat Dr. **Riedel** in Lübeck.

Travemünde.

Travemünde ist das zweitälteste Ostseebad. Seine Entstehung im Jahre 1802 verdankt es dem rührigen Betreiben einiger Lübecker Bürger, insonderheit der Aerzte Dr. Wallbaum, Dr. Danzmann und Dr. Brehmer. Schon früher, in den Jahren 1793 und 1794, hatte ein Travemünder Einwohner Lohmann Projekte zur Errichtung eines Seebades entworfen, die aber aus Mangel an Mitteln nicht zur Ausführung gekommen waren. Die Lübecker konnten sich um die Wende des Jahrhunderts vielleicht um so eher zu diesem auf Anteilscheine gegründeten Unternehmen entschliessen, als auch in Hamburg in der Patriotischen Gesellschaft der lebhafte Wunsch nach der Errichtung eines nahegelegenen Ostseebades geltend gemacht worden war. Als Grundstock der späteren Seebadeanstalt entstanden zunächst ein Kurhaus, ein Kurpark und ausgedehnte Gartenanlagen, während die Seebäder in „Bademaschinen", zweirädrigen Badekarren, verabfolgt wurden. Auch ward in einem kleinen Warmbadehause mit 4 Zellen für warme Seebäder gesorgt. Schon im ersten Jahre belief sich die Zahl der Seebäder auf über 3000. Die Kriegszeiten veranlassten einen Rückgang, auf den aber nach Vertreibung der Franzosen im Jahre 1814 ein schnelles Aufblühen des Seebades erfolgte. Begünstigt wurde dieser Aufschwung durch den Fall der bis dahin vorhandenen Festungswerke. Auch die im Jahre 1820 neben dem Bade eingerichtete Spielbank, welche erst 1872 aufgehoben worden ist, hat zweifellos einen Anziehungspunkt für den Besuch des Bades dargestellt. Es war demnach nicht zu verwundern, dass nach Aufhebung der Spielbank zunächst ein Stillstand eintrat, der erst gründlich überwunden wurde, als im Jahre 1898 der Lübeckische Staat für 520000 Mark die bis dahin in Privatbesitz befindliche Seebadeanstalt übernahm unter sofortiger Weiterveräusserung der Hotelanlagen. Seitdem hat der Badeort Dank den reichen Aufwendungen des Staates Lübeck (ca. 740000 M.) einen glänzenden Aufschwung genommen, so dass er zu den best eingerichteten Ostseebädern gerechnet werden darf. Aus dieser Periode der staatlichen Verwaltung durch das Finanzdepartement, Sektion Travemünde, datieren die modernen Errungenschaften, eine 1100 m lange, 20 m breite Strandpromenade, das 1901 in Betrieb genommene neue Warmbadehaus, ein Liegeplatz für Segeljachten u. a. mehr.

Während die Einwohnerzahl des Städtchens Travemünde sich im Laufe eines Jahrhunderts kaum mehr als verdoppelt hat — die Einwohnerzahl betrug im Jahre 1800 : 900, 1890 : 1689, 1900 : 1849, 1910 : 2138 —, ist die Zahl der Kurgäste ausserordentlich angewachsen. Sie belief sich neben den zahlreichen Passanten, die aus den nahen Grossstädten Hamburg und Lübeck herüberkommen, im Jahre 1850 auf 2000, 1870 : 3000, 1910 : 10590, 1911 : 12700, 1912 : 11535, 1913 vom 1. 6.—20. 9.: 13743.

Travemünde wird zum ersten Male 1148 erwähnt, als ein befestigter Turm, der den Holsteinern zu Verteidigungszwecken und zur Zollerhebung diente. Bald entstand daneben eine Ansiedelung von Fischern und Schiffern. Im Jahre 1217 fand unter dem dänischen Statthalter Albrecht von Orlamünde eine ansehnliche Erweiterung der Befestigung statt. Nach mehrfachem Besitzerwechsel, nachdem auch schon von 1247 ab Turm und Ansiedlung einige Jahrzehnte in Lübeckschen Händen gewesen waren, wurde der Turm im Jahre 1320, der Ort Travemünde 1329 endgültig Eigentum Lübecks. Die Verwaltung erfolgte bis 1879 durch einen Vogt oder Amtsverwalter, seitdem durch einen Gemeindevorstand unter Aufsicht des Stadt- und Landamts in Lübeck. Am 1. April 1913 ist die Gemeinde Travemünde zusammen mit der Nachbargemeinde Gneversdorf, zu welcher bisher Neutravemünde gehörte, als Stadtteil „Seebad und Kurort Travemünde“ in Lübeck eingemeindet worden. Für den genannten Stadtteil ist eine besondere „Behörde für Travemünde“ eingesetzt, gebildet aus 3 Mitgliedern des Senats und 7 bürgerlichen Deputierten, von denen 4 ihren Wohnsitz im Kurort und Seebad Travemünde haben müssen. Diese Behörde hat die Interessen Travemündes wahrzunehmen, insonderheit das Badewesen zu verwalten, und besitzt das Recht selbständiger Initiative und unmittelbarer Berichterstattung an den Senat.

Travemünde hat 2 Bahnhöfe (Travemünde-Stadt und Travemünde-Strand) und ist mit Lübeck, von dem es in der Luftlinie 15,43 km entfernt ist, durch eine Eisenbahnlinie von 19,74 km verbunden, auf welcher in jeder Richtung im Sommer täglich 17—18 Züge, im Winter 10 Züge für den Personenverkehr vorgesehen sind. Die Fahrzeit beträgt 23—30 Minuten; von Hamburg kann Travemünde in $1^1/_2$ Stunden, von Berlin in $4^1/_2$ Stunden erreicht werden. Ausserdem besteht im Sommer zwischen Lübeck und Travemünde eine täglich 4malige Dampferverbindung in jeder Richtung, bei einer Fahrtdauer von $1^1/_2$—2 Stunden.

Die frühere Bedeutung als Hafenstadt hat Travemünde verloren, seitdem durch die Regulierung der Trave und ihre Vertiefung auf 8 m der gesamte Schiffsverkehr stromaufwärts nach Lübeck oder Herrenwyk geht.

Die einheimische Bevölkerung Travemündes sucht ihren Erwerb vorwiegend in Fischerei, in Schifffahrt und in der Fürsorge für die Fremden. Nur ein geringer Bruchteil beschäftigt sich mit der Landwirtschaft.

Von industriellen Anlagen findet sich nur eine ausserhalb des Orts gelegene Ziegelei.

Unter 53° 57' nördlicher Breite liegt Travemünde am linken Ufer der Trave unmittelbar an der südwestlichsten Ausbuchtung der Ostsee, der nach Nordosten weit geöffneten Lübecker Bucht. Durch einen teilweise bewaldeten Höhenrücken ist Travemünde gegen Nordwinde geschützt. Ein aus Laubwald gebildeter Hain findet sich nahe dem Strande zwischen Kurhaus und Travenmündung, während auf dem nordwärts gelegenen hohen Brothener Ufer vor einer Reihe von Jahren eine Aufforstung mit Laub- und wenig Nadelgehölz stattgefunden hat. Ferner liegt auf dem rechten Travenufer auf dem Priwall zwischen Rennbahn und Ferienkolonie ein Kieferngehölz. Grössere zusammenliegende Waldungen sind bei Waldhusen, 6 km landeinwärts von Travemünde, vorhanden und mit der Bahn in 14 Minuten zu erreichen.

Bei Vorherrschen von südwestlichen Winden und von östlichen Seewinden zeichnet sich die Luft durch Reinheit, Staubfreiheit, Feuchtigkeit und einen meist reichlichen Ozongehalt aus. Für die Staubfreiheit der gut gepflasterten Strassen wird durch Sprengen gesorgt, während die Reinheit der Luft und die Fernhaltung störender Geräusche durch das gesetzliche Verbot industrieller Anlagen im Bereich des Badeortes gewährleistet ist.

Das Travemünder Klima ist ein gleichmässiges Küstenklima, die mittlere Monatstemperatur beträgt im Mai 11,2°, Juni 15,2°, Juli 17,1°, August 16,2°, September 13,4°. Gewitter und Regentage sind verhältnismässig selten, wesentlich seltener als in Lübeck oder gar in Hamburg. Das gilt besonders von den Sommermonaten und den Gewitterperioden. Die von Südwesten heranziehenden Gewitter teilen sich häufig über den grossen Wasserbecken der Salztrave oberhalb Travemündes (Poetenitzer Wiek und Dassower See), so dass der eine Teil nördlich nach Holstein, der andere südlich nach Mecklenburg und an der Küste entlang zieht, während Travemünde verschont bleibt.

Die Zahl der Regentage betrug von 1903 bis 1911 in Travemünde jährlich durchschnittlich um 15,7 Regentage weniger als in Lübeck (176,6 gegen 191,3). Die Niederschlagsmenge belief sich in Travemünde in dem genannten 9jährigen Zeitabschnitt im Durchschnitt jährlich auf 555,76 mm gegen 578,02 mm in Lübeck und gegen 677,03 mm in Hamburg. Die Verteilung von Niederschlagsmenge und Regentagen auf die einzelnen Monate für die Zeit von 1903 bis einschliesslich September 1912 ist aus nachstehender Zusammenstellung ersichtlich.

1903/1912	Januar	Februar	März	April	Mai	Juni
Niederschlagsmenge in mm	41,5	44,3	34,9	40,5	37,9	56,9
Zahl der Regentage . .	15,4	16,—	14,—	15,8	12,3	12,3

1903/1912	Juli	August	Sepbr.	Oktober	Novbr.	Dezbr.
Niederschlagsmenge in mm	56,9	70,9	44,3	53,7	46,3	37,8
Zahl der Regentage . .	15,6	17,3	13,2	15,—	15,—	15,3

Es ergibt sich also, dass in Travemünde wie überhaupt in der norddeutschen Tiefebene das monatliche Mittel der Niederschlagsmenge, für Travemünde 47,16 mm, in den Sommermonaten Juni, Juli und August überschritten wird, im August mit 70,9 mm sein Maximum erreicht, während die geringsten Niederschlagsmengen im Mai und Dezember auftreten.

Die durchschnittliche Zahl der Regentage beträgt in Travemünde für den Monat 14,76 (in Lübeck 15,9). Ueber diesem Durchschnitt steht wiederum der August mit 17,3 Regentagen, während Mai, Juni und September mit der geringen Zahl von 12,3 bzw. 13,2 sich am günstigsten verhalten.

Die Temperatur ist in der kalten wie in der warmen Jahreszeit gemässigter als im Binnenlande, namentlich in den heissen Sommertagen. Im Winter ist es besonders bis Mitte Januar milder als wenige Meilen landeinwärts. Sobald im Sommer im Binnenlande eine grosse Hitze einsetzt, tritt in Travemünde ganz lokal die Erscheinung der tropischen Land- und Seebrise auf, es stellt sich an schönen trockenen Sommertagen ein leichter beständiger Nordost ein, der gegen Abend, wenn es kühler wird, vollständig abflaut, um gegen Morgen einem leichten Westwinde Platz zu machen. Wenn dann vormittags die Sonne wieder mehr Macht gewinnt, zwischen 9 und 10 Uhr, setzt abermals eine leichte Nordostbrise ein. Diese Erscheinungen, die sich aus der verschiedenen Schnelligkeit der Erwärmung von Land und Wasser erklären, sind ganz lokaler Natur und schon in Entfernung von wenigen Kilometern seewärts nicht mehr zu beobachten.

Bei Fehlen von Ebbe und Flut lassen die Wasser- und Stromverhältnisse doch bei normaler Witterung ein regelmässiges Steigen und Fallen um einige Zentimeter in $5^1/_2$ stündigen Perioden wahrnehmen. Ein unregelmässiges oder stärkeres Verhalten des Stroms ist stets ein sicheres Zeichen herannahenden Unwetters oder plötzlichen Umspringens des Windes.

Der mittlere Wasserstand ist etwa 19—20 cm unter Normal Null.

Bei stürmischer Witterung kommt es zu erheblichen Schwankungen des Wasserstandes. Von stärkeren Sturmfluten ist Travemünde nur dreimal heimgesucht worden, nämlich am 3. November 1320, am 10. Februar 1625 und am 13. Oktober 1872. Bei dieser letzten Sturmflut stieg der Wasserstand bis 3,30 m über Mittelwasser.

Der Salzgehalt des Seewassers ist entsprechend der Lage Travemündes im westlichen Abschnitte der Ostsee verhältnismässig hoch, beträgt etwa 1,5 pCt. und wird nur von wenigen Ostseebädern übertroffen. Sein monatliches Mittel schwankt zwischen 1,37 und 1,78 pCt. Das spezifische Gewicht des Seewassers hält sich zwischen 1,0104 und 1,0136.

Kureinrichtungen. Für kalte Seebäder findet sich in Travemünde auf dem linken Traveufer nahe der nördlichen Mole eine moderne Badeanstalt mit Herrenbad, Damenbad und dazwischen gelegenem Familienbad, im ganzen etwa 180 Ankleidezellen enthaltend. Die drei grossen Bassins sind in Abteilungen für Kinder, Schwimmer und Nichtschwimmer abgegrenzt, sind seitlich und nach dem Lande zu durch Lattenwerk abgeschlossen, aber nach der Seeseite offen.

Travemünde zeichnet sich durch einen guten, sandigen, ungefährlichen Badestrand aus. Da die See für gewöhnlich eines stärkeren

Wellengangs entbehrt, so kann man unbedenklich innerhalb der Badeanstalt wie auch ausserhalb derselben in freier See schwimmen, wobei eine dem Strand parallel verlaufende, seewärts gelegene Sandbank einen willkommenen Ruhepunkt bietet.

Das im Jahre 1900 fertiggestellte Warmbadehaus für warme Seebäder enthält ausser einem Familienbad 20 einzelne Badezellen mit halbvertieften, gemauerten, mit Mettlacher Platten bekleideten Wannen, ferner einen Dusche- und Massageraum, ausserdem Kohlensäure-, Dampfkasten-, elektrisches, Licht- und Sandbad und Einrichtungen für medizinische Bäder jeder Art. Die Badepreise betragen in der Seebadeanstalt für Erwachsene 30 und 40 Pfg., für Kinder unter 12 Jahren 20 und 30 Pfg., Monatskarten 7,50 M. bzw. 4,50 M., Saisonkarten 15 M. bzw. 7,50 M. Im Warmbadehause für Erwachsene 1,20 M., für Kinder unter 12 Jahren 80 Pfg., je 10 Karten 10 M. bzw. 7 M.

Auf der östlich der Travemündung gelegenen, 157 ha grossen Priwallhalbinsel, welche durch eine schmale Landzunge mit dem Mecklenburger Festland in Verbindung steht, findet sich eine einfache Seebadeanstalt mit Gelegenheit zu Sonnen- und Luftbädern. Der Preis für das Bad stellt sich hier für Erwachsene auf 20 Pfg., für Kinder auf 10 Pfg. Nach 6 Uhr kann die Badeanstalt unentgeltlich benutzt werden.

Die Travemünder Badeanstalten sind zum Schutze der Badegäste mit den notwendigen Rettungsvorrichtungen versehen.

Am linken Ufer der Trave, nahe ihrer Mündung, liegt die Station zur Rettung Schiffbrüchiger, ausgerüstet mit Rettungsboot, Raketenapparat und sonstigem Zubehör.

Auf dem breiten sandigen Strande Travemündes ist reichlicher Raum zur Entfaltung des Strandlebens in Strandkörben und Sandburgen. Etwaige keuchhustenkranke Kinder werden durch die Strandordnung einem besonderen Abschnitte des Strandes zugewiesen.

Eine bequeme und billige Gelegenheit, die Meerluft auf der See selbst zu geniessen, wird durch die zahlreichen Dampfer des Ostseebäderdienstes gegeben, durch welche Travemünde mit den benachbarten Bädern, der Neustädter Bucht, Niendorf, Timmendorf, Scharbeutz, Haffkrug, Neustadt, sowie den holsteinischen und mecklenburgischen Bädern Dahme, Kellenhusen, Boltenhagen, Brunshaupten, Arendsee in Verbindung steht.

Als Kureinrichtungen im weiteren Sinne sind mannigfache

Veranstaltungen zu erwähnen, wie sie auch in anderen Badeorten stattfinden, musikalische Darbietungen, Gelegenheit zu Ruder- und Segelfahrten, Tennisplätze, Fussballwettspiele, Concours hippique, Poloturnier. Eigenartig aber für Travemünde sind die Rennen, die alljährlich auf der 1882 hergestellten Rennbahn auf dem Priwall abgehalten werden, und die Travemünder Segelregatta, die sich seit 1891 jeweils an die Kieler Woche anschliesst — Ereignisse, die den sonst ruhigen Charakter des Travemünder Kurlebens vorübergehend völlig verändern.

Die Kurzeit dauert vom 1. Mai bis 15. September. Zur Entrichtung der Kurtaxe ist verpflichtet, wer sich in der Zeit vom 1. Juni bis 14. September länger als an drei auf einander folgenden Tagen in Travemünde aufhält, ohne daselbst dauernd zu wohnen.

Die Kurtaxe beträgt nach der Verordnung vom 30. April 1913

a) bei einem Aufenthalt bis zu insgesamt 14 Tagen im Laufe der Saison:

für eine Person	4 M.
„ „ Familie von zwei Personen	7 „
„ „ „ „ drei „	10 „
„ „ „ „ vier „	12 „
„ „ „ „ fünf Personen und mehr .	14 „

b) bei einem Aufenthalt von mehr als 14 Tagen im Laufe der Saison:

für eine Person	8 M.
„ „ Familie von zwei Personen	12 „
„ „ „ „ drei „	16 „
„ „ „ „ vier „	20 „
„ „ „ „ fünf Personen und mehr .	24 „

Dauert der Aufenthalt länger als 14 Tage und ist die Kurtaxe nur für 14 Tage bezahlt worden, so wird der bereits bezahlte Betrag auf den Gesamtbetrag angerechnet.

Der Besitz einer gültigen Kurkarte oder Nebenkarte berechtigt

a) zur unentgeltlichen Benutzung des Lesezimmers,

b) zur Teilnahme an unentgeltlichen Veranstaltungen der Kurverwaltung gegen Zahlung eines ermässigten Eintrittsgeldes,

c) zur Mietung von Strandkörben zu ermässigten Preisen,

d) die Saisonabonnenten der Lübecker Badeanstalten, die Travemünder Seebadeanstalten auch ausserhalb der dafür bestimmten beschränkten Zeiten gegen Zahlung von 0,10 M. für Erwachsene und von 0,05 M. für Kinder zu benutzen,

e) die Travemünder Einwohner zur unentgeltlichen Benutzung der Priwallbadeanstalt.

Besondere Kuranstalten. Im Städtchen Travemünde ist eine Militärkuranstalt eingerichtet, die in der Kurgartenstrasse 129 (Hotel Brodersen) in 11 Zimmern Unterkunft für 20 Militärkurgäste gewährt. Sie wird hauptsächlich von dem 9. Armeekorps, aber auch von dem Garde-, 3. und 4. Armeekorps benutzt, namentlich für Rekonvaleszenten und Erholungsbedürftige, für Krankheiten der Atmungsorgane (Pleuritiden, leichte Spitzenkatarrhe), der Verdauungsorgane und für Rheumatismen. Leitender Arzt: Badearzt Dr. Paeprer, Stabsarzt a. D. Zur Beaufsichtigung der militärischen Kurgäste ist ein Sanitätsfeldwebel dort stationiert.

Gegenüber von Travemünde, auf der Priwallhalbinsel, befindet sich hinter einem Kieferngehölz das Haus der Ferienkolonie des Lübecker Vereins für Ferienkolonien, das sich seit seiner Gründung im Jahre 1881 durch schrittweise Vergrösserung zu seinem jetzigen Umfange entwickelt hat. Hier finden gleichzeitig 100 unbemittelte erholungsbedürftige Schulkinder Unterkunft und Gelegenheit zu einer vierwöchigen Bade- und Luftkur. In vier aufeinander folgenden Kolonien von Ende Mai bis Mitte September geniessen alljährlich 400 Kinder einen unentgeltlichen Kuraufenthalt. Die Auswahl der 200 Mädchen und 200 Knaben geschieht aus den Schülern der Lübecker Volksschulen durch eine ärztliche Kommission auf Grund der von den Schulärzten gemachten Vorschläge. Ausgeschlossen sind Kinder, die an Krämpfen, Erkrankungen des Herzens oder der Nieren, Knochen-, Gelenk- oder Drüseneiterungen, erheblichen Hautausschlägen, Bettnässen, ansteckenden Krankheiten, vorgeschrittenen Lungenkrankheiten leiden oder mit Ungeziefer behaftet sind. Die günstigen Erfolge der Kur zeigen sich einerseits in der Gewichtszunahme, die für jedes Kind durchschnittlich etwas über 4 Pfund beträgt, bei den Knaben noch etwas mehr, bei Mädchen etwas weniger, andererseits in einer dauerden Hebung der körperlichen und geistigen Leistungsfähigkeit, die bei den Kindern weiterhin in der Schule zu konstatieren ist.

Westlich von Travemünde an der Lübecker Chaussee liegt das St. Jürgen-Siechenhaus, das zur Aufnahme von 8 Personen beiderlei Geschlechts aus dem Travemünder Bezirk dient. Es befindet sich in einem Gebäude, das ursprünglich als Spital für Aussätzige gegen Ende des 13. Jahrhunderts errichtet wurde und nur als ehrwürdiges Bauwerk Interesse erweckt.

Pflege der am Ort Erkrankenden. In Travemünde sind ständig 2 Aerzte und 1 Hebamme ansässig, im Sommer auch 2 Zahnärzte. Die am Ostrande des Städtchens gelegene Apotheke hat eine für das ganze Kurgebiet günstige zentrale Lage. Spezialärztliche Hilfe ist aus dem nahen Lübeck leicht zu erlangen. Zur Krankenpflege wie zu einzelnen Hilfeleistungen ist für die Badesaison eine Schwester des Vaterländischen Frauenvereins in Travemünde stationiert, während ausserdem eine frühere Diakonissin dauernd dort als Gemeindepflegerin tätig ist. Für Massage ist im Warmbadehause gesorgt. Für ein Krankenhaus hat sich in Travemünde bei der Nähe Lübecks kein Bedürfnis herausgestellt, dagegen ist staatlicherseits eine kleine, aus 2 Krankenstuben und einer Schwesterwohnung bestehende Isolierstation bereitgestellt, um plötzlich eintretende Fälle von Infektionskrankheiten isolieren zu können. Im übrigen ist das den Anforderungen der Neuzeit entsprechende Lübecker Krankenhaus sowie das neu erbaute Lübecker Kinderhospital leicht zu erreichen. Für den Krankentransport stehen, abgesehen von der Eisenbahn- und Dampferverbindung, in Lübeck besondere Sanitätswagen für Verletzte, nicht ansteckende und ansteckende Kranke zur Verfügung. Neben der Isolierstation befindet sich ein Dampfdesinfektionsapparat, in welchem die Desinfektion durch Polizeiorgane ausgeführt wird. Ausserdem wird für die Wohnungsdesinfektion ein transportabler Formalinapparat benutzt.

Die schnelle amtliche Kenntnis des Auftretens ansteckender Krankheiten wird erzielt durch ärztliche Meldepflicht, welcher ausser den in Preussen anzeigepflichtigen Krankheiten auch noch Masern unterliegen, sowie Tuberkulosetodesfälle und Erkrankungen an offener Lungen- oder Kehlkopftuberkulose, wenn der tuberkulös Erkrankte seine Wohnung wechselt, seine Umgebung hochgradig gefährdet oder bei der Herstellung oder dem Verkaufe von Nahrungsmitteln beschäftigt ist.

Für die Unterbringung von Leichen ist eine besondere Leichenhalle auf dem Kirchhofe vorhanden.

Wohnungswesen, Gasthöfe. Für die Unterkunft der Kurgäste ist in mannigfacher Weise gesorgt, so dass den verschiedenen Ansprüchen genügt werden kann. Der ganze Ort gliedert sich in drei

Abschnitte, das eigentliche Städtchen Travemünde, Travemünde-Strand und Neu-Travemünde.

Im Städtchen Travemünde, wo in verschiedenen Hotels, Gasthöfen und bei zahlreichen Privatleuten Unterkunft für Fremde bereitgestellt ist, bietet die längs der Trave gelegene Vorderreihe nnd die parallel dazu verlaufende Kurgartenstrasse mit ihren meist älteren Bauten mit Vorhallen und Glasveranden ein charakteristisches Bild. Neuere, mit guten hygienischen Einrichtungen ausgestattete Wohnungen finden sich in den kürzlich angelegten Strassen (verlängerte Rose, Fehlingstrasse).

Die zweite Gruppe „Travemünde-Strand" wird durch die Kurhausanlagen mit den Villen der Kaiser-Allee und der Strandpromenade gebildet. Das Kurhaus, das seit seiner ersten Erbauung im Jahre 1820 schon mehrfache Vergrösserungen und Umbauten, zuletzt im Jahre 1905 erfahren hatte, ist im Winter 1912/13 völlig neu erbaut worden. Ausserdem finden sich hier mehrere andere, günstig gelegene, erst in den letzten Jahren erbaute, allen modernen Anforderungen entsprechende Hotels und zahlreiche Fremdenpensionate, sowie eine grosse Anzahl von Einfamilienhäusern, die für die Badezeit vermietet werden. Im Städtchen Travemünde dagegen sind wohlfeilere, bescheidenen Ansprüchen vollauf genügende Wohnungen vorhanden.

Neu-Travemünde ist eine oberhalb von Travemünde-Strand gelegene, mit Rasenflächen, Bosketts und Teichanlagen versehene Villenkolonie, welche 81 Grundstücke mit einem Flächenraum von 118440 qm besitzt, wovon bisher erst ein Teil bebaut ist. Sämtliche Villen sind von Gartenanlagen umgeben, besitzen einen freien Blick auf die See und sind mit Wasser, Gas und Elektrizität ausgestattet. Neue Landhäuser werden auf Wunsch von der Terraingesellschaft Neu-Travemünde zu bestimmten Preisen schlüsselfertig hergestellt.

Für Travemünde gilt die für Lübeck und Travemünde im Jahre 1903 erlassene Bauordnung, welche eine Rohbauabnahme, eine vier- bis sechsmonatige Austrocknungsfrist und eine Gebrauchsabnahme vorsieht und für die zum dauernden Aufenthalt von Menschen bestimmten Räume hygienische Forderungen hinsichtlich der Zimmerhöhe, der Licht- und Luftzufuhr usw. festsetzt.

Ausserdem sind für das Strandgebiet Travemünde am 7. Mai 1913 noch besondere Bau- und Anbauvorschriften erlassen, welche für die Gebäude nur ein Erdgeschoss und zwei Obergeschosse zulassen, von welch letzteren eines als ausgebautes Dachgeschoss ausgebildet sein muss. Als maximale Firsthöhe sind 14 m festgesetzt. Dabei ist ein Bauwich von 2,50 m, auf der Westseite der Kaiserallee und einigen angrenzenden Strassen von 3 m, vorgeschrieben und die Herstellung von Vorgärten, die an ihrer strassenseitigen Grenze auf Verlangen des Polizeiamts mit einer „angemessenen, wehrhaften“ Einfriedigung zu versehen sind.

Seit 1. April 1913 ist für Travemünde das Lübecker Wohnungspflegegesetz vom 24. Oktober 1908 in Kraft, welches eine durch Wohnungspfleger ausgeübte Kontrolle sämtlicher Wohnungen vorsieht. Die Aufmerksamkeit der Wohnungspfleger hat sich zu richten auf die Beschaffenheit und Benutzungsweise der Räume, auf ihre Grösse im Verhältnis zur Zahl der Bewohner, auf die Abortanlagen, die Wasserversorgung und die Entwässerung des Grundstücks, auf die Trockenheit der Wohnung und auf Reinlichkeit innerhalb und ausserhalb derselben. Dabei ist vorgeschrieben, dass alle Wohnungen in ausreichender Weise durch Tageslicht erhellt und mit Vorrichtungen zur Zuführung frischer Luft versehen sein müssen. Verboten ist jede gesundheitswidrige Benutzung der Wohnung, unter anderem:

a) Mangelhafte Reinlichkeit der Wohnräume, Höfe, Lichthöfe und Lichtschächte, Treppen, Gänge, Aborte und anderer Räume;

b) Luftverderbnis durch Aufbewahrung von Knochen und Lumpen oder sonstiger faulender Gegenstände oder durch Vornahme übelriechender gewerblicher Verrichtungen oder durch das Halten von Tieren;

c) Erregung von Feuchtigkeit durch zweckwidrige oder nachlässige Benutzung der Wasserleitungs-, Entwässerungs- Heizungs- und Kochanlagen;

d) Vernachlässigung genügender Lüftung, Entleerung und Reinigung der Aborte.

Jede Wohnung muss ihren Bewohnern einen gesamten Luftraum von 15 cbm für jeden Erwachsenen, 7,5 cbm für jedes Kind bis zur Beendigung des schulpflichtigen Alters gewähren. Die Schlafräume müssen für jede erwachsene Person 10 cbm Luftraum, für jedes Kind die Hälfte darbieten. Kinder unter einem Jahr bleiben ausser Betracht. Eine Ermässigung der Forderung hinsichtlich des Luftraumes kann die Behörde für Wohnungspflege dann eintreten lassen, wenn besonders günstige Umstände in bezug auf Beleuchtung und Lüftung der Räumlichkeiten vorhanden sind.

Die Vermietung einzelner Teile einer Wohnung ist nur dann gestattet, wenn dem Vermieter mindestens ein verschliessbarer und heizbarer, am unmittelbaren Licht liegender Raum zur ausschliesslichen Benutzung verbleibt und den Mindestanforderungen an Luftraum für Schlafräume genügt wird.

Zum Schutze gegen Feuersgefahr besteht eine Zwangsfeuerwehr und eine freiwillige Feuerwehr. Beide sind mit Feuerspritzen und den sonstigen Rettungsutensilien, darunter einer fahrbaren mechanischen Leiter ausgerüstet. Die Mannschaften der freiwilligen Feuerwehr sind auch für erste Hilfsleistung und Samariterdienst ausgebildet (auch ein Teil der Fischer hat Unterricht in erster Hilfsleistung erhalten).

Die Nahrungsmittelversorgung Travemündes erfolgt teils auf dem Wege der Bahn- und Wasserverbindung, teils direkt von dem umgebenden Land aus, dem sogenannten „Travemünder Winkel".

Die Fleisch- und Schlachtbeschau ist für Travemünde wie für das übrige lübeckische Gebiet durch die Ausführungsbestimmungen zum Reichsgesetz vom 3. Juni 1900 und durch die Verordnungen über die Bildungen von Fleischbeschaubezirken geregelt. In Travemünde sind zwei Fleischbeschauer angestellt. Die Marktpolizei wird durch hierfür ausgebildete Polizeiorgane ausgeübt.

Für den Verkehr mit Milch ist eine Verordnung des Medizinalamts vom 18. August 1904 massgebend, welche für Milchhändler eine Meldepflicht unter Angabe ihrer Bezugsquellen vorschreibt, für Vollmilch und abgerahmte Milch sowie Zentrifugenmilch genaue Forderungen aufstellt, ebenso für sterilisierte und pasteurisierte Milch. Für die Gewinnung und den Vertrieb von Kindermilch, Säuglingsmilch oder Sanitätsmilch hat das Medizinalamt noch besondere Bedingungen hinsichtlich der Milchkühe, ihrer tierärztlichen Untersuchung, ihrer Unterbringung und Fütterung sowie der Gewinnung und Behandlung der Milch vorgesehen. Die durch das Reichsviehseuchengesetz vorgeschriebene tierärztliche Kontrolle der Travemünder Molkerei erfolgt durch den Lübecker Staatstierarzt.

Zur Erhöhung der Sauberkeit im Kleinbetriebe der Nahrungsmittel waren schon im Jahre 1902 eine amtliche Belehrung herausgegeben. Seit dem Jahre 1910 ist eine sanitätspolizeiliche Regelung dieses Verkehrs durch eine Verordnung erfolgt, welche beim Verkaufe von Nahrungs- und Genussmitteln die Tätigkeit ansteckender Kranker oder der mit der Pflege solcher Kranken beschäftigten Personen ausschliesst, für die Verpackung der Esswaren reines Papier vorschreibt, die Anwesenheit von Hunden und anderen Haustieren in den Verkaufsräumen nicht duldet, die missbräuchliche Benutzung von Gefässen und Gerätschaften des Nahrungsmittelbetriebes verbietet, auch wenn aus dieser Benutzung gesundheitliche Gefahren nicht entstehen, und dem Publikum das Betasten von Back- oder Fleischwaren, Früchten und anderen zum sofortigen Verzehren geeigneten Gegenständen untersagt.

Die Wasserversorgung Travemündes geschieht durch eine Wasserleitung, die ihr Wasser aus 2 Quellen und einem artesischen Brunnen entnimmt. Schon seit dem Jahre 1894 bestand eine Niederdruckwasserleitung aus einer auf dem Mühlenberg vorhandenen Quelle mit einem 100 cbm fassenden Sammelbehälter. Seit 1906 ist eine Hochdruckleitung in Betrieb, welche ihr Wasser aus den beiden Quellen auf dem Mühlenberg und auf der Siebenblöckerkoppel sowie aus einem artesischen Brunnen von 40 cbm Stundenleistung aus einer Tiefe von 43,25 m gewinnt, durch eine Enteisenungsanlage in einen Sammelbehälter von 40 cbm Fassungsraum führt und auf den 85 cbm fassenden Hochbehälter auf dem Kalvarienberge pumpt. Die Menge des abgegebenen Wassers belief sich im Jahre 1911 auf 63280 cbm (55149 cbm aus der Hochdruckleitung, 8131 cbm aus der Niederdruckleitung).

Sämtliches aus den verschiedenen Quellen gewonnene Wasser ist einwandfrei, aber ziemlich hart, das Wasser des artesischen Brunnens dabei ziemlich stark eisenhaltig (bis zu 0,0037 mg Eisen im Liter), so dass vor seiner Mischung mit dem Quellwasser seine Enteisenung in einer Enteisenungsanlage mit 2 Filtern von je 20 cbm Stundenleistung erforderlich ist. Die Filter sind aus Oderkies hergestellt, dem auf sie hinaufgepumpten Wasser wird durch die Pumpe gleichzeitig Luft beigemischt.

Das zum Konsum kommende gemischte Wasser hat folgende Zusammensetzung:

Gesamtrückstand . . .	0,3450 mg im Liter
Schwefelsäure	0,0058 „ „ „
Chlor	0,0195 „ „ „
Salpetrige Säure . . .	fehlt
Eisen	0,0004 „ „ „
Kalk	0,1185 „ „ „
Magnesia	0,0196 „ „ „
Ammoniak	verschwindende Spur
Chamaeleonverbrauch .	0,0063 mg im Liter

Beseitigung der Abfallstoffe. Das Städtchen Travemünde wird grösstenteils nach dem Schwemmsystem entwässert. Die Abwässer fliessen in die Trave.

Die Entwässerung von Travemünde-Strand und Neu-Travemünde erfolgt nach dem Trennsystem. Die Haus- und Klosettabwässer werden unterirdisch durch glasierte Tonrohre, die Regenwässer mit Ausnahme derjenigen des südlichen Teiles der Kaiserallee, die in die Siele fliessen, oberirdisch abgeleitet.

Die Entwässerungsanlage des Strandgebietes zerfällt in ein tiefliegendes und ein hochliegendes Gebiet. Das hochliegende Sielnetz entwässert den grössten Teil der Villenkolonie Neu-Travemünde. Die Abwässer des tiefliegenden Gebietes, das die Kaiserallee und die Häuser der Strandpromenade, sowie einige Grundstücke von Neu-Travemünde umfasst, werden mittelst einer am Südende der Kaiserallee gelegenen Pumpstation in das Siel des hochliegenden Gebietes übergepumpt.

Unterhalb der Pumpstation fliessen die Abwässer aus beiden Gebieten nach einer in der Nähe des Leuchtturms vollständig unter Terrain angeordneten mechanischen Kläranlage, in welcher ihnen die ungelösten Stoffe entzogen und die Abwässer bis zu solchem Grade gereinigt werden, dass ihre Einleitung in die Trave, die 400 m von der Promenade entfernt und 5 m unter dem normalen Wasserstande erfolgt, nicht bemerkt werden kann. Die Trave hat an der Einleitungsstelle eine Wassertiefe von 8,0 m und bei Mittelwasser einen Wasserquerschnitt von rund 1000 qm.

Die niedergeschlagenen Stoffe der Pumpstation und der Kläranlage werden durch einen sogenannten Patentsauger vollständig geruchlos in geschlossene Kesselwagen gefördert und abgefahren.

Sämtliche Strassen des Städtchens Travemünde sind mit Kopfsteinen gepflastert. In Travemünde-Strand und Neu-Travemünde finden sich gut befestigte Grandwege, bei den Fahrstrassen erhält der Grandbelag eine Unterlage von Steinschlag.

Die grosse erhöhte Strandpromenade ist in ihrer ganzen Länge an der Seeseite mit einem 6 m breiten Klinkerpflasterstreifen versehen, unterhalb der seewärts konkav abfallenden Böschung ist noch ein aus Klinkern hergestellter Fussweg in Strandhöhe eingerichtet.

Die Reinhaltung der Strassen hat laut Gemeindesatzung durch die Hauseigentümer zu erfolgen, während die Müllbeseitigung gleichfalls nach Anordnung der Gemeinde zweimal wöchentlich in den frühen Morgenstunden durch zwei Abnehmer ausgeführt wird, die den in verschlossenen, nicht hölzernen Gefässen bereitgestellten Müll abholen. Der Müll wird zu Anschüttungen bei der Siechenbucht ausserhalb des Städtchens benutzt und alsbald mit Erdreich überdeckt.

Die Reinhaltung des Strandes ist durch die „für den Strand in Travemünde und auf dem Priwall“ erlassene Strandordnung vom 24. Juni 1912 gewährleistet. Verboten ist das Wegwerfen von Papier, Obst- und Speiseresten, leeren Flaschen, Blechdosen, Glas u. dergl., für deren Aufnahme besondere Behälter aufgestellt sind.

Die Gasversorgung Travemündes erfolgt seit 1903 durch eine Gasfernleitung, die erste in Deutschland ausgeführte Hochdruckfernleitung, welche das in der Lübecker Gasanstalt hergestellte Gas unter zeitweiliger Hilfe einer Gebläseanlage und einer Hochdruckpumpe durch die 19,5 km lange Leitung in Mannesmann-Muffenröhren von 80 mm lichter Weite nach dem Gasbehälter (mit 400 cbm nutzbarem Fassungsraum) in Travemünde drückt, von dem aus das Gas in üblicher Weise mit Niederdruck in das Verteilungsrohrnetz entsandt wird. Gasverbrauch im Jahre 1912 245152 cbm.

Das Travemünder Elektrizitätswerk ist seit Juni 1909 in Benutzung. Es enthält eine 44 und eine 15 Kilowatt-Dynamomaschine und eine Akkumalatorenbatterie von 264 Elementen. Zum Betrieb der Dynamomaschine dienen 2 Gasmotore von 64 und 24 PS., deren Speisung wechselweise mit Leuchtgas oder Sauggas erfolgt, welch letzteres in einer besonderen Sauggasanlage (mit 50 PS.) gewonnen wird. Die Gesamtleistungsfähigkeit des Werks beträgt 85,4 Kilowatt. Die Stromerzeugung im Jahre 1912 belief sich auf 35973 Kilowattstunden.

Besondere Heilerfolge und Krankheitsindikationen. Die günstigen Heilerfolge eines Travemünder Kuraufenthalts haben sich nach den mehr als hundertjährigen Erfahrungen ergeben bei Blutarmut, Bleichsucht, Skrofulose, Rachitis sowie in dem Frühstadium von Tuberkulose; in gleicher Weise bei nervösen Störungen wie Neurasthenie, Erschöpfung nnd leichten hypochondrischen Verstimmungen, ferner bei Neigung zu Katarrhen, bei Asthma und Emphysem. Im allgemeinen ist eine Travemünder Bade- und Luftkur für solche Patienten angezeigt, die den stärkeren Einwirkungen von Wind und Wellen der Nordseebäder nicht gewachsen sind. Namentlich bei Rekonvaleszenten aller Art, wie für bejahrtere Personen und für Kinder pflegt ein Travemünder Aufenthalt von vortrefflicher Wirkung zu sein.

5.

Die Ostseebadeorte im Grossherzogtum Oldenburg (Fürstentum Lübeck).

Von

Med.-Rat Dr. **Schlaeger** in Oldenburg.

Im östlichen Holstein zwischen Travemünde und Neustadt liegen an der Neustädter Bucht vier Seebäder, welche politisch zum Fürstentum Lübeck gehören und damit Teile des Grossherzogtums Oldenburg sind.

Der nördlichste dieser vier Orte ist das Fischerdorf

1. Haffkrug.

Durch seine idyllische Lage, seine Ruhe und die wohltuende Milde des Ostseeklimas hat es im Jahre bis zu 600 Badegäste in seinen einfachen Pensionen und Hotels aufgenommen. Im Hotel „Elisabethbad", welches eigene Wasserleitung und Kanalisation besitzt, ist auch Gelegenheit für warme Seebäder vorhanden. Die Bevölkerung des Ortes treibt Fischfang. Aerztliche Hilfe und Arznei ist von den benachbarten Orten Gleschendorf oder Neustadt leicht zu bekommen. Besondere Kureinrichtungen sind nicht vorhanden.

Die Umgebung von Haffkrug bietet herrliche Spaziergänge durch waldreiche Gegenden, welche mit Seen abwechseln.

Südlich davon liegt

2. Scharbeutz,

welches sich aus einem einfachen Fischerdorf zu einem ansehnlichen Badeort emporgearbeitet hat, dessen Besucherzahl im Jahre ungefähr 2000 beträgt. Die Bevölkerung lebt von Fischerei, Landwirtschaft und vom Badeverkehr.

Der Ort selbst liegt hart an der Ostsee mit seinen drei Hotels, die zum Teil recht komfortabel eingerichtet sind. Warnings Strandhotel hat eigene Wasser- und Gasanlage und verabreicht warme See-

und Süsswasserbäder, sowie Kohlensäure- und andere medizinische Bäder im Hause; auch die beiden anderen Hotels haben Wasserleitung und Wasserspülklosetts.

Seine Anziehungskraft verdankt Scharbeutz der besonders glücklichen Vereinigung des Ostseeklimas mit den herrlichen Wäldern. Die Häuser gestatten offenen Blick auf die See und hinter denselben beginnt ein Buchenhochwald, Kammer genannt, welcher wahrscheinlich mit seinen hohen schlanken Stämmen und dem sich darüber bildenden grünen Blätterdach einzig dasteht. Jeder Fremde, der von der Landseite durch das etwas hügelige Gelände in den Kammerwald eintritt, ist überrascht und entzückt.

Besondere Kuranstalten sind in Scharbeutz nicht vorhanden; ebenso sind ärztliche Versorgung, sowie Medikamente nur von den benachbarten Orten Pansdorf und Gleschendorf aus zu haben. Grössere Krankenhäuser sind erst in Lübeck erreichbar und die Desinfektionseinrichtungen müssen von Gleschendorf, Niendorf, Eutin oder Lübeck requiriert werden.

Die Versorgung mit Nahrungsmitteln befriedigt das landwirtschaftlich bebaute Hinterland. Wegen der schnellen und einwandfreien Zufuhr ist die Küche in Scharbeutz sogar besonders gerühmt.

Da der Ort etwas höher liegt, liefern die vorhandenen Tiefbrunnen und artesischen Röhrenbrunnen nach Sandfiltration durch die natürlichen Bodenschichten ein sehr reichliches und einwandfreies Trinkwasser.

Für Beseitigung der Abfallstoffe sind besondere Einrichtungen nicht vorhanden. Es besteht in der Hauptsache nur eine Strasse, welche gut gehalten ist und im Sommer gesprengt wird.

Südlich von Scharbeutz zieht sich ebenfalls hart an der Ostsee liegend in einer Ausdehnung von über 3 km der viel besuchte Badeort

3. Timmendorfer-Strand

hin. Seit dem Jahre 1865 hat sich dort ein reger Badeverkehr entwickelt, welcher in den letzten Jahren ca. 6000 Besucher aufweisen konnte. Die Bevölkerung lebt fast ganz vom Fremdenverkehr. Der Ort mit seinen vielen Pensionen, Villen und grösseren Hotels ist der Ostseeküste entlang angelegt, sodass eigentlich nur eine Hauptstrasse vorhanden ist. Dieselbe führt jedoch nicht hart am Badestrand entlang, sondern lässt einige sandige Dünenbildungen, welche mit Nadelholz bewaldet sind, zwischen der See und den Häusern. Landeinwärts schliessen sich daran die schönsten Buchenhochwaldungen, welche mit reizvollen ostholsteinischen Landschaftsbildern abwechseln. Die klimatischen Verhältnisse sind so die denkbar günstigsten, milde Ostseewirkung lässt sich mit Waldluftkuren mühelos vereinbaren, zumal störende industrielle Anlagen nicht vorhanden sind.

Die Gelegenheiten zum Baden sind nicht einheitlich geregelt, viele Pensionen und Privatvillen haben eigene feststehende Badehäuschen und auch für die grösseren Hotels sind Badekarren vorhanden. Der Badebetrieb ist dadurch vielgestaltig, zumal auch Gelegenheit zu warmen Seebädern und Luftbädern vorhanden ist. Als einzige Rettungseinrichtung besitzt die Landungsbrücke Rettungsringe. Ausser einem Kinderheim, „Olgaheim" genannt, sind Seehospize oder Krankenhäuser nicht vorhanden.

Aerztliche Sprechstunden werden täglich abgehalten von dem Arzt aus Pansdorf, ausserdem sind die Aerzte aus Gleschendorf und Niendorf leicht erreichbar. Die nächsten Apotheken befinden sich in Niendorf, Gleschendorf und Travemünde. Für die Krankenpflege müssen ebenso wie in Scharbeutz die benachbarten Einrichtungen herangezogen werden.

Für den Fremdenverkehr genügen die 130 Besitzungen, von welchen über die Hälfte berufsmässig vermieten.

Da der ganze Ort in der Neuzeit dem vermehrten Fremdenzufluss nachkommend entstanden ist, sind die Wohnungen gut bis sehr gut und die neuen Hotels auch verwöhnten Ansprüchen an Hygiene nachkommend. Wasserleitung, Spülklosett und dergleichen ist dort überall vorhanden.

Die Lebensmittel werden bis auf das Fleisch von den benachbarten landwirtschaftlichen Betrieben geliefert. Fleisch passiert fast alles das Schlachthaus in Lübeck und ist demnach einwandfrei.

Eine zentrale Wasserversorgung ist nicht vorhanden, doch liefern die angelegten Röhren- und Tiefbrunnen reichliches und einwandfreies Trink- und Gebrauchswasser. Spezielle Einrichtungen für Beseitigung der Abfallstoffe und Reinigung der Abwässer sind nicht vorhanden, doch ist die Reinigung und Sprengung der Strassen im Sommer geregelt.

Timmendorfer-Strand wird demnächst Bahnverbindung bekommen, da die Bahn von Lübeck über Travemünde nach Niendorf bis Timmendorfer-Strand verlängert werden soll.

Durch die glückliche Kombination des milden Seeklimas mit

Waldaufenthalt sollen vorzügliche Heilwirkungen aufzuweisen sein bei allgemeiner Neurasthenie, bei Schwächezuständen, Herzleiden, Erkrankungen der Atmungsorgane, Frauenleiden und bei allen Rekonvaleszenten.

4. Niendorf

ist das südlichste der oldenburgischen Ostseebäder. Es hat sich aus einem kleinen Fischerdorf in der zweiten Hälfte des 19. Jahrhunderts zu einem blühenden Badeort entwickelt, welcher in der Saison des Jahres 1911 an Badegästen 5000 zählen konnte.

Die Bewohner des jetzigen Niendorf, welches nach der Sturmflut vom 13. November 1872 ganz neu aufgebaut ist, betreiben Fischerei und leben vom Hotel- und Pensionsbetriebe. Der Ort liegt an der Neustädter Bucht, jedoch schon so, dass der Strand mehr nach Norden schaut. Landeinwärts hat auch Niendorf den Vorzug der Nähe herrlicher Eichen- und Buchenwaldungen; auch Nadelwald ist in der Nähe. Die Luft ist staubfrei, von angenehmer Feuchtigkeit und die Temperatur ist wie in allen 4 oldenburgischen Ostseebädern eine mittlere ohne schroffe Witterungswechsel. Auch der Salzgehalt der Ostsee ist hier deshalb am kräftigsten, weil nennenswerte Süsswasserströmungen ihn nicht verringern. Der Wellenschlag ist meist kräftig, weil Niendorf an einer Biegung der graden Küstenlinie liegt. Störende Industrie ist nicht vorhanden.

Zur Benutzung der kalten Seebäder sind fahrbare Badekarren vorhanden. Warme Seebäder bereiten die Einrichtungen mehrerer Hotels. Die Anlage eines öffentlichen Warmbadehauses ist von der oldenburgischen Regierung geplant, auch ist seit kurzem die Verbindung von Niendorf mit Travemünde durch Verlängerung der Bahnlinie Lübeck—Travemünde vorhanden.

Besondere Rettungseinrichtungen sind ausser den einfachen Rettungsringen und dem Aufsichtspersonal nicht vorgesehen.

In Niendorf ist eine Hamburger Ferienkolonie stationiert, welche dort 1911 für 1736 Kinder Unterkunft geschaffen hat, ausserdem besteht ein katholisches Kinderheim, in welchem ca. 150 Kinder Unterkunft fanden; ein Seehospiz mit vegetarischer Verpflegung ist ebenfalls vorhanden. Arzt und Apotheke sind im Ort, dagegen muss Krankenhauspflege in Lübeck aufgesucht werden.

Für den Fremdenverkehr stehen eine Reihe guter Hotels, Pensionate, Logierhäuser, Villen und Privatwohnungen offen.

Die Fleischlieferung vollzieht sich vom Lübecker Schlachthause aus, die Milch liefern zwei benachbarte Meiereien.

Das in artesischen Brunnen gewonnene Trinkwasser ist etwas eisenhaltig, ist aber für den Genuss nach Untersuchung als einwandfrei bezeichnet.

Für Beseitigung der Abfallstoffe und die Reinigung der Abwässer sind besondere Einrichtungen oder Anlagen nicht vorhanden.

Niendorf wird aufgesucht zur allgemeinen Ausspannung, Auffrischung und Kräftigung. Nervöse Erschöpfungssymptome sollen schnell verschwinden und bei beginnender Tuberkulose, bei Skrophulose, Rachitis und Anämie sollen günstige Heilerfolge vorliegen. Als Nachkur nach überstandenen Krankheiten, wie Influenza, Lungen- und Rippenfellentzündungen wird es ebenso geschätzt, wie zur Nachkur nach anstrengenden Bädern in Karlsbad, Marienbad und an der Nordsee.

6.

Die Seebadeorte in Schleswig-Holstein.

Von

Reg.- und Geh. Med.-Rat Dr. **Bertheau** in Schleswig.

(Mit 9 Abbildungen im Text.)

Allgemeines.

Die Provinz Schleswig-Holstein besteht aus den früheren Herzogtümern Schleswig und Holstein und dem Herzogtum Lauenburg und bildet den Regierungsbezirk Schleswig. Sie stellt den südlichen Teil der cimbrischen Halbinsel dar, welche aus der norddeutschen Tiefebene zwischen Nordsee und Ostsee nach Norden herauswächst.

Die Küste der Ostsee und die Küste der Nordsee sind von grundverschiedenem Charakter.

Die Ostküste ist ausserordentlich reich gegliedert mit waldgeschmückten Ufern und tief einschneidenden Meeresbuchten, den sogenannten Föhrden. Der cimbrische Höhenrücken tritt stellenweise bis hart an die Ostsee heran und bildet dort eine steil abfallende Küste. Verschiedentlich finden sich in unmittelbarer Nähe des Meeres flache Strandseen, vom Meere unter Wasser gesetzte Bodeneinsenkungen. Grössere und kleinere Inseln liegen in der offenen See und in den Föhrden.

Der Westküste Schleswig-Holsteins ist, soweit sie der Nordsee angrenzt, in grösserer oder geringerer Breite das Watt vorgelagert, welches sich zur Flutzeit mit Wasser bedeckt. Die Küste ist teils durch Dünen und Sandbänke, teils durch Kunstbauten, die Deiche, gegen die Gewalt der Wellen geschützt. Aus dem Watt ragen die nordfriesischen Inseln und Halligen hervor, die Reste des von der Nordsee verschlungenen Uferwalles. Neben dem öden Watt, den zur Ebbezeit sich weit in das Meer erstreckenden Landflächen und der einsamen Heide liegen die Dünen mit ihren kahlen Höhen und kiefernbesetzten Tälern und unter dem Schutze der Deiche die grüne Marsch.

Die Ostseebäder liegen teils am offenen Meere, teils in den Föhrden, die Nordseebäder teils auf dem Festlande, teils auf den Inseln.

a) Ostseebäder.

I. Kreis Hadersleben.

An der Ostküste des Kreises Hadersleben, welche vom Kleinen Belt bespült wird, liegen 4 kleine Seebäder, **Viktoriabad** und **Seelust** in der Gemeinde Kjelstrup, **Aarösund** in der Gemeinde Haistrup und **Gravenshoved** in der Gemeinde Anslet. Sie sind in der zweiten Hälfte des vorigen Jahrhunderts gegründet worden und werden nur von einer kleinen Zahl von Sommergästen aufgesucht. Im Sommer 1911 zählte Viktoriabad 80, Seelust 15, Aarösund 40 und Gravenshoved 18 Gäste.

Viktoriabad, Seelust und Gravenshoved liegen auf zum Strande steil abfallenden bewaldeten Höhen, Aarösund am Ausgang der Haderslebener Föhrde gegen Westwinde geschützt am Aaröer Sunde, welcher lebhaften Schiffsverkehr und oft starke Strömung aufweist und sich durch hohen Salzgehalt auszeichnet.

Für Kaltbäder finden sich einfache Badebuden am Strande. Die Logierhäuser bieten einfache Unterkunft und zeigen in Ausstattung und Einrichtung ländlichen Charakter. Die leicht erreichbare Kreisstadt Hadersleben liefert ärztliche Hilfe und Krankenpflege und leistet erforderlichenfalls auch Krankenhausbehandlung.

II. Kreis Apenrade.

Das Seebad **Apenrade** besteht seit dem Jahre 1813; es erfreut sich eines guten Rufes, aber keines grossen Zuspruchs. Da die zur Kur in Apenrade weilenden Fremden nicht getrennt geführt werden, fehlt es an zahlenmässigen Angaben über den Besuch.

Apenrade ist Kreisstadt und zählt 7769 Einwohner. Die Haupterwerbszweige der Bewohner sind Schiffahrt, Fischfang und Seehandel, besonders mit Vieh, Holz und Kohlen.

Die Stadt liegt im innersten Winkel der 10 km langen und 3,5 km breiten, nach Osten offenen Apenradener Föhrde, auf einem nach der Föhrde sanft sich abflachenden Hügel, im Norden, Westen und Süden von buchenbewaldeten Höhen umgeben. Sie hat ein mildes Seeklima. Die Luft, die die Eigenschaften der Seeluft und der Waldluft in sich vereinigt, erleidet weder durch den Verkehr noch durch gewerbliche Anlagen Verunreinigungen.

Kalte Seebäder werden in der städtischen Seebadeanstalt am Kopfe der Südmole des Bootshafens sowie am Strande von Badehäusern aus, welche die am Strande gelegenen Gasthäuser stellen, genommen. Der Salzgehalt der Apenradener Föhrde beläuft sich auf 2,35 pCt. und erreicht annähernd die Höhe desjenigen der Nordsee. Die städtische Badeanstalt ist mit den erforderlichen Rettungseinrichtungen (Boot, Ringe, Haken) ausgestattet. Eine Warmbadeanstalt findet sich in dem Strandhotel Bellevue.

Das von der Landesversicherungsanstalt gegründete Lungensanatorium mit 21 Betten steht unter der Verwaltung des Kreiskrankenhauses und dient zur Verpflegung männlicher Mitglieder.

Apenrade ist der Sitz von 7 Aerzten und 1 Zahnarzt und hat 2 Apotheken und geschultes Personal für Krankenpflege und Desinfektion. Das Kreiskrankenhaus hat 60 Betten und eine Isolierbaracke für Infektionskrankheiten.

Die Kurgäste wohnen meist in Privatwohnungen und in den Gasthöfen der Stadt. Unmittelbar an der Föhrde liegen dicht ausserhalb der Stadt die beiden kleinen Strandhotels Bellevue und Ostseebad.

Die Nahrungsmittel liefert zum grössten Teil die landwirtschaftlich hochstehende Umgebung. Es besteht tierärztliche Fleischbeschau, während die Milchversorgung durch Kreisarzt und Kreistierarzt überwacht wird.

Apenrade hat Zentralwasserversorgung aus Tiefbrunnen, Kanalisation für die Ableitung der Meteor- und Hauswässer und Doppelkübelsystem für Fäkalienabfuhr. Die Müllbeseitigung und die Strassenreinigung liegt den Hausbesitzern ob.

Das Bad hat sich als Heilmittel gegen Skrofulose und Blutarmut bewährt.

Am Südufer der Apenrader Föhrde liegt das Seebad **Elisenlund**, ein Fischerdorf mit einfachen Badeeinrichtungen am Strande. Auf der Höhe des steil ansteigenden Ufers ist im Jahre 1879 ein Logierhaus mit 30 Betten erbaut worden; es ist von alten Buchen umgeben, hat Ausblick über die ganze Föhrde und wird jährlich von 40—50 Badegästen besucht. Elisenlund ist auf dem Wasser- und dem Landwege von Apenrade leicht erreichbar.

Im südlichen Teil des Kreises Apenrade, welcher an das durch den Ekensund mit der Flensburger Föhrde in Verbindung stehende Nübel-Noor grenzt, liegt an einer binnenseeartigen Einbuchtung des Noors das Seebad **Gravenstein** von 3 Seiten von hügeligen Buchenwaldungen umschlossen, mit dem im Jahre 1882 erbauten gut eingerichteten Kurhause, welches im Sommer von etwa 200 Gästen aufgesucht wird. In dem Nübel-Noor befindet sich eine Seebadeanstalt, während das Kurhaus eine Einrichtung für warme Seebäder besitzt. Gravenstein ist der Sitz von 3 Aerzten und einer Apotheke und hat Bahn- und Dampferverbindung mit Flensburg. Es entbehrt wegen seiner Binnenlage des Charakters eines Seebades, hat aber eine an landschaftlichen Schönheiten reiche Umgebung.

III. Kreis Sonderburg.

Die Insel Alsen, welche von dem Festlande, der Halbinsel Sundewitt, durch den Alsensund und die Alsenföhrde getrennt ist, erhebt sich mit seinem an den kleinen Belt grenzenden Ostufer zu ansehnlichen Höhen, welche waldumkränzt schroff nach der See abfallen, und flacht sich nach Westen allmählich ab. Am südlichen Ausgange des Alsensundes, welcher hier seine geringste Breite hat, am südwestlichen Ende der Insel liegt das Seebad **Sonderburg**, welches jährlich von 400—500 Badegästen besucht wird und sich in den letzten Jahren gehoben hat.

Die Stadt Sonderburg mit einer vorwiegend Gewerbe und Schifffahrt treibenden Bevölkerung von 10042 Köpfen hat in den letzten Jahren, seitdem sie Sitz der Schiffsartillerieschule geworden ist, als Marinegarnisonstadt einen erfreulichen Aufschwung genommen, welcher besonders auch auf dem Gebiete der gesundheitlichen Einrichtungen zur Geltung kommt.

Sonderburg liegt am Fusse einer Anhöhe. An der mit Bäumen bepflanzten Strandpromenade an der Südseite der Stadt liegen auf der Höhe 3 Logierhäuser mit freiem Ausblick auf das Meer und die gegenüberliegende Küste Angelns. Ein Fusspfad auf hohem Ufer führt nach dem etwa 2 km entfernten forstfiskalischen Gehege Süderholz. Die gewerblichen Anlagen sind nicht gering an Zahl, aber so über das Stadtgebiet verteilt, dass der Genuss der reinen kräftig frischen Seeluft durch sie in keiner Weise verkümmert wird.

Am Strande liegen 3 Badeanstalten für kalte Seebäder im offenen Meere mit den erforderlichen Rettungseinrichtungen. Warme See- und Süsswasserbäder werden im Kurhause und im Warmbadehause verabreicht.

Besondere Kuranstalten sind nicht vorhanden.

Das Kreiskrankenhaus hat eine Isolierstation für ansteckende Krankheiten, die Krankenpflege wird von Diakonissinnen, die Desinfektion von geschulten Desinfektoren besorgt.

Sonderburg ist der Sitz von 10 Aerzten und 1 Zahnarzt und hat eine Apotheke.

Die Gäste suchen vorwiegend die am Südstrande gelegenen Logierhäuser, das Kurhaus, Hotel Bellevue und das Wilhelmsbad auf.

Die Nahrungsmittel liefert zum grössten Teil die Umgebung; in der Stadt besteht tierärztliche Fleischbeschau und polizeiliche Milchkontrolle.

Der Ort besitzt eine Zentralgrundwasserleitung. In den Hauptstrassen und den neuen Stadtteilen besteht Vollkanalisation, in den übrigen Stadtteilen unterirdische Ableitung der Gebrauchswässer und Fäkalabfuhr nach dem Wechselkübelsystem, Müllbeseitigung und Reinigung der Strassen liegt den Hausbesitzern ob.

Das Bad wird vorzugsweise von Erholungsbedürftigen, Rekonvaleszenten, Bleichsüchtigen, Skrofulösen und Nervösen aufgesucht.

Ausser Sonderburg besitzt Alsen noch eine Reihe weiterer Bäder an der offenen See, am Alsensund und an Meeresbuchten.

Augustenburg an der Augustenburger Föhrde, einem Nebenarm der Alsenföhrde, ist ein stiller Ort mit dem Stammschloss des Hauses Augustenburg und herrlichem Schlosspark. Die Zahl der Badegäste, welche in 2 Gasthöfen Unterkommen und am Strande Badeeinrichtungen finden, ist nur gering. In dem Kinderheim „Sonnenschein“ finden während des Sommers erholungsbedürftige Kinder aus Hamburg Aufnahme.

Höruphaff, ein Fischerdorf am Südufer Alsens, liegt am Höruphaff, welches die kahle flache Halbinsel Kekenis von Alsen trennt, in der Nähe ausgedehnter Waldungen. Es hat eine Einrichtung für kalte Bäder und bietet den Badegästen in dem Hotel Baltic einfaches gutes Unterkommen. Im Jahre 1911 zählte es 38 Badegäste.

Mummark-Fähre, ein Gehöft und Gasthaus, liegt an der Ostküste Alsens am kleinen Belt auf einer Anhöhe mit freiem Blick auf die See und die dänischen Inseln Fünen und Aaroe. Die Seebäder, welche an dem breiten Badestrande genommen werden, zeichnen sich durch kräftigen Wellenschlag aus. Es weilten dort im Jahre 1911 170 Badegäste.

Atzerballigholz, ein gleichfalls am kleinen Belt gelegenes Fischerdorf, wurde im Jahre 1911 von 30 Badegästen besucht, welche teils in einer Gastwirtschaft und einem Logierhause, teils in den Fischerhütten wohnten.

Frydendal, eine Gastwirtschaft in der Gemeinde Hellwitt, liegt wie Mummark und Atzerballigholz an der Ostküste der Insel, 15 Minuten vom Strande entfernt, am Südostende einer ausgedehnten Waldung, des Norderholzes in geschützter Lage. Im Jahre 1911 hielten sich dort 14 Fremde auf.

Schloss Sandberg, auf dem Festlande am Alsensund gelegen, ist wegen seiner herrlichen Lage in einem Park in der Nähe eines Waldes ein beliebter Erholungsort. Im Jahre 1911 weilten dort 109 Kurgäste, welche Wald- und Seeluft genossen und warme und kalte Bäder nahmen.

IV. Kreis Flensburg.

Die Flensburger Föhrde dringt in einer Breite von 3 bis 6 km in mannigfachen Windungen 30 km tief ins Land hinein. Ihre hügeligen waldgeschmückten Ufer sind von romantischen Schluchten durchquert. An beiden Ufern der Föhrde liegen grössere und kleinere Badeorte, von denen das bekannteste und bedeutendste das seit dem Jahre 1872 bestehende Ostseebad **Glücksburg** ist.

Die Zahl der Badegäste beträgt jährlich ungefähr 2000, im Jahre 1911: 1622.

Die Erwerbsverhältnisse der 1605 Köpfe zählenden Bevölkerung sind die eines kleinen Landstädtchens.

Der Flecken liegt 1 km landeinwärts in hügeliger, wald- und wasserreicher Umgebung. Zwischen dem Ort und der Ostsee liegen ausgedehnte Waldungen, welche durch das Tal der Schwennau unterbrochen werden. Das Ufer fällt mehr oder weniger steil zur Föhrde ab, die Hölzungen treten bis hart an den Abhang heran. Unmittelbar am Strande neben der Landungsbrücke und den Badeanstalten lag das Strandhotel, Eigentum der Aktiengesellschaft Ostseebad Glücksburg, welches im Herbst 1912 durch eine Feuersbrunst zerstört wurde[1]). Der Ort hat infolge seiner Lage in hügeliger Waldlandschaft an einer weiten Wasserfläche ein mildes Klima.

Am Strande finden sich bei der Landungsbrücke 2 Badeanstalten (ein Herren- und ein Damenbad) mit zusammen 60 Zellen, ferner weiter westlich in der Nähe des Quellentales das Familienbad, welches vorwiegend von der Jugend besucht wird. Die Seebadeanstalten sind mit den erforderlichen Rettungseinrichtungen ausgestattet. Der Bade-

1) Nachtrag bei der Korrektur: Inzwischen ist das Bad in den Besitz der Gemeinde Glücksburg übergegangen.

grund ist sandig, der Wellenschlag gering. Warme Seebäder konnten im Strandhotel genommen werden.

Besondere Kuranstalten sind nicht vorhanden.

3 Aerzte, Apotheke, Krankenschwester und Desinfektionsanstalt mit Desinfektor sind am Ort. Ansteckende und andere der Anstaltsbehandlung bedürftige Kranke müssen einem Krankenhause in Flensburg, welches mit der Bahn oder dem Dampfschiff leicht erreichbar ist, überwiesen werden.

Die Badegäste finden in zahlreichen Gasthöfen, Logierhäusern, Pensionaten und in Privatlogis Unterkunft.

Die Nahrungsmittel werden von der Umgebung geliefert und unterliegen der üblichen Kontrolle. Die Fleischbeschau wird von einem Laien ausgeführt.

Das Trink- und Gebrauchswasser wird in guter Beschaffenheit und ausreichender Menge aus Kessel- und Röhrenbrunnen gefördert. Die Abfallstoffe werden in Eimern und Gruben aufgefangen und von den Hausbesitzern zum Düngen ihres Gartens und Landes benutzt. Zur Abführung der Niederschlags- und Gebrauchswässer ist der Ort teilweise kanalisiert. Die Abwässer gehen ohne besondere Reinigung schliesslich durch die Schwennau in die Ostsee. Die Häuser am Strande haben Spülklosetts, deren Abgänge während der Saison in grossen Gruben aufgesammelt und im Herbst abgefahren werden. Die Strassen werden durch die Anlieger gereinigt.

Das Bad eignet sich für leichte Lungen- und Nervenleiden, für Blutarmut und Skrofulose.

Am nördlichen Ufer der Flensburger Binnenföhrde liegt eine Anzahl kleinerer Badeorte:

Wassersleben in der Nähe Flensburgs an der Kupfermühlenbucht in waldreicher Umgebung mit mehreren Gasthäusern; es ist ein beliebter Ausflugsort der Flensburger und hat als Bad nur geringe Bedeutung.

Kollund an dem schluchtenreichen Kollunder Gehölz mit drei für die Aufnahme von Kurgästen bestimmten und geeigneten Gast- und Logierhäusern und Badeeinrichtungen am Strande; es wurde im Jahre 1911 von 347 Badegästen besucht.

Süderhaff, ein vom Wald umgebenes Fischerdorf mit zwei Gasthäusern und einer grösseren Reihe kleinerer Landhäuser und einfachen Badeeinrichtungen am Strande; es zählte im Jahre 1911: 305 Gäste.

An der Flensburger Aussenföhrde in der Landschaft Angeln liegt der Badeort **Langballigau** mit einer ländlichen Gastwirtschaft und dem moderneren Badeetablissement Hohenau, welches auf hoher Klippe unmittelbar an der See und an Waldungen liegt, umgeben von Wiesen, Tälern und Höhen mit Rundblick auf die Ostsee, die dänischen Inseln, Alsen, Broacker und die Landschaft Angeln. Hohenau, welches 1911 von 92 Badegästen besucht wurde, verabreicht warme und kalte Seebäder.

Noch weiter östlich an dem Teil der Flensburger Aussenföhrde, welcher als Geltinger Bucht bezeichnet wird, liegt der Badeort **Steinberghaff**, gleichfalls in waldreicher Umgebung. Das Strandhotel liegt auf hohem Ufer und unterhält am Strande Badezellen für kalte Seebäder. Der Besuch des Bades stellte sich im Jahre 1911 auf 239 Gäste.

Diese kleinen Bäder tragen an Einrichtung und Verpflegung ländlichen Charakter. Aerztliche Hilfe leisten die benachbarten grösseren Gemeinden, besonders Flensburg und Glücksburg.

V. Kreis Schleswig.

Das Ostseebad **Schleimünde** liegt auf einer kleinen Insel zwischen der Ostsee und der Schlei, einer tief ins Land eindringenden Meeresausbuchtung. Die Insel ist eine Lotsenstation, hat keine Unterkunft für Badegäste, aber einen ausgedehnten ganz allmählich sich vertiefenden Badestrand. Am Strande stehen 3 Badehäuser mit je 12 Kabinen für Männer und Frauen und den erforderlichen Rettungseinrichtungen. Das Bad ist Eigentum des Kreiskommunalverbandes Schleswig und wird von rund 500 Badegästen besucht, welche in dem weiter landeinwärts gelegenen Städtchen Kappeln Wohnung nehmen. Die Verbindung zwischen Kappeln und Schleimünde wird durch ein Motorboot unterhalten.

Kappeln mit 2577 Einwohnern liegt an und auf dem hohen westlichen Ufer der Schlei und ist der Sitz von 3 Aerzten und einer Apotheke. Die Fremden finden in dem südlich der Stadt an der Schlei gelegenen Strandhotel und in mehreren Gasthöfen im Innern der Stadt Unterkunft. Im Osten der Stadt ist eine Badeanstalt für kalte Bäder in der Schlei, während warme Bäder im Warmbadehause beim Strandhotel verabreicht werden. Kappeln hat Zentralgrundwasserleitung, geordnete Abfuhr und ist zum grössten Teil kanalisiert.

VI. Kreis Eckernförde.

Das Seebad **Eckernförde-Borby** an der Nordwestecke der Eckernförder Bucht ist ein altbekannter Badeort und wird jährlich von etwa 700 Badegästen besucht.

Eckernförde zählt 6802, Borby 1742 Einwohner.

Die Bevölkerung treibt Fischfang, Fischräucherei und verschiedenes Kleingewerbe.

Die Eckernförder Bucht wird im Norden von der Landschaft „Schwansen“ und im Süden von der Landschaft „Dänischer Wohld“ umschlossen und hat eine breite offene Verbindung mit der Ostsee. Das Eckernförde angrenzende Landgebiet ist reich an ausgedehnten Waldungen, welche mit Seen und Hügeln abwechseln. Die Stadt grenzt im Westen an das mit der Bucht durch einen schmalen Kanal verbundene Windebyer-Noor und hat mildes Seeklima.

Bei östlichen Winden leidet die innere Stadt unter dem landeinwärts getriebenen Rauch der vielen Räuchereien, wovon jedoch sowohl Borby als auch der Strand nach Altenhof, wo die Badegäste vorwiegend verweilen, verschont bleiben. Andere industrielle Anlagen störender Art sind nicht vorhanden.

Am Strande, wo bei Ostwind eine lebhafte Brandung steht, finden sich 5 Badeanstalten mit den notwendigen Rettungseinrichtungen. Warme Seebäder werden in mehreren am Strande gelegenen Logierhäusern verabreicht.

Besondere Kuranstalten sind nicht vorhanden.

Für Krankheitsfälle stehen 4 Aerzte, eine Apotheke und ein Krankenhaus mit einer besonderen Abteilung für ansteckende Krankheiten zur Verfügung. Krankenpflege und Desinfektion liegt in geschulten Händen.

Eine grössere Anzahl von Hotels, einfachen Gasthäusern und Privatwohnungen bieten den Badegästen bei nicht zu weitgehenden Ansprüchen ausreichende Unterkunft.

Die Schlachtungen finden auf dem städtischen Schlachthofe statt. Der Nahrungsmittelverkehr steht unter polizeilicher Kontrolle.

Eckernförde-Borby entbehrt noch einer Zentralwasserleitung, wird aber durch Schacht- und Röhrenbrunnen in einwandfreier Weise mit Trink- und Gebrauchswasser versorgt. Für Eckernförde besteht städtische Müll- und Fäkalienabfuhr; die meisten Strassen sind kanalisiert und leiten die Abwässer in den Hafen.

Das Bad hat sich gegen Blutarmut und Nervosität bewährt.

Der Kreis Eckernförde zählt noch einige weitere Bäder geringerer Bedeutung:

Im Norden der Landschaft Schwansen liegt **Weidefeld,** zur Gemeinde Olpenitzdorf gehörig, mit 2 Logierhäusern, welche 20 bis 30 Badegäste aufzunehmen vermögen, und einfachen Badeeinrichtungen an dem steinfreien Ostseestrande.

An der Kieler Aussenföhrde am Ostufer des Dänischen Wohld liegen die Dörfer **Strande** und **Schilksee** mit je einem Logierhause und mehreren Villen für im ganzen 50 und mehr Badegäste. An dem sandigen Badestrande finden sich feste Badehütten und fahrbare Badekarren.

VII. Kreis Bordesholm.

Am Ostufer der Kieler Innenföhrde liegen eng zusammen die beiden Dörfer **Altheikendorf** und **Möltenort,** welche sich eines regen Besuchs aus Kiel erfreuen, aber als Badeorte nur eine geringe Bedeutung haben; ersteres zählte im Jahre 1911 151, letzteres 284 Badegäste. Beide Orte sind durch bewaldete Hügel gegen Ostwinde geschützt und haben je eine Badeanstalt für Seebäder mit den erforderlichen Rettungseinrichtungen. In der Einrichtung der Privatwohnungen, welche vorwiegend von den Kurgästen aufgesucht werden, herrscht meist noch ländliche Einfachheit.

VIII. Kreis Plön.

Der wichtigste Badeort des Kreises Plön ist **Laboe** am Ostufer der Kieler Aussenföhrde mit einer von Jahr zu Jahr wachsenden Besucherzahl, welche im Jahre 1911 gegen 2000 betrug.

Der Ort zählt 1752 Einwohner und ist in Oberdorf und Strand getrennt. Er hat im Oberdorf eine fast ausschliesslich Ackerbau treibende Bevölkerung, während am Strande sich vorzugsweise Fischer und Schiffer angesiedelt haben, die fast sämtlich einen Teil ihrer Häuser an Sommergäste vermieten.

Laboe liegt an und auf einer Anhöhe an der Grenze zwischen Innen- und Aussenföhrde und hat ein mildes Seeklima. Grössere Waldungen sind auf kurzen Spaziergängen zu erreichen.

Es sind vorhanden je eine auf sandigem Grunde feststehende Kaltbadeanstalt für Männer und Frauen, welche durch feste Brücken mit dem Strande verbunden sind, und ein sogenanntes Frei(Familien-)bad verbunden mit Sonnenbad, $^1/_4$ Stunde vom Hafen entfernt, mit den notwendigen Rettungseinrichtungen, ausserdem eine Warmbadeanstalt im Kurhotel für See- und Süsswasserbäder.

Besondere Kuranstalten fehlen.

Am Orte befinden sich 2 Aerzte, eine Apotheke, eine Krankenschwester und ein geprüfter Kreisdesinfektor. Infektionskranke werden baldmöglichst den akademischen Anstalten Kiels zugeführt.

Für die Unterkunft der Gäste sorgen 6 Gasthöfe, 2 Pensionen und zahlreiche Fischer und kleine Gewerbetreibende.

Fleisch und Milch liefert das grosse Hinterland, welches Ackerbau und Viehzucht treibt, andere Nahrungsmittel Kiel, mit welchem Laboe Dampferverbindung hat. Es besteht Laienfleischbeschau.

Die Wasserversorgung erfolgt durch 2 zentrale Wasserleitungen, die zurzeit noch im Privatbesitz sind. Das vornehmlich für den Badebetrieb in Betracht kommende Kurhaus wird durch Röhrenbrunnen ausreichend mit gutem Wasser gespeist.

Die Abwässer werden unterirdisch in Kanälen nach grobmechanischer Klärung dem Hafen zugeführt. Die festen Abgänge werden in Gruben gesammelt und finden in der Landwirtschaft Verwertung.

Das Bad weist gute Erfolge bei nervösen Abspannungen auf.

Eine Stunde von Laboe entfernt, weiter östlich an der Kieler Aussenföhrde liegt das kleine Seebad **Stein,** welches jährlich von etwa 400 Badegästen aufgesucht wird. Den Fremden stehen 2 Gasthöfe und Privatlogis bei den Einwohnern und eine kleine Badeanstalt zur Verfügung.

Noch weiter ostwärts an der freien Ostsee liegt das ebenfalls stille und ruhige Bad **Schönberg-Stakendorfer Strand** mit einem Sandbadestrand, der, sehr allmählich tiefer werdend, sich weit in die See erstreckt. In der Nähe findet sich Waldung. Das Bad verfügt über mehrere Logierhäuser, ein Badefloss mit 32 Zellen und eine 400 m lange Seebrücke. Warme Seebäder sind in einem Privathause erhältlich. Die Besucherzahl ist in den letzten Jahren bedeutend gewachsen und erreicht nahezu 1000. Das nahe Schönberg hat 2 Aerzte, Apotheke und ausgebildete Krankenpflege.

An der Howachter Bucht in der Nähe Fehmarns liegt das Seebad **Hohwacht** mit gutem Sandstrand. Ein Gasthof und mehrere Fischerkaten gewähren Wohnung und Verpflegung für bescheidene Ansprüche. Es wird jährlich von etwa 100 Personen besucht. Die 8 km entfernte Stadt Lütjenburg ist der Sitz von 2 Aerzten und einer Krankenschwester und hat eine Apotheke und ein kleines Krankenhaus.

IX. Kreis Oldenburg.

An der Neustädter Bucht, dem südwestlichen Teile der Lübecker Bucht liegt das Seebad **Neustadt,** welches in der letzten Zeit als Bad und Sommerfrische sehr an Bedeutung gewonnen hat. Die Frequenzziffer des Jahres 1911 beträgt rund 1800.

Seine Bevölkerung von 5083 Köpfen setzt sich in der Hauptsache zusammen aus Gewerbetreibenden, Landleuten und Fischern. In dem auf 6 m Tiefe ausgebaggerten geschützten Hafen besteht ein lebhafter Handelsverkehr, welcher durch die Ausfuhr von landwirtschaftlichen Erzeugnissen und die Einfuhr von Kohlen und Holz unterhalten wird.

Neustadt liegt unmittelbar an einer Ausbuchtung der Ostsee, der grösste Teil an und auf einer Höhe, welche nach dem Neustädter Binnenwasser, einer mit der Ostsee in Verbindung stehenden beckenartigen Erweiterung des Flüsschens Krempe allmählich, nach dem Hafen steiler abfällt. Am Ostufer des Hafens führt die Strandpromenade nach dem Kaiserholz, einem mit Laub- und Nadelholz bestandenen städtischen Gehölz, und weiter ostwärts nach dem am Strande an den Pelzerwiesen gelegenen Badehotel Eichenhain. Um das Hotel entwickelt sich eine Badekolonie, welche zurzeit aus mehreren Einzelhäusern und einem Hause für Hamburger Ferienkolonisten besteht. Das Landgebiet um Neustadt zeigt in wellenförmigen Erhebungen und Senkungen des Bodens einen Wechsel von Wald, Wiese und Feld. Weiter entfernt, aber in knappen 2 Stunden zu Fuss erreichbar, liegt die zum Gute Brodau gehörige Waldung Gross-Koppel, ein hart am Meer gelegener Buchenwald mit steil abfallendem Ufer und tiefen Schluchten. Neustadt hat ein mildes Seeklima. Industrielle Anlagen störender Art fehlen in der Stadt und ihrer Umgebung.

An Seebadeanstalten sind vorhanden das Seebad Neustadt, eine in der See auf Pfählen stehende Badeanstalt mit Herren-, Damen- und Familienbad, die Bäder Marienbad und Eichenhain mit Badebuden und Badekarren. Die erforderlichen Rettungseinrichtungen stehen zur Verfügung des Publikums. Warme Seebäder werden in den Hotels Seeburg und Marienbad verabfolgt.

Ausser dem schon erwähnten Hamburger Ferienheim in Eichenhain befindet sich in Neustadt ein Erholungsheim für die Schwestern der Hamburgischen Staatskrankenanstalten, das Erikabad an der Strandpromenade.

Neustadt, wo 4 Aerzte tätig sind, ist der Sitz einer Apotheke, hat geordnete Krankenpflege und Desinfektion und ein Krankenhaus mit Isolierzimmern für ansteckende Krankheiten.

Zur Unterbringung der Gäste dienen in erster Linie die an der Strandpromenade und am Hafen gelegenen Hotels und Logierhäuser (Seeburg, Marienbad, Eichenhain), aber auch die Gasthöfe im Innern der Stadt und Privatquartiere.

Die Nahrungsmittelkontrolle wird von der Polizeibehörde, die Fleischbeschau von einem Tierarzt wahrgenommen, die Milch von den Genossenschaftsmeiereien geliefert.

Die Wasserversorgung erfolgt in einwandfreier Weise durch Röhren- und Kesselbrunnen.

Die flüssigen Wirtschaftsabgänge werden zum grössten Teil unterirdisch in den Binnensee und den Hafen geleitet, die menschlischen Ausscheidungen teils durch Eimerabfuhr, teils durch Spülung beseitigt. Zur Aufnahme des Mülls sind besondere Gruben vorhanden. Die Strassenreinigung liegt den Anliegern ob.

Die Krankheitsindikationen für Neustadt sind Blutarmut, Nervosität, Schwächezustände und leichte Erkrankungen der Atmungsorgane.

Nordöstlich von Neustadt liegen an der Lübecker Bucht die drei Ostseebäder **Grömitz, Kellenhusen** und **Dahme**, welche sich in Lage, Klima und Einrichtungen gleichen und zweckmässig zusammen besprochen werden.

Sie sind schon seit Mitte des vorigen Jahrhunderts als Bäder bekannt, haben aber erst in den letzten 20 Jahren eine grössere Bedeutung erlangt. Ihren Ruf verdanken sie der freien Lage an der offenen, breiten Lübecker Bucht, dem sanft abfallenden sandigen Strande und den leicht erreichbaren Waldungen mit reichen Beständen an Buchen, Tannen und uralten Eichen. Grömitz zählte im Jahre 1911 6556, Kellenhusen 4674 und Dahme 6670 Kurgäste.

Grömitz hat 1020, Kellenhusen 443 und Dahme 683 Einwohner. Die Bevölkerung setzt sich aus Ackerbau-, Fischfang- und Gewerbetreibenden zusammen. Grössere industrielle Betriebe fehlen.

Die Küste ist gegen die See durch einen niedrigen Deich geschützt, hinter welchem die eigentlichen Ortschaften liegen. Vor dem Deich findet sich der ausgedehnte breite Strand, welcher die Badeanstalten und Strandhallen, sowie Hotels und Logierhäuser in grösserer Zahl trägt. In der Nähe Kellenhusens und Dahmes liegen grosse fiskalische Waldbestände, 3 km von Grömitz entfernt der zu dem Gute Brodau gehörige Wald Kagelbusch. Es herrscht ein mildes Seeklima, die Luft ist eher weich, östliche Winde erzeugen einen kräftigen Wellenschlag.

Die Badeanstalten am Strande haben Herren-, Damen- und Familienbad und sind mit Rettungseinrichtungen ausgestattet. In allen 3 Bädern bestehen Einrichtungen für Warmbäder.

Besondere Kuranstalten sind nicht vorhanden.

Die ärztliche Behandlung der Einwohner und Fremden liegt in den Händen der in Neustadt, Cismar und Grube ansässigen Aerzte. Cismar und Neustadt haben Apotheken. Schwerkranke und ansteckende Kranke finden im städtischen Krankenhause zu Neustadt und in dem Isolierhause, welches im Jahre 1908 zwischen Dahme und Kellenhusen erbaut worden ist, Aufnahme. Desinfektion und Gemeindekrankenpflege sind geordnet.

Zur Unterbringung der Gäste stehen Hotels und Logierhäuser ausserhalb des Deiches am Strande und innerhalb des Deiches in den Dörfern und zahlreiche Privathäuser zur Verfügung. Die Ausstattung der Zimmer und Wohnungen ist einfach und genügt nur bescheidenen Ansprüchen.

Die Nahrungsmittel werden vorwiegend von den landwirtschaftlichen Betrieben der Nachbarschaft, die Milch von Genossenschaftsmeiereien geliefert. Die Nahrungsmittelkontrolle übt die Polizei, die Fleischbeschau ein Laie aus.

Das Trink- und Gebrauchswasser stammt aus Röhren- und Kesselbrunnen und ist einwandfrei. Die Abwässer werden teils oberflächlich, teils unterirdisch abgeleitet. Als Vorflut dienen Binnenwässer und die See, der Einlauf in die See ist so gewählt, dass der Badestrand vor Verunreinigungen sicher ist. Die menschlichen Ausscheidungen werden in Tonnen und Gruben gesammelt und abgefahren.

Die Bäder Grömitz, Kellenhusen und Dahme haben sich gegen Blutarmut, Nervosität, Schwächezustände und katarrhalische Erkrankungen der Atmungsorgane bewährt. Die Mehrzahl der Badegäste ist gesund und sucht nur Erholung.

An der nordöstlichen Ecke Holsteins, an der Nordküste des Kreises Oldenburg im Lande Wagrien, der Insel Fehmarn gegenüber liegt das Seebad **Heiligenhafen** mit vorgelagerter Insel, auf der sich das Seebad, Eigentum der deutschen Badegesellschaft, befindet. Die Frequenz betrug im Jahre 1911: 941.

Die Einwohner, 2338 an der Zahl, treiben Landwirtschaft, Fischerei und Kleingewerbe. Grössere industrielle Betriebe fehlen.

Heiligenhafen, Warder-Villenkolonie.

Die Stadt liegt an dem unteren Abhange eines im Süden vorgelagerten Höhenzuges. Im Osten befindet sich das Badehotel Warteburg, im Westen am Stadtpark das Kurhaus der Deutschen Badegesellschaft. Weiter westlich führt der Weg nach dem Eichholz, einem kleinen von meist alten knorrigen Bäumen bestandenen Gehölz, und nach dem steil in das Meer abfallenden „Hohen Ufer“. Nördlich vor der Stadt liegt die Insel Warder, welche durch eine Brücke mit dem Festlande verbunden ist. Auf dem Warder herrscht reines Seeklima und bei Nord- und Nordwestwinden starker Wellenschlag.

Die Badeanstalt liegt auf der Nordseite des Warder. An langen in die See hinausgeführten festen Stegen befinden sich die Badezellen, von welchen Treppen ins Wasser führen. Der Badegrund ist sandig. Das unmittelbar am Wasser gelegene Hotel Warteburg hat seine eigene kleine Badeanstalt. Rettungseinrichtungen sind vorhanden, desgleichen Vorkehrungen für warme Seebäder.

Besondere Kuranstalten fehlen.

Heiligenhafen ist der Sitz von zwei Aerzten und einer Apotheke, Schwerkranke und Infektionskranke finden in dem Kreiskrankenhause zu Oldenburg Aufnahme. Gemeindekrankenpflege und Desinfektion sind geregelt.

Die Badegäste finden in dem in einem Park gelegenen Kurhause, in dem am Wasser gelegenen Badehotel Warteburg, in verschiedenen im Innern der Stadt gelegenen Gasthöfen und in Privathäusern Unterkunft. Auf dem Warder stehen 9 Villen, welche teilweise an Badegäste vermietet werden.

Die Nahrungsmittel liefert vorwiegend die Landwirtschaft der Stadt und der nächsten Umgebung. Den Nahrungsmittelverkehr überwacht die Polizei, die Fleischbeschau übt ein Laie aus.

Die Stadt erhält gutes Trink- und Gebrauchwasser aus Kessel- und Röhrenbrunnen. Die Villen auf dem Warder werden durch eine Wasserleitung vom Festlande aus einem Tiefbrunnen mit Wasser versorgt. Die Haus- und Küchenwasser werden teils oberflächlich, teils unterirdisch in den Hafen geleitet, die menschlichen Ausscheidungen durch Abfuhr beseitigt.

Die Kur in Heiligenhafen wirkt günstig auf Blutarmut, Nervosität und Skrofulose.

An der Südküste der Insel Fehmarn 3 km südlich von Burg liegt die Seebadeanstalt **Burger Tiefe**, zur Gemeinde Sahrensdorf gehörig, welche nicht nur von den Einwohnern der Stadt Burg, sondern auch von Sommergästen, welche in dem Hotel „Zur Tiefe“ logieren, besucht wird.

b) Nordseebäder.

I. Kreis Tondern.

Die Insel Röm ist die nördlichste der nordfriesischen Inseln, 15 km lang und 5 km breit. Sie ist von 3 Dünenketten durchzogen, deren westliche an dem offenen Meere liegt. Das Innere besteht aus Heideland, während die an das Wattenmeer grenzende Ostküste streckenweise dem Ackerbau und der Viehzucht dient. Ungefähr in der Mitte der von Norden nach Süden verlaufenden Westküste liegt das Nordseebad **Lakolk**, welches im Jahre 1898 von dem Pastor Jacobsen in Scherrebek gegründet wurde und infolge seiner eigenen Reize aus kleinen Anfängen einen geachteten Platz unter den Nordseebädern der Provinz sich eroberte. Ungünstige Verkehrsverhältnisse und die unsichere wirtschaftliche Lage führten zu einem Niedergang, von welchem das Bad sich noch nicht erholt hat. Die Zahl der Kurgäste erreichte Anfang des Jahrhunderts 2000 und bewegt sich in den letzten Jahren zwischen 200 und 300.

Die Insel Röm hat 802 Einwohner, welche Ackerbau, Viehzucht und Fischerei treiben und in ziemlich dürftigen Verhältnissen leben.

Lakolk liegt in der westlichen Dünenkette. Vor den Dünen findet sich ein breiter, fester, rein sandiger Vorstrand, welcher an der Meeresgrenze flache Erhebungen aufweist. An der Westküste Röms herrscht reines Seeklima, die Temperatur zeigt verhältnismässig geringe Schwankungen, die Landwinde werden von den Dünen abgehalten.

Der eigentliche Badestrand an der Meeresgrenze des Vorstrandes ist auf einer Trampelbahn in 8 Minuten von den Dünen zu erreichen. Auf hohen Pfählen stehen dort zwei Badehäuser mit zusammen 30 geräumigen Kabinen und ausreichenden Rettungsapparaten und in der Mitte die Strandhalle. Das südliche Badehaus ist das Damenbad, das nördliche das Herren- und Familienbad. Der Badestrand fällt sanft ab und hat während der Flut, der üblichen Badezeit, kräftigen Wellenschlag. Ein kleines Warmbadehaus mit mehreren Wannen für Seewasserbäder und Dampfbad liegt in den Dünen. Für Luftbäder und Turnen bietet sich ausreichende Gelegenheit.

Besondere Kuranstalten sind nicht vorhanden.

Der Landschaftsarzt, welcher eine Hausapotheke hält, wohnt in Kongsmark an der Ostküste der Insel. Eine Krankenpflegerin besorgt nebenbei etwa erforderlich werdende Desinfektionen. Für Infektionskranke wird ein kleines Blockhaus bereitgehalten.

Die Badegäste wohnen in den zwischen den Dünen in norwegischem Stile erbauten aus starken Bohlen wetterfest gefügten Blockhäusern, welche nur einer Familie als Wohnung dienen und aus einer offenen oder glasgeschützten Veranda, dem Wohnzimmer und einem oder mehreren Schlafräumen bestehen, oder in einem der beiden Logierhäuser, der Drachenburg mit 80 Zimmern und dem Alten Logierhaus mit 12 Zimmern.

Die Verpflegung erfolgt gemeinsam in der sogenannten Kaiserhalle mit geräumigem Esssaal, Lesezimmer und anderen Gesellschafts-

Lakolk auf Röm, Blockhäuserpartie.

räumen. Die Insel liefert Milch und gelegentlich Fleisch und Fische. Der Bedarf an Nahrungsmitteln wird im wesentlichen vom nahen Festlande gedeckt, wo auch die Kontrolle ausgeübt wird.

Gutes und reichliches Wasser liefern Röhren- und Kesselbrunnen. In der Kaiserhalle und den Logierhäusern werden die menschlichen Ausscheidungen durch Spülklosetts beseitigt. Sie fliessen in Gruben, deren flüssiger Inhalt unterirdisch in die Dünen geleitet wird, während die festen Bestandteile nach Schluss der Saison abgefahren werden. Die Blockhäuser haben Torfmullklosetts, der Inhalt der Kübel wird abseits in den Dünen vergraben. Die Wirtschaftswässer versickern zum grössten Teil ohne weitere Behandlung in den Sand. Für die festen Abfälle findet sich bei der Kaiserhalle eine Grube. Für den Verkehr in den Dünen dienen Trampelbahnen und Betonpflaster.

Schwächliche Kinder und nervöse überarbeitete Personen haben Lakolk mit gutem Erfolge besucht.

Am Wattenmeere liegt in der Nähe der Landungsbrücke für die von dem gegenüberliegenden Festlande kommenden Schiffe der Ort **Kongsmark** mit dem Gasthof Römerhof, in welchem auch Badegäste Aufenthalt nehmen. Für das Baden im Wattenmeer sind einfache Einrichtungen vorhanden.

Südlich von der Insel Röm durch das Lister Tief von ihr getrennt, liegt Sylt, die grösste deutsche Nordseeinsel mit 102 qkm Flächeninhalt. Der 35 km lange, der offenen Nordsee zugekehrte Weststrand der Insel trägt eine kaum unterbrochene Dünenkette, stellenweise mit steilem Abfall. Ihr ist in der ganzen Länge in ungefähr gleicher Breite ein Strand von weissem feinem Sande vorgelagert, auf welchem vor Westerland bis zum Jahre 1911 die bekannten Strandhallen lagen. Im Norden und Süden der Insel finden sich ausgedehnte Dünenfelder, zum Teil im Norden mit Heide, im Süden mit Gras und Moos bewachsen. Die ins Wattenmeer nach Osten vorspringende Landzunge hat fruchtbaren Marschboden. Ungefähr in der Mitte der Westküste liegt das Seebad **Westerland.** Schon Mitte der fünfziger Jahre des vorigen Jahrhunderts wurde es von Fremden aufgesucht, fand aber trotz der warmen Empfehlungen des Altonaer Arztes Dr. Ross in den nächsten Jahren wenig Beachtung. In den siebziger Jahren erhielt die Familie Haberhauffe eine Strecke des Strandes zur ausschliesslichen Benutzung für Badezwecke zugewiesen. Aber weder die Besitzer der Badekonzession noch die Einwohner schufen Einrichtungen, welche zur wesentlichen Hebung des Bades hätten führen können. Eine Wandlung trat mit dem Jahre 1885 ein, da Dr. Pollascek das Bad erwarb, ausbaute und durch geschickte Reklame bekannt machte. Im Jahre 1894 wurde die Gemeinde Westerland Besitzer des Bades mit den gesamten Bauten, Einrichtungen und Gerechtsamen. Seit dieser Zeit nimmt der Besuch Westerlands mit geringen Schwankungen von Jahr zu Jahr zu. Das Jahr 1911 brachte 30 004 Kurgäste nach Westerland.

Westerland verdankt seinen Weltruf seinem Klima, seinen Kurmitteln und seinen sanitären Einrichtungen.

Die Stadt Westerland zählt 2397 Einwohner und hat zwei

grundverschiedene Stadtteile. Alt-Westerland, etwa 1 km vom Strande entfernt, hat den Charakter eines friesischen Inseldorfes bewahrt. Neu-Westerland, unmittelbar hinter der bis 100 m breiten und bis

Westerland auf Sylt, Wandelbahn.

20 m hohen Dünenkette, weist Villen, Hotels und Logierhäuser in vornehmem, modernem Baustil auf. Alt-Westerland treibt Landwirtschaft und Kleingewerbe, Neu-Westerland lebt fast ausschliesslich vom Badeverkehr.

Das Badeleben Westerlands spielt sich am Strande vor den Dünen ab. Am Strande entlang führt eine Wandelbahn, an der bislang die bekannten Strandhallen lagen. Im September 1911 vernichtete eine Feuersbrunst mehrere Strandhallen und im November 1911 riss eine ausserordentlich hohe Sturmflut vom Strande weg, was das Feuer verschont hatte. Von dem Wiederaufbau der Strandhallen wurde Abstand genommen. Zum Schutze der durch die Brandung des Meeres gefährdeten Dünen wurde eine 500 m lange Strandmauer aufgeführt und hinter ihr in einer Länge von 220 m und einer Tiefe von 20 m eine Plattform angeordnet, welche verdeckte Wandelhallen und einen Musikpavillon trägt und 3 Aufgänge zu den Dünen hat. Auf den Dünen gegenüber der Plattform wurden 3 Wirtschaftshallen errichtet, welche einen Ersatz für die bisherigen Strandhallen bieten sollen. Die alten Badegäste werden sich an die neuen Einrichtungen erst gewöhnen müssen.

In Westerland herrscht reines Inselklima, welches, angeblich infolge der Nähe des Golfstromes, milder ist, als nach der nördlichen Lage zu erwarten steht. Im Winter machen sich die Weststürme trotz der schützenden Dünenkette recht fühlbar. Die Luft ist rein, staubfrei und feucht und hat in unmittelbarer Nähe des Meeres durch das Zerstäuben der Wellenköpfe einen deutlich wahrnehmbaren Salzgehalt. Sie ist von gleichmässiger Temperatur und fast stets in Bewegung.

Die Klagen, welche früher über Rauchbelästigung durch die Strandhallenküchen, verschiedene Kleingewerbe und den Eisenbahnbetrieb lautbar wurden, sind in den letzten Jahren verstummt.

Von Kureinrichtungen bietet Westerland alles, was von einem modernen Weltbade verlangt werden kann.

Im Norden des Westerlander Strandes liegt ein Familienbad, dem ein Damenbad, im Süden ein Familienbad, dem ein Herrenbad angegliedert ist. Ausser gegen 300 Einzelbadebuden finden sich in beiden Familienbädern grössere Auskleidehallen mit je 46 Zellen.

Nordbad und Südbad sind durch die 3 km lange Wandelbahn mit einander verbunden. Die Strandverhältnisse gestatten das Baden zu jeder Tageszeit unabhängig von Ebbe und Flut. Der Badegrund ist feinsandig, der Wellenschlag stark. Einrichtungen für Luft- und Sonnenbäder finden sich in den Dünen im Norden Westerlands. Das viel angefeindete Rettungswesen hat in den letzten Jahren auf Drängen des Badepublikums eine weitere Vervollkommnung erfahren.

Ausser Rettungsringen und Stangen, auf Rollen laufenden Leinen, Samariterkästen, Ruhebetten, Korkwesten, schwimmkundigem Aufsichtspersonal mit Warnungshörnern finden sich jetzt bei den Haupt-

Westerland auf Sylt, Warmbadehaus.

bädern Rettungsboote mit ausgebildeter Rettungsmannschaft, welche aber nach Ansicht der Sachverständigen durch eine einigermassen starke Brandung nicht geführt werden können. Der wachhabende Badewärter steht auf der Plattform eines Holzgerüstes, von wo aus er den ganzen Badeplatz überblicken kann. Der Badeplatz ist durch mit Tauen verbundene Bojen abgegrenzt, wodurch auch ein Hinaustreiben der Badenden in das offene Meer verhindert wird. Die Sicher-

Westerland auf Sylt, Kurhaus.

heitsvorkehrungen dürften jetzt so vollendet sein, dass Unglücksfälle durch Ertrinken nach menschlichem Ermessen eigentlich ausgeschlossen sind und bei den Badegästen ein Gefühl der Unsicherheit kaum aufkommen kann.

Das zur Saison 1908 eröffnete Warmbadehaus, welches wie das Kurhaus im friesischen Stil erbaut ist, verabfolgt ausser warmen See- und Süsswasserbädern alle möglichen medizinischen Bäder, insbesondere Dampf- und Heissluftbäder, Kohlensäurebäder, elektrische Licht- und Wasserbäder, Teilbäder, Douchen und Abreibungen, ferner warme und kalte Inhalationen. Ein Institut für schwedische Heilgymnastik und Massage steht unter sachkundiger Leitung.

Von besonderen Kuranstalten finden sich in Westerland:

1. Das Genesungsheim der Hansestädte für Sommer- und Winterkuren, welches 1899 mit 85 Betten eröffnet worden ist. Dasselbe ist mit weiblichen Mitgliedern der Hanseatischen Versicherungsanstalt, welche an Tuberkulose, Blutarmut und anderen Schwächezuständen leiden, belegt. Es ist mit grossen offenen und verdeckten Liegehallen ausgestattet und enthält Badezellen und Desinfektionseinrichtungen.

2. Die 1889 gegründete Kinderheilstätte Bethesda im Besitze und in Verwaltung eines Vereins. Sie bezog 1910 ein neues zweistöckiges, im altfriesischen Stil gehaltenes Gebäude mit 75 Betten, ist von Mai bis Oktober geöffnet, nimmt ein Pflegegeld von 20 Mark pro Woche und gewährt halbe und ganze Freistellen. Kinder, die an offener Tuberkulose leiden, sind von der Aufnahme ausgeschlossen.

3. Dr. Ross' Kinderheim, gegründet 1897, geöffnet von Juni bis Oktober, im Besitz des Vereins Dr. Ross' Kinderheim, mit 30 Betten. Das Pflegegeld, welches für die Mehrzahl der Kinder von wohltätigen Vereinen bezahlt wird, beträgt 20 Mark pro Woche.

Ein Nordsee-Schulsanatorium, verbunden mit Jugendpensionat und Ferienheim für Knaben und Mädchen besserer Stände im Alter von 5 bis 18 Jahren, unterhält Dr. Koch, Pastor a. D. Das Gemeindekrankenhaus mit 30 Betten im Norden Westerlands hat eine Isolierstation.

In Westerland sind ständig 3 Aerzte ansässig. Die Stadt hat Apotheke und Desinfektionseinrichtungen. Schwerkranke und Infektionskranke werden dem Gemeindekrankenhause überwiesen, dessen Personal wenigstens im Notfalle vorübergehend auch Pflege im Ort übernimmt.

Die überwiegende Mehrzahl der Kurgäste wohnt in Privathäusern, welche fast sämtlich den Charakter von Logierhäusern z. T. auch mit Pension tragen. Ausserdem stehen den Badegästen eine grosse Zahl von Gasthöfen zur Verfügung, von denen einige ständig, andere nur während der Saison geöffnet sind. Das Kurhaus enthält ausser den Restaurationsräumen und mehreren Festsälen auch noch einzelne Fremdenzimmer. In Westerland sind hochelegante und einfache Zimmer zu bekommen, letztere vornehmlich in Alt-Westerland.

Westerland kann seinen ganzen Milchbedarf von der Insel ohne Zufuhr vom Festlande decken, braucht aber auch gelegentlich kondensierte Milch. Das Fleisch liefert die Insel und das gegenüberliegende Festland, die übrigen Nahrungsmittel zum grössten Teil Hamburg. Es besteht polizeiliche Nahrungsmittelkontrolle, welche sich besonders auch auf die Milch erstreckt, und tierärztliche Fleischbeschau.

Seit dem Jahre 1901 hat Neu-Westerland Zentralwasserleitung, während Alt-Westerland noch zum grössten Teil durch Einzelbrunnen, Röhren- und Kesselbrunnen versorgt wird. Das Wasser der Zentralwasserleitung ist reines Grundwasser, welches aus 3 Tiefbrunnen im Norden der Stadt gewonnen wird.

Gleichzeitig mit der zentralen Wasserversorgung wurde in Neu-Westerland Schwemmkanalisation eingeführt. Die Sammelgrube für sämtliche Abwässer findet sich im Norden der Stadt, von wo sie mittelst einer Druckleitung in eine mehrere Kilometer von den südlichsten Häusern entfernt zwischen Dünen gelegene grosse Mulde gefördert werden. Hier werden sie auf Rieselbeeten verrieselt, das Drainwasser gelangt durch Marschgräben in das Wattenmeer. Die Müllabfuhr erfolgt auf einen Müllplatz an abgelegener Stelle der weiten Heide im Norden Westerlands. Die Fahrwege sind nur chaussiert und werden von der Gemeinde gereinigt, die Bürgersteige sind mit Klinkern belegt und von den Anliegern sauber zu halten.

In Alt-Westerland bestehen hinsichtlich der Behandlung der unreinen Abgänge rein ländliche Verhältnisse.

Westerland ist nicht nur ein Vergnügungs- und Erholungsbad, sondern entfaltet auch grosse Heilwirkungen. Skrofulose und Tuberkulose der Drüsen und Knochen, Blutarmut und Schwächezustände, Schleimhautkatarrhe der oberen Luftwege und chronische Bronchialkatarrhe, Asthma und funktionelle Nervenleiden, sind die Krankheiten, welche in erster Linie von Westerland günstig beeinflusst werden.

4 km nördlich von Westerland in einiger Entfernung vom Strand liegt das Seebad **Wenningstedt,** der älteste Ort der Insel Sylt. Während in Westerland ein buntes Badeleben herrscht, gewährt Wenningstedt einen ruhigen Aufenthalt. Es hat sich im ganzen seinen ländlichen Charakter bewahrt, in letzter Zeit aber auch schon einige

grössere Logierhäuser erhalten. Die Zahl der Badegäste belief sich im Jahre 1911 auf 2541.

Die Küste von Wenningstedt stellt ein hohes Steilufer dar. Die Strandbäder, welche der Gemeinde Westerland gehören, ein Herren- und ein Damenbad, sind mit ausreichenden Rettungseinrichtungen versehen. Die Badegäste wohnen in kleinen Logierhäusern. Einwandfreies Trink- und Wirtschaftswasser wird von Einzelbrunnen geliefert, die menschlichen Ausscheidungen werden in Gruben gesammelt und im Winter abgefahren.

2 km nördlich von Wenningstedt liegt das Seebad **Kampen.** Das Anfang der neunziger Jahre des vorigen Jahres erbaute Kurhaus liegt auf der höchsten nördlichen Bodenerhebung, welche als Rotes Kliff 30 m steil nach dem Strande abfällt. Im Dorfe Kampen liegen in der Nähe des Kurhauses einige Logierhäuser. Am Strande finden sich Badeeinrichtungen mit dem erforderlichen Rettungsapparat, während warme Seebäder im Kurhause verabreicht werden. Trink- und Gebrauchswasser wird von ausreichend geschützten Brunnen geliefert. Die menschlichen Ausscheidungen werden in Gruben gesammelt. In Kampen weilen jährlich rund 500 Kurgäste.

Die Badegäste Wenningstedts und Kampens suchen in Westerland nicht nur Abwechslung, sondern machen auch von seinen Kurmitteln Gebrauch und sind in Krankheitsfällen auf seine Hilfsmittel angewiesen.

Die Insel Amrum, südlich von Sylt, 10 km lang und bis zu 3 km breit, ist 21 km von der Festlandsküste entfernt und 11 km über die benachbarte Insel Föhr in die See vorgeschoben. Sie ist eine sandige Insel mit ausgedehnter Heidelandschaft und wird im Westen von der offenen See und im Osten von dem Wattenmeer bespült. Die Westküste trägt eine mächtige Dünenkette, während nach Osten dem Wattenmeer zu das Land sich abflacht. Die Insel hat 5 Ortschaften, welche eine Gemeinde mit 973 Einwohnern bilden.

Als Badeorte sind **Wittdün** im Süden und **Norddorf** im Norden der Insel von grösserer Bedeutung.

Ende der 80er Jahre des vorigen Jahrhunderts gründete eine Aktiengesellschaft in Wittdün ein Bad und erwarb einige Jahre später auch das etwa um dieselbe Zeit von einem Wandsbeker Konsortium 4 km weiter nördlich am Fusse der über 30 m hohen Satteldüne errichtete Logierhaus Satteldüne. Die Aktiengesellschaft erbaute an der Südspitze der Insel eine Reihe von Logierhäusern und schuf am Wittdüner Strande und auf Kniepsand, einer der Insel westlich vorgelagerten Sandbank, Badeeinrichtungen. Sie geriet vor mehreren Jahren in Konkurs; die einzelnen Hotels und Logierhäuser wurden nach und

Wittdün auf Amrum.

nach verkauft, während die der Aktiengesellschaft s. Zt. verliehene Badekonzession auf Antrag der Gemeinde auf den bisherigen Badekommissar für 20 Jahre übertragen wurde.

In Norddorf eröffnete Pastor D. von Bodelschwingh im Jahre 1890 das christliche Seehospiz, welches jetzt aus 4 getrennt liegenden Gebäuden besteht, von denen zwei Unterkommen gewähren, während zwei nur Tagesräume enthalten. Ausser den Hospizen finden sich in Norddorf einige Gastwirtschaften, deren Gäste zum weit überwiegenden Teil in Norddorf Privatlogis nehmen.

Die Zahl der Kurgäste Amrums liegt um 5000 und betrug im Jahre 1911: 6189.

Ein grosser Teil der jungen Leute Amrums geht zur See und kehrt im gereiften Alter in die Heimat zurück; die massgebenden älteren Männer Amrums sind fast sämtlich Seefahrer gewesen. Nebenbei wird Ackerbau und etwas Viehzucht getrieben. Die Erwerbsverhältnisse Wittdüns sind beinahe ausschliesslich auf die Badesaison zugeschnitten.

Die Mehrzahl der Logierhäuser Wittdüns steht auf der Düne an der Wandelbahn, welche dem Strande folgt, wenige in den Tälern und an dem flachen Ostufer; die Hospize Norddorfs liegen in geringer Entfernung von einander im Schutze der Dünen. Dünen und Flugsand von Wittdün lassen nur ein spärliches Pflanzenwachstum aufkommen, während die Hospize in Norddorf zwischen Wiesen liegen. Die Insel Amrum hat ein gleichmässiges Seeklima, kräftiger an der Seeseite, milder an der Landseite, ist aber wegen seiner vorgeschobenen Lage den Winden mehr ausgesetzt als die zwischen ihr und dem Festlande liegende Insel Föhr.

Einrichtungen für kalte Seebäder finden sich am Südstrande vor Wittdün, am Weststrande auf der Sandbank Kniepsand und am Nordstrand vor Norddorf. Es bietet sich Gelegenheit, ein Bad in starker Brandung oder in ruhigem Wellenschlag zu nehmen.

Der Südstrand ist 30—40 m breit und hat schwachen Wellenschlag; in dem Herren-, Damen- und Familienbad werden die Bäder von Badebuden aus genommen. In der Nähe der Badeanstalt ist ein Luftbad. Die Badeanstalten am Weststrande stehen auf hohen Pfählen auf dem südwestlichen Ausläufer des über 1 km breiten Kniepsandes und sind von Wittdün auf einer elektrischen Bahn, welche durch die Dünen und über den breiten Strand führt, leicht erreichbar. Auf Kniepsand herrscht im Gegensatz zu Wittdün eine starke Brandung. Die Badeeinrichtungen Norddorfs ähneln denen Wittdüns. Sämtliche Badeanstalten sind mit Rettungsapparaten ausreichend ausgestattet.

Die alte einfache Warmbadeanstalt Wittdüns fiel der Versandung und Sturmfluten zum Opfer; die 1909 eröffnete neue Warmbadeanstalt hat 16 Badezellen und Einrichtungen für Teilbäder, Schwitzbäder, Douchen und Lichtbäder. Das etwas abgelegene Warmbadehaus in Norddorf hat 6 Zellen. Auch in dem Logierhause Satteldüne können warme Bäder genommen werden.

Das neue Kinderheim des Provinzialverbandes der Vaterländischen Frauenvereine Schleswig-Holsteins in Wittdün auf Amrum.

Im Jahre 1910 erwarb der Provinzialverband der Vaterländischen Frauenvereine in Schleswig-Holstein das evangelische Kinderheim in Wittdün, welches bislang in Privathänden war und nahm es in eigene Leitung. Das Haus verfügt über 36 Betten und soll noch vergrössert werden; es dient unkonfirmierten nicht kranken, aber erholungsbedürftigen Kindern zu gesundheitlicher Kräftigung[1]). Aehnliche Ziele verfolgt das im Jahre 1911 gegründete Kinderheim Haus Auler, ein Privatunternehmen, welches von einer Krankenschwester geleitet wird. Im gleichen Jahre wurde von dem Landschaftsarzt Dr. Ide, welcher in Nebel ein Sanatorium für klimatische Kuren leitet, ein Strandsanatorium in Wittdün eröffnet. Im Norden Wittdüns wurde im Jahre 1904 mit Hilfe des Kreises ein Krankenhaus mit Isolierstation erbaut, welches aber nur selten von Kranken aufgesucht wird.

Arzt der Insel ist der in Nebel wohnende Landschaftsarzt, welcher während der Saison in Wittdün und Norddorf Sprechstunde abhält. Der Heilgehilfe in Norddorf ist ein staatlich geprüfter, mit einem grösseren Formalinapparat ausgerüsteter Desinfektor, dem aber bis jetzt ein Dampfdesinfektionsapparat nicht zur Verfügung steht. In dem Seehospiz halten sich während der Saison stets mit der Krankenpflege vertraute Schwestern auf, welche im Notfalle ihre Kräfte zur Verfügung stellen. In Wittdün ist eine Filiale der Wyker Apotheke, welche aber nur im Sommer in Betrieb ist. Ausserdem hat der Landschaftsarzt eine kleine Hausapotheke, welche im Sommer in Norddorf untergebracht ist.

In Wittdün besteht eher ein Ueberschuss an Gasthöfen und Logierhäusern. Dadurch, dass der Besuch sich im ganzen etwas gehoben hat und zwei ältere Gasthöfe anderen Zwecken dienstbar gemacht worden sind, tritt allmählich ein Ausgleich zwischen Nachfrage und Angebot ein. In Norddorf stehen den Badegästen ausser den Hospizen einfache aber saubere Wohnungen in den Häusern der Einwohner in grösserer Zahl zur Verfügung. Die Gäste werden in den Hospizen und Gasthöfen verpflegt.

Der Bedarf an Milch kann während der Saison auf der Insel gedeckt werden, der Bedarf an Fleisch nur zum geringsten Teil. Den grössten Teil der Nahrungsmittel liefert das benachbarte Festland. Die Nahrungsmittelkontrolle übt die Polizei, die Fleischbeschau ein Laie aus.

Einwandfreies Wasser in ausreichender Menge wird von Einzelbrunnen, vorwiegend Röhrenbrunnen, seltener Kesselbrunnen, geliefert.

---

1) Nachtrag bei der Korrektur: Der Neubau des Kinderheims ist im Jahre 1913 in Betrieb genommen. (Abbildung S. 181.)

In Wittdün hat sich eine einheitlich geregelte Kanalisation bis jetzt nicht erreichen lassen. Mehrere Hotels und Villen entwässern in geschlossener Rohrleitung in das Wattenmeer, andere sammeln die menschlichen Ausscheidungen in Gruben, deren Inhalt im Winter abgefahren wird, oder in Tonnen, die regelmässig abgeholt werden. Ein Teil der Hauswässer versickert in den Dünensand. Der Müll wird in verdeckten Gruben gesammelt und im Herbst abgefahren. In Norddorf werden die unreinen Abgänge in der auf dem Lande üblichen Weise beseitigt.

Gepflasterte Strassen gibt es auf der Insel nicht, nur in Wittdün und Norddorf stellenweise Klinkerfusssteige.

Die Badegäste Amrums bestehen hauptsächlich aus Erholungsbedürftigen. Nervöse und überanstrengte, geschwächte und empfindliche Personen werden widerstandsfähiger und kräftiger. Hervorgehoben wird der günstige Einfluss des Amrumer Aufenthaltes auf Skrofulose und Drüsen- und Knochentuberkulose, Blutarmut, leichte Katarrhe der Luftwege und Asthma.

In **Nebel,** dem grössten Dorfe der Insel, wo der Landschaftsarzt das schon oben erwähnte Sanatorium unterhält, und in **Süddorf** suchen jährlich Badegäste Unterkunft, welche die mildere Luft des Wattenmeeres der kräftigeren der offenen See vorziehen.

In **Steenodde,** an einer Bucht des Wattenmeers zwischen Wittdün und Nebel gelegen, erfreut sich der bekannte Gasthof „Zum lustigen Seehund“ des Zuspruchs von Badegästen. Das Kurhaus **Satteldüne** am Fusse hoher Dünen liegt an einer 15 ha grossen Kieferwaldung und gewährt einen ruhigen Aufenthalt.

Die Insel Föhr, die zweitgrösste der nordfriesischen Inseln, hat einen Flächeninhalt von 82 qkm und gegen 5000 Einwohner, sie liegt unter dem Schutze von Sylt und Amrum und ist dünenlos, erhebt sich aber mit der Geest im Süden und Osten mehrere Meter über den höchsten Wasserstand der See, während die weite Marsch, welche den nördlichen und westlichen Teil der Insel einnimmt, bedeicht ist.

An der Südostecke der Insel liegt das Seebad **Wyk.** Es besteht seit dem Jahre 1819; im Eröffnungsjahre zählte es 61, im Jahre 1825 185 Kurgäste. 1856 kamen die Badeeinrichtungen in den Besitz der Familie Weigelt, deren Haupte 1858 ein Badeprivileg auf Lebenszeit erteilt wurde. 1908 kaufte die Gemeinde Wyk die Kaltbadeanstalten mit Kurhaus und sonstigen Einrichtungen mit Ausnahme des Warmbadehauses von der Familie Weigelt und erhielt eine sogenannte Badekonzession, d. h. die alleinige Berechtigung, bestimmte Strandstrecken für Badezwecke herzurichten und zu benutzen. Die Zahl der Badegäste ist in den letzten Jahren langsam, aber stetig gewachsen und betrug im Jahre 1901: 5169 und im Jahre 1911: 7469.

Die Erwerbsverhältnisse der 1373 Köpfe zählenden Bevölkerung sind im allgemeinen auf die Badesaison zugeschnitten. Es wird etwas Küstenschiffahrt und Fischerei betrieben. Ein Teil der männlichen Jugend geht zur See und lässt sich in Hamburg anheuern, ein anderer unterhält sich aus dem Wassersport der Badegäste. Die Gemarkung Wyk, welche von der Gemeinde Boldixum eingeschlossen ist, ist wenig fruchtbar und gestattet höchstens etwas Viehzucht.

Die Stadt liegt auf der Geest, welche ziemlich steil nach dem Meere abfällt und in einen breiten, ganz allmählich sich abflachenden Sandstrand übergeht. Der Sandwall, die Promenade am Strande trägt eine vierreihige Allee von alten Bäumen, Linden und Ulmen. Der Hafen im Nordosten der Stadt grenzt an den Königsgarten, eine parkartige Anlage, in dessen Mitte ein kleiner See liegt, welcher zur Flutzeit vom Hafen mit Seewasser gespeist wird und während der Ebbe das Wasser zur Spülung des Hafens wieder abgibt. An der südöstlichen Stadtgrenze befindet sich der Lembkehain, ein Nadelwäldchen hart am Ufer des Meeres. Wyk ist gegen nördliche und westliche Winde geschützt und hat ein mildes Seeklima. Das Klima zeichnet sich durch Beständigkeit der Witterung und Gleichmässigkeit der Lufttemperatur aus und ist weniger anregend als das der übrigen Nordseebäder, daher für zarte Konstitutionen besonders geeignet. Die Luft ist feuchtwarm und meist leicht bewegt. Störende industrielle Betriebe sind in Wyk nicht vorhanden.

Die Strandbäder, Herren-, Damen- und Familienbad, liegen an der Südostecke Föhrs, etwa 1 km von Wyk entfernt. Es wird teils von feststehenden Kabinen, teils von Badewagen aus gebadet. Bis vor wenigen Jahren wurden die Badekarren stets von Pferden in das Wasser gefahren, später durch besondere Einrichtungen auf einer schiefen Ebene an die Wassergrenze befördert. Das letztere Verfahren entsprach nicht den Erwartungen und wurde wieder aufgegeben, nachdem eine Sturmflut den Förderapparat zum grössten Teil zerstört hat. Jetzt werden vorwiegend die feststehenden Kabinen benutzt; nur auf besonderes Verlangen werden gegen eine Preiserhöhung Bade-

Wyk auf Föhr, Kinderheilstätte.

karren gestellt, die von Pferden ins Wasser gezogen werden. Da der Badestrand sehr langsam abfällt und der Wellenschlag durch die vorliegenden Inseln und Halligen sehr gemildert wird, ist das Baden durchaus ungefährlich. Um Unglückfällen vorzubeugen, sind Sicherheits- und Rettungseinrichtungen vorhanden, welche in jüngster Zeit vervollkommnet und ergänzt worden und jetzt als vollständig ausreichend anzusehen sind. Die Warmbadeanstalt befindet sich noch im Besitze der Familie Weigelt. Sie enthält 14 Zellen für Einzelbäder und 2 grössere Räume mit je 3 Badewannen für die Kinder des Seehospizes. Das jüngst eingerichtete elektrische Bad wird wenig benutzt. Luftbäder können an mehreren Stellen genommen werden.

Die Kinderheilstätte in Wyk, eine Gründung des Vereins für Kinderheilstätten an den deutschen Seeküsten, wurde im Jahre 1883 mit 50 Betten eröffnet. Schon seit dem Jahre 1880 hatte die Flensburger Diakonissenanstalt während der Sommermonate regelmässig Kinder zur Kur nach Wyk geschickt. Als der Verein für Kinderheilstätten eine eigene Anstalt gründete, übernahm er die von der Diakonissenanstalt getroffenen Einrichtungen und liess den Betrieb eine Zeitlang in ihren Händen. Die Anstalt liegt in einem Garten unmittelbar an der See, wurde 1908 vergrössert und verfügt jetzt über 225 Betten. Für ansteckende Kranke ist ein Isolierhaus mit zwei in sich abgeschlossenen Abteilungen und 24 Betten vorhanden. Neben dem zur Anstalt gehörenden Strande liegen 2 Luft- und Sonnenbäder. Die Anstalt ist von Ende März bis Mitte November geöffnet und unterhält im Jahre 5 Kurperioden zu 6 Wochen. Aufnahme finden Kinder aller Stände und Konfessionen im Alter von 4 bis 14 Jahren.

Das Nordseehospital, im Herbst 1909 von den Aerzten Dr. Häberlin und Dr. Gmelin gegründet und jetzt im alleinigen Besitze des Dr. Gmelin, ist für solche Kranke bestimmt, deren Zustand den Aufenthalt an der See erfordert, die aber der Pflege eines Krankenhauses nicht entraten können. Es handelt sich vorwiegend um Rekonvaleszenz nach schweren Krankheiten und Operationen, chronische Katarrhe der Luftwege und Asthma, Rachitis, Skrofulose und Chlorose, tuberkulöse Knochenleiden und chronische Frauenkrankheiten. Einrichtung und Ausstattung der Anstalt entsprechen diesen weitgehenden Aufgaben. Das Hospital liegt am Lembkehain und hat 40 Betten, darunter 15 für Kinder.

Das städtische Krankenhaus Bethanien, welches 1893 mit

Hilfe des Kreises erbaut worden ist, besteht aus dem Hauptgebäude und dem Isolierhause und hat 13 Betten.

In Wyk sind ständig 2 Aerzte tätig und während der Saison eine Diakonissin. Das Krankenhaus nimmt die ansteckenden Kranken auf. Mit der Desinfektion ist der Oekonom des Krankenhauses betraut, welcher ausgebildet ist und über einen Dampfapparat und einen grösseren Formalinapparat verfügt. Wyk ist der Sitz einer Apotheke.

Die Badegäste finden in mehreren grösseren Gasthöfen Unterkunft. Ausserdem ist noch eine grössere Zahl kleinerer und einfacherer Logierhäuser und Einzelzimmer in den Wohnungen der einheimischen Bevölkerung vorhanden.

Frische Milch liefern die Milchkühe Wyks und der benachbarten Dörfer in ausreichender Menge. Die Wyker Badeverwaltung hat mit der Midlumer Meiereigenossenschaft Abmachungen getroffen, welche die Versorgung Wyks mit einwandfreier Milch gewährleisten. Den Bedarf an Fleisch, frischem Gemüse und Obst kann die Insel decken. Milch und Fleisch unterliegen der regelmässigen Kontrolle.

Das Wasser wird meist aus Kesselbrunnen, seltener aus Röhrenbrunnen in ausreichender Menge und von einwandfreier Beschaffenheit gewonnen.

Für den Sandwall und einige Nebenstrassen besteht seit 1902 Schwemmkanalisation mit Einleitung der Abwässer in den Hafen. Da die Umgebung des Hafens nicht selten unter Geruchsbelästigung leidet, beschäftigt man sich mit einem neuen Entwässerungsprojekt, welches eine Klärung der Abwässer vor ihrer Einleitung in die Vorflut vorsieht. In den an die Kanalisation nicht angeschlossenen Logierhäusern werden die Abgänge in Gruben oder Tonnen gesammelt. Der Inhalt der Gruben fliesst entweder nach mehr oder weniger gründlicher Reinigung in Gräben in unbebautes Gelände oder wird abgefahren.

Besonders günstige Erfolge sind bei Katarrhen der Luftwege, auch bei Spitzenkatarrhen erzielt worden. Ferner werden Skrofulose, Tuberkulose der Drüsen und Knochen, Rachitis, Blutarmut und Nervosität günstig beeinflusst.

Im dem südlichen Teil der Gemarkung Boldixum entwickelt sich ein neues Nordseebad **Südstrand-Föhr.** Hier liegen ausser mehreren Villen das Nordseesanatorium von Sanitätsrat Dr. Gmelin und das Kindererholungsheim der Stadt Schöneberg.

Dr. Gmelins Sanatorium, 1899 gegründet, hat ca. 230 Betten und ist vor einigen Jahren in eine Aktiengesellschaft umgewandelt worden. Das Areal umfasst 12 ha und liegt in der Nähe des Badestrandes und des Lembkehains, durch die Insel gegen Nord- und Westwinde geschützt. Die Anstalt besteht aus 2 grösseren Gebäuden und vielen kleinen Villen und ist mit Wandelbahnen, Liegehallen, orthopädischen Apparaten und mit Einrichtungen für kalte und warme Seebäder, medizinische Bäder und Luftbäder ausgestattet. Sie hat Wasserleitung, Kanalisation und elektrische Beleuchtung und wird von 2 Aerzten geleitet, denen ein geschultes Pflegepersonal zur Seite steht.

Wyk auf Föhr, Sanatorium von Dr. Gmelin (von Südwest).

Dem Sanatorium sind angegliedert das Nordsee-Jugendheim für Knaben und Mädchen von 4 bis 8 Jahren, welches im Sommer in 3 Gebäuden mit je 30 Betten untergebracht ist und im Winter in eins der Hauptgebäude übersiedelt, und das Nordsee-Pädagogium, ein Pflege- und Erziehungsheim für erholungsbedürftige und schwächliche Knaben und Mädchen, welche zu ihrer Kräftigung eines längeren Aufenthaltes im Seeklima bedürfen. Den Knaben wird der vollkommene Unterricht eines Progymnasiums oder einer Realschule bis zum Einjährigen-Examen erteilt.

Das Kindererholungsheim der Stadt Schöneberg wurde am 30. Juni 1910 eröffnet. Es ist das erste von einer deutschen Kommune gegründete Seehospiz und hat 110 Betten. Es ist mit Zentralheizung, Turnhalle, Einrichtungen für Süss- und Seewasserbäder und Isolierpavillon ausgestattet und steht unter der ärztlichen Leitung des Dr. Häberlin und unter der wirtschaftlichen Leitung einer Oberschwester, der mehrere Schwestern und Kindergärtnerinnen unterstehen. Für die Mehrzahl der Pfleglinge trägt die Stadt Schöneberg die Kosten aus dem für Wohlfahrtspflege bewilligten Fonds.

Das nahe dem Südstrande gelegene Dorf **Nieblum**, welches schon seit Jahren als Sommerfrische aufgesucht wird, rückt in die Reihe der Seebäder ein. Die Kurgäste finden einfache Unterkunft und gute Verpflegung in mehreren Gasthöfen und Badegelegenheit am Strande. Es herrschen dort noch durchaus ländliche Verhältnisse.

II. Kreis Eiderstedt.

An der Westküste der weit in die Nordsee sich erstreckenden Halbinsel Eiderstedt liegt das Nordseebad **St. Peter-Ording.** Etwa 2 km von dem Kirchdorf St. Peter entfernt zwischen dem Strand und der Düne liegt das Bad St. Peter, eine Gruppe von Hotels und Villen, 2 km nördlich hinter dem Seedeich das Dorf Ording.

Das Bad besteht seit dem Jahre 1877 und verdankt sein Entstehen und Gedeihen der Tatkraft des Pastors Henning, der zuerst in Ording und später in St. Peter amtierte. Es wurde im Jahre 1911 von 2973 Gästen besucht.

Die Gemeinde St. Peter zählt 805, die Gemeinde Ording 146 Köpfe. Die Bevölkerung treibt Fischerei und Landwirtschaft.

Vor der Westküste Eiderstedts liegt ein sehr flacher rein sandiger Strand, welcher sich zur Ebbezeit weit in das Meer erstreckt. Zwischen Ording und St. Peter trägt die Küste eine Dünenkette, welche in einer Breitenausdehnung von 300 bis 600 m und in einer Länge von 4 km von Norden nach Südosten verläuft und eine Höhe bis zu 24 m erreicht. In den Dünen finden sich schon stattlich angewachsene Tannen-, Kiefern- und Erlenanpflanzungen. Die Höhen gewähren einen Ausblick auf die weite Sand- und Heidelandschaft und landeinwärts auf die fruchtbare Marsch. Das Bad St. Peter liegt zwischen Strand und Dünen, zum Teil in den Tälern der Dünen, das Dorf Ording unter dem Schutze des Deiches an der flachen Marsch.

In St. Peter-Ording herrscht feuchte reine, meist bewegte Seeluft von gleichmässiger Temperatur.

In St. Peter wird von Karren aus gebadet, die von Pferden in das Wasser gezogen werden, in Ording von feststehenden Hütten. Der Wellenschlag ist an den einzelnen Badestellen verschieden stark. Das zur Flutzeit heranrückende Wasser nimmt von den an klaren

Tagen durch die Sonnenstrahlen erwärmten Sandflächen Wärme auf, infolgedessen das Wasser am Strande eine höhere Temperatur aufweist als im offenen Meer. Einfache, aber für den gefahrlosen Strand ausreichende Rettungseinrichtungen sind vorhanden. Bei Ebbe bietet das Wattlaufen auf dem festen leicht gewellten Sande eine beliebte und gesunde Abwechslung. Warme Seebäder sind in verschiedenen Gasthöfen zu haben.

In St. Peter befindet sich ein Erholungsheim der Landesversicherungsanstalt Schleswig-Holstein mit einem Blockhaus am Strande[1]). In Ording wurde im Juni 1911 ein Kindererholungsheim, eine Schöpfung des Hamburger Vereins „Kinderspielplatz am Köhlbrand" eröffnet. Es hat zwei Schlafsäle mit je 40 Betten für Knaben und Mädchen, Spiel- und Speisesaal, geschützte Veranden und einen etwa 5000 qm grossen Spielplatz und liegt in den Dünen dicht am Strande und unweit des Gehölzes.

In St. Peter-Ording ist eine Fürsorge für Kranke nicht getroffen. Aerztliche Hilfe muss aus dem 10 km entfernten Garding, dem Sitze von drei Aerzten und einer Apotheke, herbeigerufen werden. Die 20 km entfernte Kreisstadt Tönning gewährt im Kreiskrankenhause ansteckenden Kranken Aufnahme. Der Kreisdesinfektor wohnt gleichfalls in Tönning.

In St. Peter bieten mehrere Gasthöfe und Logierhäuser den Badegästen Unterkunft und Verpflegung; von den neuerbauten Villen werden auch einige an Badegäste vermietet. In Ording stehen den Gästen drei einfache Gasthöfe und zahlreiche Wohnungen in Privathäusern zur Verfügung.

Die Nahrungsmittel liefert das umliegende reiche Land, den Nahrungsmittelverkehr überwacht die Polizei, die Fleischbeschau übt ein Laie aus.

Wasser wird aus Röhrenbrunnen in ausreichender Menge gewonnen.

Die menschlichen Ausscheidungen werden in Gruben gesammelt, deren Inhalt nach Schluss der Saison ins Watt gefahren wird, soweit er nicht in der Landwirtschaft Verwendung findet. Die Abwässer versickern zum Teil in den Dünen, der Müll wird abgefahren.

---

1) Nachtrag bei der Korrektur: Im Jahre 1913 eröffnete Dr. Felten in St. Peter ein Erholungshaus für erholungsbedürftige Frauen und Kinder.

Die heilkräftige Wirkung St. Peter-Ordings zeigt sich bei Katarrhen der Atmungsorgane und des Rachens, bei Nervosität, Bleichsucht und Skrofulose.

III. Kreis Norder-Dithmarschen.

An der Südwestecke einer in die Nordsee vorspringenden Landzunge an der Dithmarscher Bucht liegt das Nordseebad **Büsum.** Die Anfänge des Bades liegen etwa 90 Jahre zurück. Aber viele Jahrzehnte hindurch war der Besuch auswärtiger Badegäste ein sehr spärlicher. Im Jahre 1889 bildete sich eine Gesellschaft zum Zwecke des gemeinsamen Erwerbes und des gemeinschaftlichen Betriebes der Badeanstalt, welche unter Mitwirkung des um dieselbe Zeit gegründeten Badevereins das Interesse der Gemeinde für das Bad erweckte und eine Reihe zweckdienlicher Neueinrichtungen schuf. Im Jahre 1896 ging die Badeanstalt in den Besitz der Gemeinde über. Seit Anfang der neunziger Jahre des vorigen Jahrhunderts weist Büsum einen glänzenden Aufschwung auf. Die Zahl der Badegäste, welche sich im Jahre 1879 auf 180 belief, kam 1890 bereits an die 1500 und betrug im Jahre 1911 6029.

Büsum zählt 2914 Einwohner und hat sich den Charakter des Fischerdorfes noch teilweise bewahrt. Der Ort betreibt eine ausgedehnte Wattenschiffahrt und gilt als erster Fang- und Verkehrsplatz für Krabben und Seemoos. 65 Fahrzeuge dienen zurzeit diesem Zweck. Zur Verwertung der Ausbeute der Krabbenfischerei sind grössere Konservenfabriken angelegt worden. Neben der Fischerei ist die Landwirtschaft von Bedeutung. Durch das Badewesen hat aber doch das ganze Aussehen des Ortes und das Erwerbsleben der Bevölkerung grosse Veränderungen erfahren.

Büsum liegt in ebenem Marschland in einem Winkel des Deiches, der das ganze Dithmarschen vor den Fluten der Nordsee schützt. Der Deich schliesst an der See mit einer Steinschlag-Steindecke ab. Der Raum zwischen dieser Dossierung und dem Fusse des Erdwalles, das grüne Vorland des Deiches, Berme genannt, bildet den Strand, welcher in einer Breite von 30 m in stundenlanger Ausdehnung am Meere entlang sich hinzieht. Der Ort, dessen Hauptstrassen mit Klinkern belegt sind, ist reich an Alleen, viele Häuser liegen in schattigen Gärten.

Das Bad hat eine halbinsulare Lage und bei Süd-, West- und

Nordwinden Seeluft. Das Klima ist infolge der geschützten Lage milde, die Luft feucht mit geringen Tagestemperaturschwankungen.

Klagen über irgend welche Belästigungen durch die Krabbenverwertungsindustrie sind nicht laut geworden.

Die Badeplätze für die Seebäder liegen unmittelbar am Ort, das Damenbad östlich, das Familienbad und das Herrenbad westlich vom Hafen. Für jedes Bad stehen auf dem Vorlande des Deiches rund 60 Badezellen, von welchen Treppen in die See führen. Der Badegrund flacht sich ganz allmählich ab. Es wird bei Hochwasser gebadet, während zur Ebbezeit das Wattelaufen mit blossen Füssen auf den weiten im Sommer oft intensiv erwärmten Wattflächen geübt wird. Am Strande stehen 2 Auskleidezelte zur Verfügung der Wattenläufer. Rettungseinrichtungen (Rettungsboote, Rettungsringe, Verbandkasten usw.), in deren Bedienung das Badewartepersonal ausgebildet ist, sind ausreichend vorgesehen. Luftbäder können am Strande, warme Seebäder in mehreren Warmbadeanstalten genommen werden.

Das „Nordsee-Erholungsheim" mit 25 Betten wird vorwiegend mit männlichen Mitgliedern der Landesversicherungsanstalt der Hansestädte belegt, nimmt aber auch andere Personen, Krankenkassenmitglieder usw. auf. Das „Kinder-Erholungsheim", 1908 eröffnet, mit 50 Betten wird besonders von Kindern aus Hamburg, dem Rheinland und Westfalen besucht. Es hat luftige Schlafräume, Esssaal, Unterhaltungszimmer, geschützte Veranden und am Hause einen 3000 qm grossen Spielplatz mit Turngeräten.

Im früheren Werkhause sind zwei Krankenzimmer mit zusammen 6 Betten und ausserdem für ansteckende Kranke zwei Isolierzimmer mit 4 Betten eingerichtet.

Büsum hat Arzt, Zweigapotheke, Krankenpflegerin und Pflegepersonal für die Krankenzimmer im Werkhause. Für die Desinfektion stehen Personal und Apparate zur Verfügung.

Die Badegäste finden Unterkunft und Verpflegung in einer grösseren Anzahl von Gasthöfen und Pensionen, welche höheren und bescheideneren Ansprüchen genügen. Einzelne Zimmer sind in den meisten Häusern zur Miete zu haben.

Die Nahrungsmittel werden aus der Umgebung bezogen. Milch liefern die Milchwirtschaften Büsums und der benachbarten Dörfer. Die Polizei überwacht den Nahrungsmittelverkehr, ein Laie übt die Fleischbeschau aus.

Schachtbrunnen, gemauerte und aus Zementringen aufgebaute, liefern Wasser in ausreichender Menge und von einwandfreier Beschaffenheit.

Die Abwässer fliessen zum kleineren Teil in offenen Rinnen, zum grösseren Teil in geschlossener Leitung nach grobmechanischer Klärung aus dem Orte heraus und gelangen auf grossem Umwege in einen Kanal, welcher an der Innenseite des Deiches entlang fliesst und durch eine Schleuse in den Hafen mündet. Die menschlichen Ausscheidungen werden in Kübeln gesammelt und abgefahren. Die Beseitigung der festen Abfälle und die Strassenreinigung liegt den Hausbesitzern ob.

Büsum ist in erster Linie ein Erholungs- und Kräftigungsbad für Personen, welche das Leben der Grossstadt und eine anstrengende Berufstätigkeit geschwächt hat. Sein mildes Klima macht es zu einem geeigneten Aufenthaltsort für Rekonvaleszenten, schwächliche und nervöse Frauen und skrofulöse und rachitische Kinder.

IV. Kreis Süder-Dithmarschen.

In der Mitte zwischen den nordfriesischen Inseln vor Schleswig-Holsteins Westküste und den in langer Kette der Küste Hannovers und Oldenburgs vorgelagerten ostfriesischen Inseln liegt die Felseninsel Helgoland mit einem Flächeninhalt von 0,59 qkm, welche 1890 von Deutschland erworben, dem preussischen Staate einverleibt und dem Kreise Süder-Dithmarschen angegliedert wurde. Das Nordseebad **Helgoland** wurde im Jahre 1826 von Jakob Andresen Siemens gegründet. Es wurde 1834 ein Aktienunternehmen und ging später in den Besitz der Gemeinde über. Die Zahl der Badegäste betrug 1828: 104 und erreicht jetzt die Höhe von 35 000. Im Jahre 1911 wurden 35 043 Gäste gezählt, von denen 6607 länger als 3 Tage auf der Insel verweilten.

Die Landgemeinde Helgoland hat 3417 Einwohner. Die Bevölkerung treibt Schiffahrt und Fischerei, zieht aber den Haupterwerb aus dem Badewesen.

Helgoland liegt mitten im offenen Meere 62 km von Cuxhaven entfernt und besteht aus einem fast senkrecht 60 m aus der See hervorragenden dreieckigen Felsen. Die Westküste zeigt zerklüftetes Gestein, die Ostküste steil abfallende kahle Felswände, während der Südseite des Felsens das Unterland angelehnt ist. Das Oberland auf der Plattform des Felsens fällt von Westen nach Osten ab und ist nur dürftig bewachsen; es ist das eigentliche Wohnviertel. Das Unterland, von welchem zum Oberland Treppe und Fahrstuhl führen, erhebt sich etwa 3 m über den Meeresspiegel und besteht aus Sand und Geröllmassen. Es ist das Geschäftsviertel für den Fremdenverkehr. 2 km östlich von der Insel durch einen Meeresarm von ihr getrennt liegt die Düne, eine auf Kalkgestein lagernde Sandbank, welche bei Ebbe über 2 km lang und 0,3 km breit ist. Insel und Düne sind von mit Feuersteinen durchsetzten Kreideklippen umlagert.

In Helgoland herrscht ein ausgesprochenes Seeklima. Der Sommer ist kühl, der Herbst warm. Die Luft zeigt einen hohen Feuchtigkeitsgehalt und geringe Tagestemperaturschwankungen und ist fast stets bewegt. Im Januar beträgt die mittlere Temperatur $+ 1{,}7^{0}$, im August $+ 16{,}4^{0}$, sie ist durchschnittlich im Winter etwas höher und im Sommer etwas niedriger als auf dem benachbarten Festlande.

Die Insel Helgoland ist in nautischer und strategischer Beziehung von hoher Bedeutung. Sie ist der Ansteuerungspunkt für die nach der Elbe, nach Hamburg und dem Kaiser Wilhelm-Kanal, und für die nach der Weser bestimmten Schiffe. Im Kriege hat sie diese Wasserstrassen zu schützen und einen Stützpunkt für die Flotte abzugeben. Die Marinehafenarbeiten auf dem Unterlande an der Südspitze der Insel und die Fortifikationsarbeiten auf dem Oberlande, die Garnison und die Arbeiterscharen bringen gewaltige Aenderungen in das Aussehen und das Leben Helgolands. Mancher alter Badegast wird von diesem Wechsel nicht erbaut sein und Helgoland den Rücken kehren. Von einer Störung des Badelebens und einem Rückgang des Besuches kann aber ernstlich nicht die Rede sein. Unruhe und Lärm machen sich nur in unmittelbarer Nähe der Arbeitsstätten unangenehm bemerkbar.

Der Badestrand findet sich auf der Düne, wohin die Badegäste auf Booten übergesetzt werden. Es wird sowohl an der Ost- wie an der Westküste der Düne gebadet, und zwar von Badekarren aus, deren rund 200 vorhanden sind. Der Badegrund fällt langsam ab, der Wellenschlag ist mässig stark. Es gibt auf der Düne Herren-, Damen- und Familienbad, ferner mehrere Gehege für Luftbäder. An jeder Badestelle finden sich ein Rettungsboot und sonstige Rettungsapparate, in deren Bedienung das Wartepersonal unterwiesen ist.

Auf dem Unterlande liegt das im Jahre 1892 erbaute Warmbadehaus mit 20 Zellen für warme Seebäder und einem grossen erwärmbaren Seewasserschwimmbassin mit künstlichem Wellenschlag.

Das Badehaus birgt ferner Einrichtungen für russische nnd römische Bäder, ein Inhalatorium mit Apparaten für Einzelinhalation von Seewasser und eine Waschanstalt.

Besondere Kuranstalten sind auf Helgoland nicht vorhanden. An Stelle des alten unzulänglichen Krankenhauses ist ein neues entstanden, zu dem Seine Majestät der Kaiser einen namhaften Beitrag gestiftet hat. Es enthält eine grössere Zahl von Krankensälen und Einzelzimmern, Veranden, eine Isolierabteilung und einen Desinfektionsapparat.

Helgoland hat 2 Aerzte, eine Apotheke und einen mit allen erforderlichen Geräten und Apparaten ausgerüsteten Desinfektor. Ausser den Schwestern des Krankenhauses steht ausgebildetes Pflegepersonal nicht zur Verfügung.

Für das Unterkommen der Badegäste sind Hotels und Logierhäuser in genügender Zahl und von guter Ausstattung da Ausserdem sind in den meisten Häusern des Oberlandes und des Unterlandes einzelne Zimmer zu mieten.

Helgoland bebaut auf dem Oberlande einige Aecker mit Kartoffeln und hält auf der mageren Weide Schafe, das Meer liefert Fische und Schaltiere. Diese spärlichen Erträgnisse reichen für die Ernährung der Bevölkerung bei weitem nicht aus. Die Bevölkerung muss für sich selbst und für die Tausende der Besucher ungefähr Alles, was für den Lebensunterhalt nötig ist, vom Festlande beschaffen. Ueber die eingeführten Nahrungsmittel wird eine gewisse Kontrolle ausgeübt, für die Schlachtungen auf der Insel ist ein Laienfleischbeschauer bestellt.

Die Helgoländer Bevölkerung ist fast ausschliesslich auf Regenwasser angewiesen. Es wird auf den Hausdächern gesammelt und in Zisternen geleitet. Es gibt einige Brunnen, welche brakiges Wasser führen. Zur Gewinnung von Gebrauchswasser, welches im Notfall auch als Trinkwasser dienen kann, wird die Anlage von Destillierapparaten geplant.

Von der Insel wurden bislang alle Schmutzstoffe wie von einem Schiffe „über Bord" geworfen. Auf dem Oberlande sind zwei und auf dem Unterlande eine Stelle (Schledde genannt) eingerichtet, wo alle erdenklichen Abfallstoffe ins Meer geworfen werden. Um Verstäubungen tunlichst zu verhüten, sind die Abfallschledden umkleidet und die Einwurfstellen mit Deckeln versehen. Die Hauswässer fliessen meist oberirdisch dem natürlichen Gefälle nach Nordosten folgend gleichfalls dem Meer zu. Diesen primitiven und sanitär bedenklichen Zuständen wird jetzt ein Ende gemacht. Sowohl das Oberland als auch das Unterland erhalten zur Ableitung der Gebrauchswässer und der menschlichen Ausscheidungen eine geschlossene Kanalisation, welche ihren Inhalt nach mechanischer Klärung an geeigneter Stelle dem Meere zuführt. Der den Helgoländern innewohnende Sinn für Reinlichkeit hat es trotz der urwüchsigen Behandlung der Schmutzstoffe und des Mangels an Gebrauchwasser fertig gebracht, dass über Unsauberkeit auf den Höfen und in den Strassen berechtigte Klage nicht geführt werden kann.

Helgoland bringt Erholung und Kräftigung allen denen, welche der Ausspannung aus anstrengender Berufstätigkeit bedürfen, verlangt aber eine gewisse Widerstandskraft. Es wirkt ferner günstig auf chronische Bronchialkatarrhe und asthmatische Beschwerden und auch wohl auf die ersten Anfänge der Lungentuberkulose. Eine Form des Katarrhs der Luftwege, das Heufieber, scheint von dem Helgoländer Klima ganz besonders günstig beeinflusst zu werden. Der Heufieberbund schätzt Helgoland ausserordentlich hoch.

7.

Die Seebadeorte im Hamburgischen Staatsgebiet.

Von

Dr. Schall in Cuxhaven.

(Hierzu Tafel I und 2 Abbildungen im Text.)

Die auf Hamburger Staatsgebiet befindlichen Seebadeorte gehören dem im nördlichen Winkel zwischen Weser- und Elbemündung gelegenen hamburgischen Amt Ritzebüttel an. Es sind Cuxhaven-Döse, Duhnen und die Insel Neuwerk. Das preussische, zum Kreis Hadeln gehörige „Nordseebad" Altenbruch besitzt seinen Badestrand 6 km südöstlich Cuxhaven ebenfalls auf Hamburger Gebiet.

1. Cuxhaven-Döse.

Entwickelung. Die heutige „Stadt" Cuxhaven ist erst wenige Jahre alt. 1872 wurden die beiden Flecken Ritzebüttel und Cuxhaven zu einer Gemeinde unter dem Namen Cuxhaven vereinigt. Mit diesem Ort wurde 1905 die westlich benachbarte Landgemeinde Döse verbunden. Am 4. Januar 1907 fand die Erhebung dieses Gemeinwesens zur Stadtgemeinde statt. Cuxhaven besteht heute aus den Stadtteilen Alt-Cuxhaven, Neu-Cuxhaven (Ritzebüttel) und Döse.

Als Seebad begegnet uns Cuxhaven zuerst im Jahre 1816, damals neben Norderney, das 1801 gegründet wurde, das älteste Bad der deutschen Nordseeküste. Es gestaltete sich als Sommeraufenthalt für Inlandsgäste aus. Von Hamburg war es zweimal wöchentlich durch Paketboote bei günstiger Witterung in einem Tage zu erreichen. Auf dem Landwege gelangte man mit der Post über Harburg nach Cuxhaven.

Bereits im Jahre nach seiner Gründung 1817 zählte Cuxhaven 600 Fremde, darunter 295 Badegäste, die insgesamt 2743 Bäder nahmen. Neben seiner Badeanstalt wird ein Konversationshaus erwähnt. Aber trotz guter Anfänge geriet das Unternehmen in Verfall.

Seine Wiedergeburt als Seebad erlebte Cuxhaven erst 1882 mit der Eröffnung der niederelbischen Eisenbahn von Harburg nach Cuxhaven. Im Sommer dieses Jahres nahm die „Cuxhavener Seebad-Aktiengesellschaft“ die neuen Badeanstalten für Herren und Damen bei Grimmershörn in Betrieb. Sie erfuhren eine Erweiterung und Ausgestaltung, als 1899 die Gemeinde das Seebad übernahm. Im Jahre 1901 überstieg die Zahl der Kur- und Badegäste des Amtes mit Cuxhaven an der Spitze bereits 10 000, Ende der Saison 1905 sogar 20 000. Die nächsten Jahre weisen für Cuxhaven folgende Frequenz auf:

1906 . . .	Tagespassanten	97 212,	Badegäste	23 498
1907 . . .	„	97 817,	„	23 349
1908 . . .	„	65 897,	„	21 017
1909 . . .	„	70 504,	„	25 868
1910 . . .	„	99 000,	„	23 100
1911 . . .	„	100 000,	„	27 103

Die auffallend hohen Zahlen von 1911 waren wie an andern Badeorten bedingt durch die abnorm hohe Sommertemperatur dieses Jahres, die das Reisepublikum in grossen Scharen an die See lockte.

Mit Rücksicht auf die Steigerung des Badeverkehrs laufen jetzt während der Saison täglich drei zweistündige Schnellzüge auf der Strecke Hamburg—Cuxhaven und zurück. Zwischen Cuxhaven und Geestemünde bzw. Bremerhaven und umgekehrt fährt neben einer Reihe langsamerer Verbindungen ein Zug von je $1^1/_4$stündiger Fahrtdauer. Auf dem Wasserwege erreicht man von Hamburg Cuxhaven in der Kurzeit täglich mit den Salondampfern des Seebäderdienstes der Hamburg-Amerika- und Stade-Altländer-Linie in 3—4stündiger Fahrt. Ebenso bequem ist die Dampferverbindung zurück. Drei bis viermal täglich laufen von hier nach Brunsbüttel am Kaiser-Wilhelm-Kanal und umgekehrt die Schiffe der Cuxhaven-Brunsbüttel-Dampfer-Aktiengesellschaft.

Verhältnisse der Bevölkerung. Cuxhaven zählt jetzt rund 15 500 Einwohner, wovon 3400 Köpfe auf die Marinegarnison entfallen. Von den drei Stadtteilen ist Neu-Cuxhaven (Ritzebüttel) das Geschäftsviertel. Handwerk, Handel und Gewerbe haben hier vorwiegend ihren Sitz, wenn auch eine Anzahl grösserer Geschäfte in Alt-Cuxhaven zu finden ist. Letzteres beherbergt die Mehrzahl der staatlichen und kommunalen Behörden. Die Nachbarschaft des Hafens bringt es mit sich, dass in Alt-Cuxhaven die Angestellten der Hamburger Staatsmarine, Seelotsen, Bootsleute, Elbschiffer und am Hochseefischereigewerbe beteiligte Einwohner ihren Wohnsitz haben. Unter den Elbfischern verdient die Gruppe der Krabbenfänger besondere Erwähnung. Nahe dem Strande weist Cuxhaven zahlreiche Hotels und Pensionen für Badegäste auf. Diese Bauten mehren sich von Jahr zu Jahr auch im dritten Stadtteil Döse, der, ursprünglich ein Dorf kleiner Landwirte, allmählich seinen ländlichen Charakter verliert und das Aussehen einer Badestadt annimmt. Von dem Rest dörflicher Häuser in Döse beherbergt in der Kurzeit fast jedes Gäste in Privatlogis.

Lage. Cuxhaven (Leuchtturm) liegt unter 53° 52′ 25″ nördlicher Breite und 8° 42′ 43″ östlicher Länge von Greenwich am linken Ufer der Elbe, die sich unterhalb der 15 km nordwestlich entfernten Insel Neuwerk in die Nordsee ergiesst. Die Stadt dehnt sich im hoch eingedeichten Marschland der Elbmündung in Form eines unregelmässigen Dreiecks von Süd zu Nordost nach West aus. Ihre langgestreckte Lage erklärt sich aus der allmählichen Vereinigung dreier ursprünglich getrennter Ortschaften. Die Hauptlinie geht von Nordost nach West und wird von Cuxhaven und Döse gebildet. Von Nord nach West zu Süd liegen die äusseren Ausläufer Cuxhaven-Döses und das alte Ritzebüttel.

Während Cuxhaven selbst reich an Gärten und Baumwuchs ist, fehlt der Wald, abgesehen von dem kleinen Gehölz Brockeswalde 2,5 km westlich der Stadt, in der weiteren Umgebung so gut wie ganz. Nur die grösseren Landstrassen sind gut bepflanzt. So hat der Seewind im Amt Ritzebüttel freies Spiel. Die spärlichen Baumkronen wachsen in seiner Richtung. Das örtliche Klima erhält durch ihn sein Gepräge. Es ist ein herbes aber erfrischendes, stärkendes Küsten- oder Seeklima mit mässiger Hitze im Sommer und milder Kälte im Winter.

Seiner geographischen Lage nach ist Cuxhaven genau genommen kein See- sondern ein Elbbad. In Wirklichkeit vereinigt es Vorzüge des Landbadeortes mit denen des Seebades. Die Heilkräfte des Meeres, Luft, Licht und Wasser kommen hier fast in dem vollen Masse zur Geltung wie auf den benachbarten Inselbädern der Nordsee.

In einem nach Nordwest weit geöffneten Mündungstrichter ergiesst sich der Elbstrom unweit Cuxhaven ins offene Meer. Da aber westliche Winde während des ganzen Jahres, nordwestliche während der

Bademonate Mai bis September am Orte vorherrschen, bekommt der Badegast im grössten Teil der Kurzeit reine, feuchte, staub- und keimarme Seeluft am Strande zu atmen. Dem gegenüber fällt es nicht ins Gewicht, dass die in der Saison seltenen, namentlich östlichen Landwinde die Strandluft mit Rauchprodukten aus den benachbarten Hafenanlagen und Fischräuchereien vorübergehend verunreinigen können.

Die Lufttemperatur am Badestrand von Cuxhaven beträgt bei einem Jahresmittel von 6,97° C durchschnittlich im Mai 9,66°, Juni 12,74°, Juli 14,03° August 13,89° und im September 11,66°.

Vergleichsweise führe ich die entsprechenden Werte anderer Nordseebäder auf:

	Mai	Juni	Juli	August	September
Sylt	10,1	14,3	16,1	16,3	13,9
Helgoland	9,8	14,0	16,1	16,4	14,6
Borkum-Norderney .	10,9	14,7	16,5	16,1	13,8

Die Lufttemperatur ist demnach in Cuxhaven während der Bademonate durchschnittlich 2° niedriger als auf den Inselbädern der Nordsee.

Die tägliche Temperaturschwankung beträgt in

	Juli	August	September
Cuxhaven	2,4	2,4	2,9
Wyk auf Föhr . .	3,3	3,5	2,8
Helgoland	1,7	2,1	1,8

Sie bewegt sich also im Juli und August für Cuxhaven in Werten, die in der Mitte zwischen denen für Wyk auf Föhr und Helgoland liegen. Im September sind die Schwankungen der Lufttemperatur in Cuxhaven und Wyk auf Föhr gleich.

Die Luftbewegung (Windstärke) beträgt nach der Beaufortschen Skala durchschnittlich für

	Mai	Juni	Juli	August	September
Cuxhaven	1,9	1,8	1,7	1,7	1,8
Sylt	3,4	3,2	3,3	3,2	3,5
Helgoland	2,0	1,8	2,0	2,1	2,3
Borkum	3,1	3,5	3,2	2,1	3,5

Die Werte für Helgoland und Cuxhaven sind danach annähernd gleich, während die Windstärke von Sylt und Borkum in den Sommermonaten um etwa 1,5 höher ist.

Windstille Tage gehören in Cuxhaven zu den Seltenheiten. Daher wird drückende Schwüle, wie sie durch Verdunstung von grossen Wasserflächen an heissen Tagen bei mangelnder Luftbewegung entsteht, hier ausnahmsweise empfunden.

Bezüglich der Temperatur des Wassers an unserem Strande genügt es, die für Badezwecke nur in Betracht kommenden Sommermonate zu berücksichtigen. Die mittlere Monatstemperatur beträgt für

	Juni	Juli	August	September
Cuxhaven	16,2	17,3	17,6	15,2
Sylt	15,9	17,1	17,5	15.2
Helgoland	12,5	15,5	17.3	16,3
Borkum-Norderney . .	14,0	16,7	17,7	16,4

Cuxhaven und Sylt haben also fast die gleichen Wassertemperaturen in der Badezeit.

Der Salzgehalt des Wassers bei Cuxhaven hängt von der Menge des Wassers ab, das der Oberlauf der Elbe dem Flutgebiet zuführt. Deshalb ist er jährlichen Schwankungen unterworfen. Aber auch innerhalb einer Tide wechselt er erheblich. Bei Hochwasser am grössten, sinkt er bei Ebbströmung immer tiefer. Während der Monate Juli, August, September ist der Salzgehalt auf der Oberfläche des Stromes am höchsten, nämlich 2,34 pCt. bei Hoch-, 1,44 pCt. bei Niedrigwasser.

Abgesehen von der regelmässigen Bewegung des Wassers durch Flut und Ebbe tritt ein lebhafterer Wellenschlag bei Cuxhaven nur durch West- und nordwestliche Winde ein. Diese aber sind, wie gesagt, in den Sommermonaten so häufig, dass, wer um die Stunde des Hochwassers, zugleich der Zeit des kräftigsten Wellenschlages, badet, diesen und den fast vollen Salzgehalt der offenen Nordsee (durchschnittlich 3 pCt.) leicht geniessen kann.

Auch das Licht wirkt hier in derselben Weise wie überall an der Nordsee. So wird die tiefe Bräunung der unbedeckten Körperhaut, die an allen Besuchern der Inselbäder schon nach kurzem Kuraufenthalt auffällt und als eine Wirkung der chemischen Strahlen des von Wolken und Wasser, vor allem den flachen weissen Sanden und

Stranden stark reflektierten Sonnenlichtes gilt, auch bei allen unseren Badegästen beobachtet.

Was die Regenmenge von Cuxhaven anlangt, so ergeben zwei Beobachtungsjahre ein Total von je 656,5 und 660,6 mm. Die Regenverhältnisse in der Saison sind wie überall sehr ungleich. Unter Umständen können hier wie anderwärts die ganzen Ferien verregnen. August, September, Oktober sind im allgemeinen die beständigsten Monate. Ein Kuraufenthalt im Oktober ist auch ohne Seebäder sehr zu empfehlen.

Bietet somit unsere Küste die klimatischen Heilfaktoren des Meeres fast in gleichem Masse wie die benachbarten Nordseebäder, so gewährt Cuxhaven bei ungünstiger Witterung dem Badegast vielleicht mehr Abwechselung als die Badestadt einer Insel. Störenden Einflüssen industrieller Anlagen ist der Besucher hier ebenso wenig ausgesetzt wie dort. Denn die einzigen Anlagen dieser Art sind eine Schiffsbauwerft mässigen Umfanges am alten Hafen und in ihrer Nähe eine Eisfabrik, die hauptsächlich den Zwecken des Fischereigewerbes und Fischversandes dient.

Kureinrichtungen. Die Eindeichung des Marschlandes bei Cuxhaven bringt einen eigentlichen Uferstrand in Fortfall. Die von Südost, dem weitbekannten Hafenbollwerk „Alte Liebe“, nach Nordwest zur Kugelbake, dem nördlichsten Punkt des Amtes Ritzebüttel verlaufende Bucht, an der unterhalb des Forts Grimmerhörn die Badeanstalten liegen, ist erfüllt mit tiefgelegenen Wattgründen, die bei länger anhaltenden Ostwinden auf weite Strecken sichtbar werden. Sie gestatten das Baden nur 2—3 Stunden vor und nach Hochwasser. Mit Rücksicht auf diese Verhältnisse ermöglicht an der Hauptbadeanstalt die zweckmässige Anlage von zwei aufgemauerten Plateaus, die parallel zur Stromrichtung mit schiefer Ebene sich in den Fluss senken, dass auch Nichtschwimmer sich stets in genügender Wassertiefe halten können. Diese Hauptbadeanstalt neben dem Militärschwimmbad, etwa 800 m westlich der „Alten Liebe“ gelegen, enthält 40 Einzelzellen für Damen, 37 für Herren, mit besonderen Kinderkabinen zu je 40 und 36 Auskleideplätzen für Mädchen und Knaben. Herren- und Damenbad sind durch eine allen Anforderungen genügende Lese- und Wartehalle miteinander verbunden.

Das Badepersonal besteht aus einem Oberwärter und einer Oberwärterin, zwei Wärtern und zwei Wärterinnen. Ihnen liegt auch die Hilfeleistung bei Unglücksfällen ob. Hierfür steht ihnen ein Rettungsboot und die nötige Anzahl Schwimmgürtel zur Verfügung. Auch Schwimmer dürfen sich nicht über einen durch Bojen genau abgegrenzten Raum hinausbewegen.

800 m westwärts reiht sich an die Hauptbadeanstalt das Döser Karrenbad. Hier werden 8 Badekarren mittels Winden auf allmählich flusswärts abfallenden Steindämmen von Aufsichtsbeamten beliebig weit ins Wasser gelassen. Für Nichtschwimmer führt aus den Karren in die See eine Treppe, über der zum Festhalten ein Seil befestigt ist.

Eine private, von der städtischen Badeverwaltung überwachte Anstalt für warme Seebäder mit 20 Zellen für Wannen-, 2 für Brausebäder, liegt in der Nähe des Herren- und Damenbades hinter dem Seedeich. Im Orte sind mehrere Privatanstalten für gewöhnliche warme und kalte sowie medizinische Bäder vorhanden.

Die Badezeit am Strande verschiebt sich mit dem Eintritt des Hochwassers täglich um $1-1^1/_2$ Stunde. Gebadet wird von Mitte Juni bis Ende September.

Der Mangel eines sandigen Strandes wird in Cuxhaven ersetzt durch das in wechselnder Breite vom Hafen bis zur Kugelbake sich erstreckende Aussendeichsgelände, grünes Wiesenmarschland, das von gut zementierten Promenadenwegen am Deichfuss wie am stark befestigten Flussufer entlang durchzogen wird. 2 Bassins in diesem „Aussendeich" dienen zu Segelregatten für Modelljachten, einer Hauptbelustigung der Kinder in der Kurzeit. Ein besonders erfrischender Spaziergang bietet sich auf dem gut gehaltenen Kiesweg der Deichkrone. Hier wie auf dem befestigten Platz vor der Musikhalle der Hauptbadeanstalt promenieren die Kurgäste alltäglich während des Konzertes der Marinekapelle. Die Strandkorbkolonien dehnen sich auf dem Rasen des Aussendeichs aus.

Für das fehlende Luftbad besitzt Cuxhaven die hochgelegenen Gründe des Wattenmeeres jenseits der Kugelbake, wo zur Ebbezeit dem gesunden Sport des Wattlaufens von Jung und Alt fleissig gehuldigt wird.

Cuxhaven erhebt eine Kurtaxe von 5 Mark für die einzelne Person, von 7 Mark für Familien.

Besondere Kuranstalten. Unser Ort besitzt ausser dem Marinegarnisonlazarett in unmittelbarer Nähe desselben an der Altenwalder Chaussee ein modern eingerichtetes Staatskrankenhaus zu 50 Betten, dessen Leiter der Amtsphysikus des Amtes Ritzebüttel ist.

Im Stadtteil Döse ist die Donner-Stiftung, ein Erholungsheim für Kinder aus Altona zu erwähnen. Die Anstalt wird in 8 Serien monatweise abwechselnd mit Knaben und Mädchen unbemittelter Eltern aus Altona, auch Hamburg, besetzt, die hier, 30 an der Zahl, ohne Entgelt bei guter Kost in frischer Seeluft gesunden sollen.

Aerztliche Versorgung. Ausser den Marine- und Quarantäneärzten, die keine Privatpraxis ausüben, hat Cuxhaven zur Zeit 6 Aerzte. Ein Zahnarzt, mehrere Zahntechniker, eine Apotheke sind am Ort.

Cuxhaven, Strand mit Badeanstalten.

Die Krankenpflege liegt in den Händen von 3 bis 4 Gemeindeschwestern. Infektionskranke können im Staatskrankenhause abgesondert werden. Das Desinfektionswesen leitet unter Aufsicht des verwaltenden Arztes der Quarantäneanstalt, mit der die Desinfektionsanstalt verbunden ist, ein Oberdesinfektor mit 5—6 Desinfektoren. Die Desinfektionsanstalt, 2 km südöstlich Cuxhaven hinter dem Elbdeich gelegen, ist ursprünglich als Schiffsdesinfektionsanstalt für quarantänepflichtige Fahrzeuge errichtet, sie hat aber seit einer Reihe von Jahren auch alle Desinfektionen für Cuxhaven, Stadt- und Hafengebiet und das ganze Amt

Ritzebüttel, ja in dringenden Fällen für benachbarte preussische Orte übernommen.

Wohnungswesen. Die Kurgäste wohnen in Cuxhaven wie bereits ausgeführt vorwiegend in den Stadtteilen Alt-Cuxhaven und Döse; dort meist in nächster Nähe des Seedeichs, hier besonders in den kurzen Querstrassen, die von der langen landeinwärts ziehenden Hauptstrasse des Ortes zum Seedeich führen. Im ganzen ist der Fremde in den hiesigen Hotels, Pensionen, Privatwohnungen gut und preiswert untergebracht. Bei voller Pension betragen die Sätze der Hotels und Pensionen 4—12 Mark für den Tag, die der Privatwohnungen durchschnittlich 5 Mark in der Hauptsaison.

Nahrungsmittelversorgung. Trotz erfreulicher Zunahme des Fischkonsums, wie er an einem Platz, der mit Entwickelung der deutschen Dampfhochseefischerei in den letzten Jahren zum Grossfischmarkt wurde, ganz naturgemäss ist, bleibt Cuxhaven in und ausser der Saison auf die Einfuhr von Schlachtvieh, Geflügel und Fleisch aus Hamburg und benachbarten preussischen Gebieten angewiesen. Das eingeführte Fleisch unterliegt hier keiner besonderen Kontrolle. Dagegen unterstehen im Amt Ritzebüttel nicht bloss die gewerblichen, sondern alle Hausschlachtungen einer Beaufsichtigung durch den Amtstierarzt. Im ganzen wird recht gutes Fleisch geliefert. Die hiesigen Schlachtereien sind sämtlich mit Kühlanlagen versehen. Die Gemeinde plant den Bau eines Schlachthofes in nächster Zeit.

Die Milchversorgung geschieht durch einheimische Händler mit eigenen Küchen und durch zwei Meiereien, deren eine in Cuxhaven selbst liegt, während die andere im preussischen Dorf Bülkau befindliche hier eine Verkaufsstelle unterhält. Die Milchkontrolle wird im allgemeinen durch die Polizei ausgeübt. Der Betrieb der hiesigen Meierei wird dagegen durch den Amtstierarzt beaufsichtigt. Bemerkt sei, dass diese Molkerei seit einigen Jahren ihre Milch pasteurisieren muss. Erwähnenswert ist ferner, dass sie stets eine einwandsfreie Säuglingsmilch liefert. Der Produzent derselben, ein Landwirt im benachbarten Dorfe Westerwisch, ist gehalten, sie unter hygienischen Verhältnissen zu gewinnen, gekühlt und in sauberen Gefässen verschlossen an die Meierei zu liefern, die sie auf Flaschen in einer vom sanitären Standpunkt unanfechtbaren Form den Konsumenten abgibt.

Gemüse und Obst werden, wenn nicht aus dem Orte selbst und seiner nächsten Umgebung, über Hamburg aus der Gemüse- und Obstkammer des Hamburger Staates, den Vierlanden, reichlich zugeführt.

Wasserversorgung. Cuxhaven ist seit 1896 in allen Stadtteilen durch eine Wasserleitung versorgt, die ihr Wasser aus dem 2 km südwestlich der Stadt gelegenen Wasserwerk der „Drangst“ entnimmt. Das Werk, jetzt verstaatlicht, liegt auf der ersten Hügelgruppe, die dem das westliche Gebiet des Amtes Ritzebüttel einnehmenden Geestrücken vorgelagert ist. Als Geestwasser erfreut sich unser Trinkwasser an sich eines guten Rufes. Es hat Sommer und Winter durchschnittlich eine Temperatur von 8°, ist völlig klar, von erfrischendem reinen Geschmack. Die im Hamburger hygienischen Institut in regelmässigen Zwischenräumen vorgenommene Untersuchung ergibt u. a. meist völlige Keimfreiheit. Mit der in den letzten Jahren rasch fortschreitenden Zunahme der Einwohnerzahl musste das Wasserwerk erweitert werden. Die neuen Brunnen förderten ein stärker eisenhaltiges Wasser zu Tage, so dass jetzt eine Enteisenungsanlage notwendig ist. Diese aber wird dem Cuxhavener Wasser nach wie vor den Ruf eines der reinsten und besten Trinkwässer des deutschen Reiches sichern.

Das Wasserwerk liefert auch im besuchtesten Sommer genügend Wasser. Ein gewisser Wassermangel machte sich wie anderswo zum ersten Mal in dem aussergewöhnlich heissen, trockenen Sommer 1911 vorübergehend bemerkbar.

Beseitigung der Abfallstoffe. Gleichzeitig mit der zentralen Wasserversorgung erhielt Cuxhaven eine Kanalisation, die sämtliche Schmutzwässer und abgesehen vom westlichen Teil des Stadtteiles Döse auch den Inhalt der Aborte aufnimmt und zwischen neuem und Fischereihafen in die Elbe leitet. Bis zum Jahre 1916 muss bestimmungsgemäss auch im Westteil von Döse die Einrichtung von Wasserklosets durchgeführt sein. Schon heute findet der Fremde dort in Hotels und Häusern, die Privatlogis an Badegäste vermieten, fast ausnahmslos Aborte mit Wasserspülung.

Bei der Pumpstation am Schleusenpriel, die die Abwässer in die Elbe treibt, werden Papier und gröbere Stoffe durch ein Gitterwerk abgefangen. Dieser Rückstand wird 2—3 mal wöchentlich von Abnehmern einer benachbarten Landgemeinde auf die Felder gefahren. Eine weitere Reinigung der Abwässer vor ihrer Einleitung in den Strom findet nicht statt.

Die Beseitigung des Hausmülls und Strassenkehrichts liegt in den Händen von Privatleuten, die sich der Kommune gegenüber verpflichtet haben, den Inhalt der an bestimmten Tagen ausgesetzten

Mülleimer des Nachts auf sterile Aecker der Geest abzufahren. Für die Müllabfuhr wird eine besondere Steuer erhoben, deren Höhe sich nach dem Mietswert der Wohnungen richtet.

Die Fischabfälle aus dem Fischereihafen, den Fischversandgeschäften und Räuchereien gehen einer bei dem Geestdorf Oxstedt gelegenen Fabrik zu, in der sie zu Fischmehl, einem bei den Landwirten beliebten Schweinefutter, verarbeitet werden.

Cuxhaven erweitert sich nach einem staatlich ausgearbeiteten Bebauungsplan. Die älteren Strassen sind recht eng, die neueren genügend breit und von Häuserreihen flankiert, die im offenen z. T. Pavillon-System gebaut werden. In den älteren Stadtteilen gibt es noch viele einstöckige Häuser, bei Neubauten darf man die Höhe von drei Stockwerken nicht überschreiten.

Das Strassenpflaster besteht vorherrschend aus Kopfsteinen, denen die früheren Klinker immer mehr weichen. Auch die nächsten Landgemeinden sind mit Cuxhaven durch gepflasterte breite Wege, meist Klinkerchausseen verbunden.

Die Strassenbeleuchtung geschieht in Alt- und Neu-Cuxhaven durch Gas, in Döse durch Azetylen, beiderorts in befriedigender Weise. Gas- und Azetylenwerk, z. Z. noch Privateigentum, gehen in absehbarer Zeit in den Gemeindebesitz über. Nur die Häfen werden durch eine staatliche elektrische Lichtanlage beleuchtet.

Die Reinhaltung der Strassen, eine Pflicht der Anwohner, kann in Cuxhaven überall als mustergiltig bezeichnet werden. In den verkehrsreichen Sommermonaten wird gegen eine zu grosse Staubentwicklung seitens der Gemeinde durch Sprengwagen gesorgt.

Die Indikationen für Cuxhaven decken sich hinsichtlich der Wirkung von Seeluft und Seewasser mit denen für die übrigen Nordseebäder. In erster Linie werden die Katarrhe der Luftwege: Rachen-, Kehlkopf-, Luftröhren- und Lungenkatarrhe günstig beeinflusst. Dasselbe gilt von den Fällen beginnender Lungentuberkulose. Unter meinen Beamten sind zwei, die im Anfangsstadium der Phthise nach Cuxhaven versetzt, heute geheilt und rüstig ihren Dienst versehen. So könnte ich noch andere Fälle anführen. Diese Erfahrung entspricht der Tatsache, dass Lungenschwindsucht an unserer Küste eine selten beobachtete Krankheit ist.

Aber auch andere Formen der Tuberkulose: Haut-, Knochen- und Gelenktuberkulose, ferner die Skrofulose und Rachitis kommen in unserer Bevölkerung selten vor. Deshalb sind namentlich kindliche

Patienten dieser Art hier gut aufgehoben, wenn nur der Kuraufenthalt genügend ausgedehnt wird und unter sachgemässer chirurgischer, am besten Anstaltsbehandlung stattfindet. Dazu bietet sich hier, wie ich an anderer Stelle zeigen werde, die beste Gelegenheit.

Dass Rheumatiker in der Nordseeluft, so auch hier, sich gegen Witterungseinflüsse vorzüglich abhärten können, ist bekannt. Blutarme und Genesende von erschöpfenden Krankheiten erholen sich bei ausreichendem Kurgebrauch hier schnell und ganz.

Besonders gut bekommt unser Klima nervösen Kranken, sowohl bei den reizbaren wie depressiven Formen der Neurasthenie. Der Einfluss der frischen und reinen Seeluft wohl mehr als der Gebrauch der Bäder, die immer nur nach genauer ärztlicher Vorschrift genommen werden sollten, wirkt förderlich auf den Organismus. Was die psychische Seite anlangt, so beobachtet man immer wieder, wie sehr für den Binnenlandsbewohner, zumal den Grossstädter, der tägliche Anblick der See mit ihrem Wechsel von Ebbe und Flut, das fesselnde Schauspiel der lebhaften Schiffahrt an der Elbmündung geeignet sind, von sorgenvollen Gedanken abzulenken, zu beruhigen und den gesunkenen Lebensmut wieder aufzurichten.

Auch die Gegenindikationen Cuxhavens stimmen mit denen anderer Nordseebäder überein. Vorgeschrittene Fälle von Phthise mit höherem Fieber und stärkerem Auswurf pflegen sich hier zu verschlimmern. Herzkranken, namentlich solchen mit inkompensierten Klappenfehlern, Kranken mit Arteriosklerose ist vom hiesigen Kuraufenthalt, besonders dem Gebrauch der kalten Seebäder abzuraten. Augenkranke bedienen sich wegen des grellen Lichtes an unserer Küste zweckmässig einer Schutzbrille mit dunklen Gläsern.

2. Duhnen.

Duhnen wurde Seebad, als dort im Jahre 1887 die Errichtung der „Kinderheilstätte der Christian Goerne-Stiftung“ stattfand. Im Anschluss hieran baute ein unternehmender Einwohner ein grösseres Hotel, das „Strandhotel“; es folgte noch in den neunziger Jahren die Errichtung des „Hotels zur Erholung“, und als man die Brauchbarkeit des Duhner Strandes für Badezwecke immer besser erkannte, 1904 der Bau des stattlichen „Kurhotels“. Heute ist Duhnen ein aufblühendes Seebad mit Badeanstalt, mehreren Hotels und Privatpensionen sowie einer Kurliste. Von Jahr zu Jahr mehrt sich sein Fremdenverkehr. Er betrug:

1906 . .	Badegäste	1911	1909 . .	Badegäste	2626
1907 . .	"	2153	1910 . .	"	3098
1908 . .	"	2545	1911 . .	"	3625

Heute zählt Duhnen 440 Einwohner. Ursprünglich war es ein Fischerdorf und Wohnstätte weniger Landleute mit ihrer Gemeinheit in Heide und Weide. Diese letztere wurde mit Entwicklung des Kurortes zumeist aufgeteilt. Vor wenig mehr als einem Jahrzehnt nur aus Bauernhäusern und Fischerhütten bestehend, hat Duhnen diesen Charakter fast verloren. Die Einwohner haben sich mit ihrem Haus und Erwerbsleben zunehmend auf den Badegast eingerichtet. An Stelle der einfachen idyllischen Strandhöfe sind vielfach Stuck- und Verblendsteinbauten getreten.

Am nördlichen Ende des seewärts sanft abfallenden Geestrückens gelegen, etwa 6 km vom Stadtbahnhof Cuxhaven entfernt, dehnt sich Duhnen am Wattenmeer aus, dem hier ein schmaler Sandstrand vorgelagert ist. Die Hauptstrasse verläuft von Ost nach West. Der westliche Teil des Ortes erklimmt die Höhe der Geest und gewährt einen weiten Ausblick ins Land und auf das Meer. In diesem erblickt man westwärts die 12 km entfernte Insel Neuwerk. Mit Cuxhaven ist Duhnen durch eine gute Klinkerchaussee verbunden.

Das Dorf ist weit ärmer an Bäumen als die grössere Nachbargemeinde, bietet aber mit seinen sauber gehaltenen Häusern und deren Vorgärten einen durchaus freundlichen Anblick.

Die klimatischen Verhältnisse decken sich mit denen Cuxhavens. Nur tragen hier auch die rein westlichen Winde bei der Lage des Ortes unmittelbar am Meer, in dem auf weite Entfernung keine grössere Landmasse auftaucht, dem Kurgast fortgesetzt ungemischte Seeluft zu.

Störende industrielle Anlagen fehlen ganz. Duhnen ist ein stilles, ruhiges Bad. So kommt es, dass wohlhabende Leute hier und in nächster Umgebung mit Vorliebe sich Sommerhäuser zu errichten beginnen.

Im Gegensatz zu Cuxhaven sind die Gründe des Wattenmeeres bei Duhnen hoch gelegen. Noch mehr als in Cuxhaven-Döse ist daher das Baden an die Zeiten des Hochwassers gebunden. Denn die Flut überspült erst spät das Watt in genügender Tiefe und die Ebbe entblösst dasselbe sehr rasch und auf weite Strecken. Man muss zur Badezeit mehrere hundert Schritt hinauswaten, um in knietiefes Wasser zu gelangen. Deshalb wurde die Duhner Badeanstalt weit ins Watt verlegt. Eine 200 m lange Laufbrücke verbindet sie mit dem Festlande.

Die Badeanstalt hat je 12 Zellen für Damen und Herren. Ihre Verwaltung liegt in den Händen einer aus Gemeindemitgliedern zusammengesetzten Kommission. Warme Seebäder sind in Duhnen bisher nicht erhältlich.

In den Badestunden führt die Aufsicht ein Wärter und eine Wärterin. An Rettungsvorrichtungen sind vorhanden ein Boot und eine Anzahl Schwimmgürtel.

Die Deutsche Gesellschaft zur Rettung Schiffbrüchiger besitzt in Duhnen eine wohl ausgerüstete Station. Sie ist nicht bloss Schiffbrüchigen, sondern schon manchem unvorsichtigen Wattwanderer, der sich zu weit hinaus wagte und Gefahr lief, in der aufkommenden Flut oder im reissenden Priel zu ertrinken, zum Heile geworden.

Das Wattlaufen bildet auch in Duhnen eine beliebte Unterhaltung der Kurgäste. Den Hauptanziehungspunkt bildet indessen das sogenannte „Wattrennen", das im Juli und August sonntäglich in der Nähe der Badeanstalt von verschiedenen Reitklubs der Umgegend abgehalten wird. Man startet zur Ebbezeit auf dem Grunde des Meeres, das wenige Stunden vorher noch die Rennbahn überflutete.

An sonstigen Kureinrichtungen ist eine vom Staat angelegte gesicherte Strandstrasse zu erwähnen, auf der man südlich des Dorfes die hohen Dünen erreicht, zu denen sich hier die Geest am Rande des Watts unter Bildung eines nur schmalen Uferstreifens erhebt. In entgegengesetzter Richtung führt ein lohnender Spaziergang auf der Deichpromenade zur Kugelbake.

Für Kranke, die der Hospitalbehandlung bedürfen, ist Duhnen auf das Staatskrankenhaus Cuxhaven angewiesen. Im Orte selbst befinden sich 2 Kinderheime, die bereits erwähnte Christian Goerne-Stiftung und das israelitische Kinderhospiz. Die erstere am westlichen Ausgang des Dorfes gelegen, ein Erholungsheim für kränkliche und schwächliche Hamburger Kinder, gewährt 140 Pfleglingen, Knaben und Mädchen, während der Sommermonate Aufenthalt. Alle 4 Wochen findet ein Wechsel in der Belegung statt. Kinder unbemittelter Eltern im Alter von 6—13 Jahren finden unentgeltliche Aufnahme. Für Bessergestellte ist ein Preis von 50—80 M für den Kopf im Monat zu bezahlen.

Die Anstalt wird von einer Vorsteherin mit mehreren „Helferinnen" geleitet und besitzt neben grossen luftigen Spiel- und Schlafsälen ein Untersuchungszimmer für den Hausarzt, zurzeit den Amtsphysikus, im Garten ein Gebäude mit Wannen und Bassins für warme Seebäder, sowie eine Isolierbaracke zur provisorischen Unterbringung von ansteckenden Krankheiten befallener oder krankheitsverdächtiger Kinder. In den letzten 10 Jahren bewegte sich die Frequenz der Goerne-Stiftung zwischen 600 und 700 Köpfen.

Am östlichen Eingang von Duhnen liegt das israelitische Kinderhospiz. Vom „Verein zur Gesundheitspflege schwacher israelitischer Kinder zu Hamburg" errichtet, kann es ebenfalls 140 Pfleglinge während der Sommermonate beherbergen. Auch hier sind Einrichtungen für kalte und warme Seebäder vorhanden.

An dieser Stelle sei das hamburgische Seehospital Nordheim-Stiftung erwähnt. Es liegt 3 km südwestlich Duhnen in der Gemarkung des neuerdings auch als Sommerfrische aufblühenden Geestdorfes Sahlenburg unter dem Schutze hoher Dünen, deren steile Hänge ein nur schmaler, grün bewachsener Uferstrich vom Wattenmeer trennt. (Vgl. Lageplan auf Tafel I).

Die Nordheim-Stiftung wurde 1905 für die Behandlung skrofulöser und tuberkulöser Kinder vorzüglich aus dem Hamburger Staatsgebiet errichtet. Sie ist im Sommer und Winter geöffnet und steht unter ärztlicher Leitung eines Chirurgen. Die Pflege der Kinder liegt in den Händen von Schwestern. Zur Zeit zählt die Anstalt 116 Betten. Sie ist mit ausgedehnten Badeeinrichtungen, auch für Seewasserbäder, und allen Erfordernissen einer chirurgisch-orthopädischen Behandlung ausgerüstet. Denn trotzdem die Aufnahme geeigneter Fälle von innerer Tuberkulose stattfindet, sollen in erster Linie Erkrankungen an Drüsen-, Gelenk- und Knochentuberkulose zur Behandlung kommen. Um alle Heilfaktoren des Seeklimas für die kranken Kinder zu erschöpfen, wurde neuerdings ein mit Turngeräten ausgerüstetes Luft- und Sonnenbad angelegt.

Im Gegensatz zu andern Seesanatorien ist die Nordheim-Stiftung auch schwereren und bettlägerigen Kranken, solange nach ärztlichem Urteil noch Aussicht auf Heilung oder wesentliche Besserung besteht, zugänglich. Doch bleiben von der Aufnahme sichergestellte Bazillenhuster und ständig fiebernde Lungenkranke ausgeschlossen.

Gelegentlich werden geeignete Krankheitsfälle nicht tuberkulösen Ursprungs: chronische Luftröhrenkatarrhe, Asthmatiker, chronische Gelenkrheumatismen, Anämische, hartnäckige Ekzeme und Rhachitiker zugelassen.

Die Dauer der Kur ist unbeschränkt. Denn das Ziel der Behandlung ist nicht allein Kräftigung und Besserung sondern endgültige Heilung der Aufgenommenen.

Die Behandlung selbst beschränkt sich bei allen Fällen von innerer Tuberkulose auf physikalisch-diätetische Massnahmen. Sie genügen um in der staubfreien Seeluft Kinder mit chronischem Bronchialkatarrh und Bronchialdrüsentuberkulose rasch, oft in 14 Tagen, zur Entfieberung und in einen besseren Kräftezustand zu bringen. Am erfreulichsten sind die Erfolge bei nicht tuberkulösen Bronchitiden und bei Asthmatikern. Fieber und Husten sowie die Asthmaanfälle schwinden in der Seeluft sofort. Damit kehrt der lange gestörte, gesunde Schlaf und mit ihm

Nordheim-Stiftung, Liegehalle.

die Körperkraft zurück. Zur völligen Heilung sind freilich erfahrungsgemäss für den Bronchitiker viele Wochen, für den Astmathiker ein Kuraufenthalt von mindestens 6 Monaten erforderlich.

Bei den Fällen chirurgischer Tuberkulose gestattet das Seeklima eine durchaus konservative Behandlung, die durch Punktionen, Stauungsbehandlung, Pyrogallol- und immobilisierende Gipsverbände unterstützt wird. Verstümmelnde Eingriffe an Knochen und Gelenken gehören zu den Seltenheiten. Demgegenüber ist erwähnenswert, dass tuberkulöse Wunden und Fisteln von grosser Hartnäckigkeit durch direkte Sonnenbestrahlungen, die täglich längere Zeit angewendet werden, zur Heilung gelangen.

Zur Sicherung des Erfolges finden monatlich einmal Nachuntersuchungen der früheren Patienten in Hamburg statt. Wird ein Rezidiv festgestellt, so wird seiner Verschlimmerung durch eine sofortige Erneuerung der Anstaltskur vorgebeugt. Prognostisch lässt sich bestimmen, dass eine Kur um so schnellere und dauerhaftere Erfolge zeitigt, je frischer die Fälle sind, die an die See kommen. Wie bei der Lungen-, so muss auch bei der chirurgischen Tuberkulose der Satz gelten, die Kranken im Anfangsstadium des Leidens der Anstaltsbehandlung zu überweisen.

Folgende Tabelle, die die Resultate der Nordheim-Stiftung während der letzten 4 Jahre veranschaulicht, stützt sich auf Berichte, die mir der Leiter der Anstalt, Herr Dr. Treplin, freundlicherweise zur Einsicht überliess.

Jahr	Belegung	Geheilt	Gebessert	Gestorben
1908	224	163 (72,7 pCt.)	21 (9,3 pCt.)	12 (5,3 pCt.)
1909	284	174 (61,2 „)	30 (10,5 „)	4 (1,4 „)
1910	369	240 (65,0 „)	51 (13,8 „)	5 (1,3 „)
1911	372	213 (59,2 „)	78 (20,9 „)	5 (1,3 „)

Die Brunnenanlage des Seehospizes liefert aus 17 m Tiefe ein Grundwasser von vorzüglicher Beschaffenheit.

In bezug auf ärztliche Versorgung und Pflege von Kranken sowie Desinfektionswesen ist Duhnen ganz auf die Nähe Cuxhavens und seiner Einrichtungen hingewiesen. Die Cuxhavener Sanitätskolonne unterhält im Dorfe eine Unfallstation, die in dringenden Fällen auch Krankentransporte übernimmt.

Der Kurgast wohnt in Duhnen meist in Hotels und Pensionen, die allen billigen Anforderungen entsprechen. Ich habe eine sehr wohlfeile Pension aus eigener Anschauung kennen gelernt, die mit so behaglichem Komfort und feinem Geschmack eingerichtet ist, dass der verwöhnteste Gast sich dort wohl fühlen muss. Der Besitzer dieser Pension hat gleichzeitig durch geschickte Verwertung eines malerischen alten Strandhofes gezeigt, wie man unter Beibehaltung der ursprünglichen Hausanlage eine ebenso gemütliche wie hygienische Sommerfrische schaffen kann. Alle Hotels und fast alle Pensionen haben Bäder, wenn auch nicht Seewasserbäder im Hause. Die Preise der

Hotels betragen in der Hochsaison bei voller Pension 4—12 Mk., die der Pensionen 6—11 Mk. für den Tag.

Auch in den Privatlogis der Bauern und Fischer sind die Fremden für mässige Ansprüche gut und preiswürdig untergebracht. Sie zeichnen sich ausnahmslos durch grosse Reinlichkeit aus. Man pflegt hier nur zu wohnen, um die Mahlzeiten in den verschiedenen Hotels und Pensionen einzunehmen.

Die Kurtaxe von Duhnen beträgt 3 Mk. für Einzelpersonen, 6 Mk. für Familien.

Die Nahrungsmittelversorgung geschieht in der Saison, was Gemüse und Fleisch betrifft, hauptsächlich durch Cuxhaven. Milch liefert zum Teil die dortige Meierei, den Hauptbedarf deckt Duhnen selbst; denn mit der Steigerung des Fremdenverkehrs haben die ortseingesessenen Bauern ihren Bestand an Kühen vergrössert. Die Milch wird allgemein gelobt; sie unterliegt der polizeilichen Prüfung.

Auch Duhnen erhält für die beiden Hospize und die Mehrzahl seiner Hotels und Pensionen Leitungswasser aus dem Wasserwerk der Drangst. Diejenigen Häuser und Höfe, die an die Leitung nicht angeschlossen sind, müssen sich noch mit dem Wasser der alten, ortsüblichen Kesselflachbrunnen begnügen. Wo deren Wasser oder bauliche Anlage zu hygienischen Bedenken Anlass bot, wurden sie von der Polizei geschlossen.

Die mit Wasserleitung versorgten Gebäude sind auch an das Netz der Cuxhavener Kanalisation angegliedert. Nur wenige von ihnen sind noch nicht mit Wasserklosets versehen. Denn selbst in Duhnen beginnt der Badegast seinen Aufenthalt von dem Vorhandensein eines Aborts mit Spülung abhängig zu machen.

Die Beseitigung der gröberen Abfallstoffe der Haus- und Hofwirtschaft, namentlich dort, wo keine Kanalisation besteht, gestaltet sich wie in allen ländlichen Betrieben. Was nicht zur Fütterung des Viehs besonders der Schweine oder zur Düngung der Felder verwertet werden kann, wird an geeigneter Stelle vergraben oder an unbebauten Orten der Geest abgelagert.

Die meisten Strassen in Duhnen besitzen ein gut gehaltenes Klinkerpflaster; sie werden von den Anwohnern reinlich gehalten wie die anliegenden Häuser. Die Strassenbeleuchtung geschieht durch Petroleumlaternen.

Die verschiedenen Hospize in und bei Duhnen sind bereits erwähnt. Im übrigen hat der Ort dieselben Indikationen wie Cuxhaven. Seine abgeschiedene Lage, sein stiller Charakter machen es zum geeigneten Erholungsort vorzüglich für solche Gäste, die nach der Unrast und dem Geräusch des modernen Grossstadtlebens Ruhe und Erfrischung in ländlichen Verhältnissen suchen. Sie kommen hier auf ihre Rechnung. In dieser Richtung wird Duhnen nur noch übertroffen von der Insel Neuwerk.

3. Neuwerk.

Neuwerk ist das einzige Inselbad der Nordsee, das zum Hamburger Staatsgebiet gehört. Eigentlich ist es eine Insel nur zur Zeit der Flut. Wenn die Ebbe das Watt entblösst, kann man zu Wagen von Duhnen aus das Eiland erreichen. Und dieser Weg über das Watt stellt die gewöhnliche Verbindung zwischen der Insel und dem Festland, für die Post wie für die Lohnfuhrwerke der Sommergäste, dar.

Ursprünglich waren es ganz vereinzelte, die Erholung in stiller Einsamkeit suchende Fremde, die Neuwerk als Kuraufenthalt erkoren. Sie wohnten als Gäste des Strandvogts in dem alten Turm, der vor 600 Jahren von Hamburg als Bergfried zum Schutz gegen die Seeräuber errichtet, heute als ein sehr wichtiger Leuchtturm dient. Der begrenzte Raum konnte nur eine beschränkte Anzahl Menschen beherbergen. Diese kehrten aber mit grosser Regelmässigkeit jedes Jahr wieder. Und deshalb wird es noch heute einem Neuling schwer, in der Saison eine Wohnung an der reizvollen Stätte zu finden. Er trifft sie auch bei frühzeitiger Anmeldung von den alten Gästen schon besetzt.

Vor wenigen Jahren entstand an der Ostseite der Insel das Hotel „Zur Meereswoge". Mit seiner Gründung wurde der Verkehr von Dauergästen reger; seitdem ist Neuwerk erst ein Nordseebad zu nennen, das jüngste an der deutschen Nordseeküste. Eine Kurtaxe freilich und eine eigene Kurliste hat Neuwerk noch nicht.

Die Frequenz betrug in den letzten Jahren:

1906 . .	Badegäste	165	1909 . .	Badegäste	144
1907 . .	„	153	1910 . .	„	290
1908 . .	„	142	1911 . .	„	335

Die Insel zählt jetzt 53 Einwohner. Von ihnen leben 6 Landwirte mit ihrer Familie auf stattlichen Höfen von den Erträgen fruchtbarer Felder und grasreicher Wiesen, die eine vorzügliche Viehweide abgeben. Der Hamburger Staat unterhält einen Strandvogt, 2 Lampenwärter zur Bedienung des Leuchtfeuers und einen Lehrer, der die wenigen Kinder der Inselgemeinde in einem besonderen Schulgebäude unterrichtet.

Neuwerk ist über Duhnen und das Watt rund 17 km von Cuxhaven entfernt. Es bildet den Mittelpunkt des Wattenmeeres, eigentlich eine Erhöhung im Watt. Seine Grösse beträgt 260 ha. Die kleinere südliche Hälfte der Insel ist hoch eingedeicht. Im Schutze des Deichs liegen der Leuchtturm, die Höfe und Aecker der Einwohner. Die grössere nördliche Hälfte bildet das Aussendeichsgelände, der „Aussendeich". Er ist zur Zeit der Stürme oft überflutet und von zahlreichen Prielen durchzogen, in denen der „Butt", das Lieblingsgericht der Insulaner, erlegt wird. Seine Vegetation besteht aus Salzkräutern, auf denen Schaf- und Gänseherden mit Vorliebe weiden, während Rinder und Ziegen die Süssgräser an den Hängen des Deichs abgrasen. Umsäumt ist der Aussendeich, namentlich an der Nordspitze, von einem schmalen aber reinem weissen Sandstrand.

Der Baumwuchs auf der Insel beschränkt sich auf die zum Schutz gegen den Sturm um die einzelnen Höfe gepflanzten Bäume. Die Dürre und Blätterarmut ihrer Wipfel an der Luvseite, ihre ausgesprochene Wachstumsrichtung nach Lee beweisen, welche Macht hier der Wind entfaltet. Aber diese vorwiegend aus West und Nordwest wehenden Winde sind reine Seewinde mit allen Vorzügen für den Organismus, besonders des Erholungsbedürftigen. Neuwerk ist in erster Linie ein „Seeluftbad".

Eine eigentliche Badeanstalt fehlt; eine primitive Badehütte zum Aus- und Ankleiden liegt am nördlichen Sandstrand der Insel, wo sich das bis heute noch ungekünstelte Badeleben abspielt.

Erwähnt sei, dass auch Neuwerk eine Rettungstation besitzt. Der Führer des Rettungsbootes ist der Gemeindevorsteher, ein um die Erhaltung schon manchen Menschenlebens hochverdienter Mann.

In bezug auf Krankenversorgung und Krankenpflege wie alle damit verwandten sanitären Einrichtungen ist Neuwerk ganz auf das Festland, insonderheit Cuxhaven, angewiesen. Im ganzen ist die Bevölkerung der Insel eine sehr gesunde. Ihre abgeschlossene Lage und der immerhin noch schwache Fremdenbesuch begünstigen vor allem ihr Verschontbleiben von ansteckenden Krankheiten. Im Fall des Ausbruchs einer Epidemie zur Badezeit käme das Schullokal zur provisorischen Unterbringung und Isolierung von Kranken in Betracht.

Der Fremde wird auf Neuwerk, sei es im Leuchtturm beim Vogt, beim Lampenwärter oder im Hotel „Zur Meereswoge" gut und preiswert beherbergt und verpflegt. Die Wohnung im Turm hat neben der Romantik, hinter hundertjährigen, meterdicken Wänden zu hausen, noch den Vorzug, dass sie jederzeit einen unvergleichlichen Ausblick gewährt über die Insel und das Wattenmeer mit dem regen Schiffsverkehr auf dem Stromlauf der Elbe im Norden und Westen, mit der Wattschifffahrt auf der Fahrstrasse zwischen Elbe und Weser im Süden und Osten.

Die Nahrungsmittelversorgung geschieht in der Saison über Duhnen und Cuxhaven. Nur Milch liefern die Viehbestände der Insel auch für die Fremden in genügender Menge und guter Beschaffenheit.

Ungünstiger liegen die Trinkwasserverhältnisse. Die staatlichen Beamten verfügen noch über Wasserkeller, in denen das Meteorwasser aufgefangen wird. Auch das Hotel besitzt einen solchen. Die Höfe aber haben sogenannte „Sote", Kesselflachbrunnen, die durchweg ein fast brakiges Wasser führen. Trotz dieses Missstandes haben sich nachteilige Folgen für Gesundheit und Wohlbefinden niemals gezeigt. Die Brunnen unterliegen einer periodischen Prüfung seitens des Hamburger Medizinalamtes.

Für die Beseitigung der Abfallstoffe aus dem menschlichen und tierischen Haushalt bieten die landwirtschaftlichen Betriebe der Insel die beste und bequemste Gelegenheit.

Auch auf Neuwerk trifft die Beobachtung zu, die man an allen Kurplätzen des Amtes Ritzebüttel machen kann, dass Wohnungen, Häuser und Strassen, hier die zerstreut liegenden Höfe sich durch Ordnung und Sauberkeit auszeichneu.

Neuwerk bietet neben dem Vorzug reichlicher Zufuhr einer besonders reinen Seeluft und bei einer wenngleich etwas ursprünglichen doch guten Badegelegenheit am Sandstrand den grossen Vorteil, dass es ein ruhiges Bad ohnegleichen ist. Wer während seiner Erholungszeit das richtige Ziel verfolgt, nicht sich zu zerstreuen sondern zu sammeln, der kann in der Weltabgeschiedenheit dieser Insel für Körper und Geist diesen Zweck erreichen wie kaum wo anders.

4. **Altenbruch,** Reg.-Bez. Stade.

Anhangsweise beschreibe ich das Seebad Altenbruch, das auf preussischem Gebiet gelegen seinen Badestrand wie gesagt im Bereich des Amtes Ritzebüttel besitzt. Die folgenden Mitteilungen verdanke ich grösstenteils der gütigen Auskunft des Herrn Regierungs- und Medizinalrats Dr. Ritter in Stade.

Von Fremden wurde, wie mir der alte Badewärter in Altenbruch angab, dort schon vor 3 Jahrzehnten gebadet. 1892 errichtete man ein grösseres Badehaus. Geregelt wurde der Badebetrieb erst durch das Eingreifen des neugegründeten „Vereins zur Hebung des Nordseebades Altenbruch“ im Jahre 1895. Der Verein erhielt vom hamburger Staat die Erlaubnis zur Einrichtung des Bades innerhalb seiner Grenzen auf Widerruf gegen eine jährliche Miete von 100 M. Seit dieser Zeit ist eine stetige Zunahme des Besuches festzustellen. In dem heissen Sommer von 1911 betrug die Zahl der Badegäste 926. In diesem Sommer wurden 4716 kalte, 284 warme Seebäder verabfolgt.

Die Bevölkerung Altenbruchs lebt in der Hauptsache von Landwirtschaft, Handel und Handwerk. Viele ortsansässige Arbeiter finden im benachbarten Cuxhaven günstige Arbeitsverhältnisse.

Der Ort, ein Marktflecken von rund 3000 Einwohnern, liegt etwa 1 km südwestlich vom linken Elbufer entfernt im eingedeichten Marschland. Für die Ergiebigkeit des Bodens sprechen die zahlreichen und grossen Marschhöfe in der nächsten Umgebung. Der Flecken selbst bietet durch seinen Reichtum an alten Alleebäumen, üppigen Gärten und bepflanzten schattigen Plätzen einen überaus reizvollen Anblick. Dies und seine Wohlhabenheit haben ihm im Volke den Namen „die Krone des Landes Hadeln“ eingetragen.

Die klimatischen Verhältnisse sind die gleichen wie in Cuxhaven. Industrielle Anlagen störender Art bestehen nicht.

Den Badestrand bildet die sehr ausgedehnte grüne Rasenfläche des Aussendeichs. Da der Tiefstrom der Elbe hart am Ufer von Altenbruch entlang schart, fällt dieses ziemlich steil in den Fluss ab. Für Nichtschwimmer wurden deshalb an der Badeanstalt in genügender Wassertiefe Plattformen aus Brettern hergerichtet, die ein sicheres Geländer aus Eisen umgibt. Das Badehaus hat auf der Männerseite 9, auf der Frauenseite 11 Zellen. Für Unglücksfälle stehen Schwimmringe zur Verfügung.

Unweit der Kaltbadeanstalt liegt hinter dem Deich das „Gasthaus zur Schleuse“ mit einer Badezelle für warme Seewasserbäder.

Auf dem Deich ist eine geräumige Schutz- und Wartehalle errichtet.

Altenbruch besitzt kein Krankenhaus. Es war für Krankenhausfälle bisher auf die Nachbarschaft von Cuxhaven angewiesen. Neuerdings wird im 5 Minuten mit der Bahn entfernten Otterndorf, dem

Hauptort des Kreises Hadeln, ein grösseres Krankenhaus erbaut, sodass in Zukunft viele Kranke dieser Anstalt zugehen werden.

Die ärztliche Versorgung des Ortes liegt in den Händen eines dort ansässigen und mehrerer Cuxhavener Aerzte, die fast täglich anwesend sind. Die Krankenpflege versieht eine Gemeindeschwester.

Altenbruch ist ein im ganzen gesunder Ort. Für den Fall einer weiteren Ausbreitung ansteckender Krankheiten zur Badezeit könnten die geeigneten Räume des Armenhauses zum Zwecke der Absonderung von Kranken benutzt werden.

Eine eigene Desinfektionsanstalt fehlt in Altenbruch. Es ist hier der amtlich bestellte Desinfektor aus Lüdingworth zuständig.

Für die Badegäste stehen viele Privatwohnungen zur Verfügung, in denen man für 3,50 M. auf den Tag bei billigen Ansprüchen gut wohnt und verpflegt wird. Ausserdem sind 7 bessere Hotels und Gasthöfe am Ort, wo man mit voller Pension für 4 M. untergebracht ist.

Eine Kurtaxe wird nicht erhoben.

Die Versorgung mit Nahrungsmitteln leistet der Ort selbst. Er besitzt mehrere Schlachtereien, worunter eine mit guter moderner Kühlanlage. Eine besondere ausserordentliche Fleischkontrolle besteht nicht. Die Milchversorgung geschieht durch den Molkereiwagen aus Lüdingworth und durch mehrere einheimische Händler, die die Milch von eigenen Kühen gewinnen.

Auch in Altenbruch dient die Zisterne in Gestalt des Wasserkellers zur Wasserversorgung. In Einzelfällen, so in einigen Gasthäusern, passiert das Regenwasser Sandfilter bevor es in die Zisterne läuft. Ausserdem gibt es zahlreiche Kesselbrunnen, in denen das Grundwasser aus geringer Tiefe gehoben wird. Das Wasser ist überall in genügender Menge vorhanden und in Rücksicht auf seine Eigenschaft als Oberflächenwasser von guter Qualität. Wie alles Marschenwasser führt es ziemlich viel Eisen.

Altenbruch besitzt auch keine Kanalisation. Der Inhalt der Gossen und die Strassenwässer werden mittelbar oder unmittelbar dem die Ortschaft durchfliessenden Brakstrom zugeleitet, der sich in die Elbe ergiesst. Die Müllbeseitigung liegt in Privathänden. Der Inhalt der Aborte wird von den Haus- und Hofbesitzern als willkommener Dünger für Gärten und Felder verwertet.

Das Strassenbild von Altenbruch ist das einer Gartenstadt. Die Strassen sind teils mit Klinkern, teils mit Kopfsteinen, so die Hauptstrassen, gepflastert und in gutem Zustande. Ihre Reinigung obliegt den Anwohnern und lässt wie die Sauberkeit der Häuser nichts zu wünschen übrig. Die Strassenbeleuchtung wie die vieler Häuser wird durch ein im Ort befindliches Elektrizitätswerk besorgt, das in den Höfen auch die Kraft für den Antrieb landwirtschaftlicher Maschinen hergibt.

Besondere Heilerfolge und Krankheitsindikationen hat Altenbruch gegenüber den vorher beschriebenen Badeorten nicht. Weniger Kranke als Erholungsbedürftige suchen seine fast ländliche Stille, die Anmut seiner Lage und die heilkräftige Wirkung seines Badestrandes auf.

Im Sommer 1911 wurde in einer jungen Kiefernanpflanzung südlich der Nordheim-Stiftung, dem Wernerwald, vom „wohltätigen Schulverein zu Hamburg" das „Seeheim Wernerwald" gegründet. Es ist ein Ferienheim für erholungsbedürftige ärmere Kinder aus Hamburg. Etwa 60 Kinder finden dort gleichzeitig im allgemeinen unentgeltliche Aufnahme und Verpflegung. Zahlungsfähige haben für 28 Tage 50 Mark zu entrichten. Die Anstalt liegt hinter schützenden Dünen. Sie besteht unter anderem aus einem Wirtschaftsgebäude, einem Schlafsaal- und einem Spiel- und Esssaal-Pavillon. Eine eigene Kraftstation versorgt die Anlage mit elektrischem Licht und trefflichem Brunnenwasser.

Im Sommer 1912 errichtete die Cuxhaven benachbarte Dorfgemeinde Groden am Elbufer eine Badeanstalt mit getrennter Frauen- und Männerabteilung und eigenem Badewärter. Man will dieselbe nicht nur Ortsbewohnern, sondern auch Fremden, die sich als Sommerfrischler in Groden aufhalten, zugänglich machen.

Endlich steht Cuxhaven im Begriff, am Steinmarner Strand[1]) zwischen Duhnen und Kugelbake ein Familienbad zu erbauen.

Man ersieht, das kleine Amt Ritzebüttel mit einem Flächenraum von 7750 ha bildet allmählich eine grosse Sommerfrische. Hierin liegt abgesehen von der Wichtigkeit seines Vorortes als Grossfischmarkt und Seehafen, als Marinestation und Seefestung nicht zum geringsten seine Bedeutung.

Aber auch als Winterkurort kommt unsere Küste immer mehr in Aufnahme. Vielleicht nicht mit Unrecht! In der Christian Goerne-

---

1) Am 18. Juli 1912 wurde ein Familienbadeanstalt in Duhnen, am 25. Juli 1912 das Cuxhavener Familienbad am Steinmarner Strand eröffnet.

Stiftung zu Duhnen, in der Donner-Stiftung zu Döse bleiben die kleinen Gäste bis in den Oktober hinein. Das Seehospital Nordheim-Stiftung ist mit bestem Erfolge das ganze Jahr hindurch geöffnet. In Cuxhaven selbst mehrt sich erheblich die Zahl der winterlichen Besucher. Besonders nervöse Kranke sind es, die vielfach die Winter- der Sommerkur vorziehen. Das ist erklärlich. Es wird ruhig in Cuxhaven, wenn sich der Schwarm der Sommergäste verlaufen hat. Und unser Winter ist als Küstenwinter milde, namentlich vom Oktober bis zum Dezember. Gegenüber den winters beschwerlich zu erreichenden Nordseeinseln hat Cuxhaven mit Hamburg und Bremen ständig gute Eisenbahnverbindung. Seine immerhin geschützte Lage mässigt die Heftigkeit der Stürme.

Endlich bietet der Ort an sich unverkennbare Vorzüge für einen Winteraufenthalt. Eine Reihe Gasthäuser und Pensionen, die in der kalten Jahreszeit geöffnet bleiben, sind mit modernen Heizanlagen versehen. Für die Unterhaltung ist an Tagen mit ungünstiger Witterung durch zahlreiche gute Konzerte, Theatervorstellungen und neuerdings durch die von der Hamburger Oberschulbehörde eingeführten Wintervorlesungen über Themen aus allen Gebieten der Wissenschaft und Kunst in ausgezeichneter Weise gesorgt. Dem Naturfreund aber eröffnen sich am winterlichen Strande weit abwechslungsreichere und grossartigere Szenerien als im Sommer: bei gleich regem Schiffsverkehr der Anblick des sturmbewegten Meeres mit unzählbaren Scharen von Seevögeln verschiedenster Art, unter Umständen das fesselnde Schauspiel einer Springflut. Alle Naturbeobachtungen an der Elbmündung werden jedoch übertroffen durch die packende Schönheit der wechselvollen Bilder des Eisgangs.

Tausenden Erholungsbedürftiger und Kranker gibt unsere Küste Lebensfreude und Gesundheit alljährlich zurück. Auch auf das Amt Ritzebüttel lassen sich mit Recht die Worte anwenden, die auf die ihm vorgelagerte wattfeste Insel geprägt sind:

> Luft und salzige Flut,
> Die deine Gestade umfächeln,
> Zu neuem Werke
> Schaffen sie uns neue Kraft!

8.

Die Nordseebadeorte im Grossherzogtum Oldenburg.

Von

Med.-Rat Dr. **Schlaeger** in Oldenburg.

(Mit 2 Abbildungen im Text.)

---

1. Von den Nordseebädern ist das interessanteste und gleichzeitig bedeutendste das auf der gleichnamigen Insel

Wangerooge

liegende Seebad, dessen Entwicklung eine kurze historische Skizze notwendig macht.

Im Jahre 1819 von dem Jeverschen Arzt Dr. Chemnitz gegründet, entwickelte sich dort in dem ganz im Westen liegenden Inseldorfe ein sehr reges und vornehmes Badeleben. Vom Jahre 1829 an hat dort die ebenso feinsinnige und gesellschaftlich gewandte, wie durch ihre Kochkunst bekannte Hofrätin Westing ein vornehmes und fast internationales Publikum um sich zu versammeln gewusst. Eine alte Chronik erwähnt neben dem Besuch des preussischen Prinzen Adalbert, Admiral der preussischen Kriegsmarine, als Badegäste „Minister, Kavaliere, Offiziere, Professoren, Pastoren, Künstler und hohe Damen aus Deutschland, Russland, England und Nordamerika".

Es bestand ein Konversationshaus mit eleganten Räumlichkeiten, 3 Logierhäusern und grossen Parkanlagen. Das oldenburgische Fürstenhaus hatte ein herrschaftliches Logierhaus mit 45 Zimmern und Garten angelegt. Dazu waren in 80 Inselhäusern Unterkunftsräume vorhanden. Es war ein Badearzt mit mehreren „Badeknappen" vorhanden, es wurde eine Apotheke von Jewer aus gehalten, und die Bademöglichkeiten erstreckten sich nicht nur auf kalte Seebäder von Badekarren aus, sondern es war auch eine Einrichtung für warme Seebäder vorhanden. Die Zahl der Badegäste soll im Sommer 1854 die Summe von 820 betragen haben, und 320 waren während der Hochsaison gleichzeitig auf der Insel. Auch der Grossherzog von

Oldenburg mit Familie war am 14. Juli 1854 zu längerem Aufenthalt dort.

Diese ganze Herrlichkeit wurde durch zwei gewaltige Sturmfluten am 2. Weihnachtstage 1854 und am Neujahrstage 1855 vollständig vernichtet. Die Häuser, welche nicht völlig fortgeschwemmt waren, mussten abgebrochen werden; die kulturellen Anlagen verdarben durch das Salzwasser, und als einziges Wahrzeichen steht jetzt noch, von jeder Flut umspült, der nachher mit den Bausteinresten befestigte Kirchturm, der früher den Mittelpunkt des ganzen Badeortes bildete und jetzt nur noch als Seezeichen geachtet ist und als solches konserviert wird.

Von der Regierung wurde ein Wiederaufbau des staatlichen Bades abgelehnt. Den Bewohnern der Insel wurde südlich vom Jadebusen im Amte Varel Gelegenheit gegeben, sich anzubauen, aber nur ein Teil der Bevölkerung ging auf diesen Vorschlag ein, in Neu-Wangerooge, wie die Ansiedlung genannt wurde, ein ruhiges Landleben zu führen. Die meisten zogen mit den Ueberresten ihrer Wohnungen mehr nach Osten, wo hohe Dünen ihnen genügend Schutz vor den Wellen zu geben schienen und legten ihre Ansiedlungen nicht an die Nordküste, sondern in die Mitte des festen Landes und nach der Wattseite hin. Von den staatlichen Badeeinrichtungen wurde privatim ein Teil erworben, und es entstand so aus ganz kleinen Anfängen der jetzige Badeort Wangerooge. Erst als die Küstenverteidigung den grössten Teil des Nordstrandes durch eine mehrere Kilometer lange Strandmauer aus Klinkern geschützt hatte — die Mittel wurden grösstenteils vom Reiche aufgebracht — wandte sich das spekulative Kapital dem aufblühenden Badeort zu und liess eine Reihe grosser Hotels erstehen. Für die schnelle Entwicklung des Badeortes spricht die Zahl der Fremden, welche

im Jahre	1907	10 580
" "	1908	11 438
" "	1909	12 015
" "	1910	13 813
" "	1911	16 468
" "	1912 bis September	14 554

betragen hat.

Wie überhaupt an der Nordsee, hat auch die Bevölkerung von Wangerooge den Fischfang ganz aufgegeben. Ein Teil der jungen Leute wählt noch jetzt den Beruf des Seemannes, um später wieder zur Insel zurückzukehren und lediglich vom Fremdenverkehr zu leben. Auch die ansässigen Handwerker betreiben diesen Beruf hauptsächlich in der Bauperiode, welche vor der Badesaison liegt. Zur Zeit des Fremdenzuflusses lebt alles von diesem. Industrie ist auf der Insel nicht vorhanden, nachdem die Salzgewinnung (Saline) durch Verdampfung als unrentabel aufgegeben war. Auch von Ackerbau kann auf der Insel eigentlich nicht die Rede sein; die kleinen Gärten im Mittelpunkt der Insel liefern kaum das Erforderliche für die eigene Küche, dagegen ist das Halten von Milchvieh sehr im Zunehmen begriffen, seitdem der oldenburgische Staat an der Wattseite der Insel mit Hilfe von Sträflingen grosse Flächen fruchtbaren Landes eingedeicht hat. Im Jahre 1912 sind wiederum 50 ha Wiesenland dem Meere abgewonnen, und es wird dadurch jetzt ermöglicht, den Bedarf an frischer Milch auf der Insel selbst zu befriedigen, da die Zahl der Kühe, welche bisher 70 betrug, auf 120 erhöht werden konnte.

Die Insel ist der Mündung der Jade und Weser vorgelagert; das Fahrwasser beider liegt innerhalb der Sehweite des Nordstrandes, und das bietet der sonst völlig waldlosen, aus reinstem, fast weissem Sand bestehenden Insel den Vorzug vor anderen Nordseebädern, den Besuchern durch den Schiffsverkehr viel Abwechselung zu gewähren. Die grossen Riesendampfer des Norddeutschen Lloyds, die aus der Weser kommen, erregen ebenso viel Interesse wie die Kriegsschiffe, welche von Wilhelmshaven ausfahrend, zwischen Wangerooge und Helgoland ihre Uebungen zu machen pflegen. Eine Signalstation der Kaiserlichen Marine neben dem Warmbadehaus vermittelt die Verständigung mit den Schiffen tagsüber mit Flaggen und nachts mit Scheinwerfern und Raketensignalen.

Das Klima der Insel wird durch den Golfstrom nicht mehr beeinflusst; immerhin ist die Temperatur durch die Einwirkung des Wassers im Winter noch 2—5° milder und im Sommer 2—5° kühler als die Temperatur der Küstenstriche, welche ja auch noch die Einwirkung der Meeresnähe verspüren.

Für Benutzung für die Badegäste liegen westlich von dem bewohnten Strand das Herrenbad und das Familienbad, östlich davon das Damenbad. Alle sind eingefriedigt durch Taue, und ausserdem ist für jedes Bad ein Schwimmer angestellt, welcher nur auf die Sicherheit der Badenden zu achten hat. Er ist mit Schwimmweste und Rettungsleine ausgerüstet und macht durch Hornsignale auf Ge-

Wangerooge, Strand.

Wangerooge, Warmbadehaus und Lesehalle.

fahren aufmerksam. In allen drei Bädern sind verschliessbare Badekarren vorhanden.

Hinter der Strandmauer liegt je ein Lichtluftbad für Herren und für Damen.

Zur Verabreichung warmer Seebäder ist ein modern eingerichtetes Warmbadehaus vorhanden, an welches sich sehr zweckmässig eine grosse Lesehalle anschliesst.

Auf der Insel ist ein Rettungsboot des Deutschen Vereins zur Rettung Schiffbrüchiger mit Bedienungsmannschaften stationiert.

Das Hauptkurmittel für Wangerooge ist der zwischen den Bädern liegende sehr breite Strand, welcher auch bei hoher Flut immer noch bis zur Strandmauer eine Breite von ca. 100 m hat. Dadurch ist es möglich, dauernd am Strande zu sein und Luftwechsel und Lichtfülle auf den Körper einwirken zu lassen. Strandkörbe und gewaltige Burgen ersetzen den Gästen den häuslichen Salon. Wegen der Gefahrlosigkeit des Strandaufenthalts ist Wangerooge als Seebad für Kinder beliebt. Daher kommt es auch, dass auf der Insel 3 Seehospize für Kinder eingerichtet sind, ein evangelisches, ein katholisches und ein von einem Bremer Kaufmann privat errichtetes und betriebenes Erholungshaus. Alle drei werden ca. 6 Monate mit Kindern beschickt; die Kurdauer beträgt 4—6 Wochen.

Im Sommer und Winter ist auf der Insel ein Arzt tätig; die neuerbaute Apotheke wird vorläufig nur als Saisonapotheke betrieben. Krankenschwestern sind im Sommer auf Wangerooge beschäftigt. Für die Zwecke des evangelischen Kinderhospizes ist ein besonderes Isolierhaus gebaut, welches durch Neubau 1913 erweitert sein wird. Ausserdem ist eine Döckersche Baracke für Absonderungszwecke aufgestellt. Die Raumdesinfektion wird mit einem Flüggeschen Apparat durch einen geprüften Desinfektor ausgeführt. Für die Saison ist ausserdem eine in der Desinfektion ausgebildete Krankenschwester auf der Insel. Der Bau eines besonderen Krankenhauses ist für die nächste Zeit geplant.

Die Badegäste können in 7 grossen Hotels Unterkommen finden, welche alle der Neuzeit entsprechend eingerichtet sind. Ausserdem bestehen 4 Gasthöfe, 7 Pensionen und 85 Logierhäuser.

Die Versorgung der Insel mit Nahrungsmitteln ist nur per Schiff möglich über Carolinensiel oder im Sommer von Bremen aus. Die Fleischversorgung machte früher Schwierigkeiten, ist aber seit Jahren einwandfrei, seitdem die Schlachter der Insel grosse Kühlräume angelegt haben. Ein Fleischbeschauer ist vorhanden.

Die Aufstellung von 120 Kühen, welche durch Neuanlage des staatlichen Grodens ermöglicht ist, wird das Bedürfnis an Milch annähernd befriedigen. Früher musste ein grosser Teil der Milch vom Festlande geliefert werden.

Eine zentrale Wasserversorgung ist noch nicht vorhanden, doch sind die Pläne dazu durchgearbeitet und fertiggestellt. Die grossen Hotels und alle in den letzten Jahren gebauten Privathäuser sind mit Wasserleitung versehen. Elektrische Pumpen fördern das Wasser in Bassins auf die Hausböden. Jeder Brunnen wird vor seiner Benutzung polizeilich abgenommen; das Wasser muss chemisch und bakteriologisch für einwandfrei befunden sein. Im allgemeinen sind die Vorbedingungen für tadelloses Wasser sehr gut, nur in der Mitte des Orts in den ältesten Häusern scheint der Grund und Boden durch langjährige Viehhaltung etwas verseucht zu sein, wie eine systematische Untersuchung aller Brunnen ergab. Die bedenklichen Brunnen sind geschlossen.

Der bewohnte mittlere Teil der Insel ist kanalisiert, und zwar werden in das Kanalsystem die Hausabwässer und die Spülklosetts eingeleitet. Das Kanalsystem endigt ganz im Süden der Insel im Watt und lässt die Abfallstoffe dort nach Durchgang durch ein Klärbassin in das Meer geleiten. Die Spülung der Kanalisation geschieht bisher nur vom Warmbadehause aus.

Müll, Hauskehricht und Sperrgut werden während der Saison regelmässig abgefahren. Zur Aufbewahrung sind Tonnen und Gruben mit verschliessbaren Deckeln vorgeschrieben.

Die Strassen, welche früher durch den feinen Sand bei Wind stets in Bewegung waren, sind jetzt alle mit Klinkern gepflastert, die Böschungen sind befestigt und während der Saison werden sie täglich gefegt. Zur weiteren Aufrechterhaltung der Ordnung ist eine Strassenordnung erlassen.

Die Heilerfolge kommen denen der anderen Nordseebäder sicher gleich. Sie bestehen in einer sehr kräftigen Anregung des Stoffwechsels durch die Sonnenbestrahlung, durch den Luftwechsel und die Lichtfülle. Dazu kommt die sicher spezifische Einwirkung der Bäder und des Aufenthalts an der Meeresküste. Heilwirkung bei rachitischer und skrophulöser Veranlagung reichen sich die Hand mit der abhärtenden Wirkung. Wegen der sehr kräftigen Anregung ist es im allgemeinen wünschenswert, dass die Verdauungsorgane den an sie gestellten vermehrten Anforderungen gewachsen sind.

Seit einigen Jahren sind auf der Insel im Interesse der Landesverteidigung zwei Batterien angelegt. Vorläufig liegt aber dauernd nur soviel Militär, wie für den Wachtdienst erforderlich ist (60 Mann), dort.

2. Dangast.

Die Geschichte des Nordseebades Dangast reicht auch bis in die erste Hälfte des 19. Jahrhunderts zurück. Der Graf Wilhelm Gustav Friedrich von Bentink soll es kurz vor der französischen Revolution begründet haben. In den Jahren 1825—35 soll es jährlich 800 Besucher gehabt haben. Von der oldenburgischen Regierung kam das Bad 1857 in Privatbesitz und ist noch jetzt nach mehrfachem Wechsel des Besitzers in privaten Händen.

Die Besucherzahl soll jetzt 500—600 jährlich betragen.

Dangast, auf einer Halbinsel im südlichen Teil des Jadebusens gelegen, hat den Vorzug, bei ziemlich ausgeprägtem Nordseeklima seinen Besuchern die Annehmlichkeiten eines malerischen Dörfchens (Malerkolonie) und schattigen Waldes zu bieten. Die Bevölkerung treibt Landwirtschaft und Granatfang.

Die Badeeinrichtungen sind einfach, aber für Damen und Herren getrennt in besonderen Badebuden, auch ist ein Warmbadehaus mit 8 Badezellen vorhanden. Die Verpflegung in dem Kurhotel wird gelobt. Der Aufenthalt in den Logierhäusern kann verwöhnten Geschmack nicht befriedigen, erfüllt aber die hygienischen Anforderungen. Aerztliche Versorgung, Krankenhaus und Apotheke befinden sich in der 7 km entfernten Stadt Varel. Die nächste Eisenbahnstation ist Dangastermoor. — Besondere hygienische Anlagen sind nicht vorhanden.

3. Tossens.

Dem Bedürfnis nach wohlfeilen Erholungskuren an der See hat das Nordseebad Tossens seine Entstehung zu verdanken. Die treibende Kraft war ein Beamten-Wirtschaftsverein aus Berlin, welcher jährlich mehrere hundert Kinder nach dort schickt. So kommt es, dass die Besucherzahl 1911 bis auf 2000 gestiegen ist. 1912 sind es ungefähr 1500 gewesen.

Der Ort Tossens hat ständigen Arzt und Apotheke, seine Bevölkerung treibt Landwirtschaft, meist Viehzucht. Der Strand mit den Badeeinrichtungen ist fast 2 km von dem Dorfe entfernt. Am Strande sind 2 Hotels entstanden, von welchen das eine, erbaut und betrieben von dem Berliner Beamten-Wirtschaftsverein, auch warme

Seebäder verabreicht. Besondere hygienische Einrichtungen sind nicht vorhanden, auch keine speziellen Rettungseinrichtungen.

Die Lage von Tossens im Norden Butjadingens, dem fruchtbaren Weidelande, gewährleistet ein ausgesprochenes Nordseeklima mit reichlicher Luftbewegung und gutem Wellenschlag. Dem entsprechen auch die Heilerfolge bei skrophulösen, rachitischen und schwächlichen Grossstadtkindern.

4. Horumersiel.

An der Mündung des Jadebusens in die Nordsee liegt der rein ländliche Ort, in welchem sich in den letzten 10 Jahren ein einfaches Badeleben entwickelt hat. Die Besucherzahl ist von 86 im Jahre 1902 bis auf 257 im Jahre 1911 gestiegen. Anspruch auf besonderen Komfort können die Badegäste nicht machen, doch geniessen sie die kräftige Anregung des Nordseeklimas hier sicher für den halben Verpflegungssatz, und das zieht heute bei dem grossen Bedürfnis nach Ausspannung von der Tagesarbeit manchen an. Besondere hygienische Anlagen sind in Horumersiel nicht vorhanden.

5. Hooksiel.

Etwas südlich von Horumersiel hat der früher durch Seeverkehr bekannte Ort Hooksiel seit 10 Jahren ebenfalls Badegelegenheiten geschaffen. Da wo das „Hooksieler-Tief“ in den Jadebusen mündet, ist Unterkunft in einem Badezelt vorhanden. Für die Saison ist ein Badewärter angestellt. Im Ort ist eine Station der deutschen Gesellschaft zur Rettung Schiffbrüchiger; ausserdem ist Arzt und Apotheke vorhanden. Von den 9 Gasthöfen haben 5 Logierzimmer und ausserdem ist ein Erholungsheim in der Entwickelung, welches von einem Naturheilkundigen aus Wilhelmshaven betrieben wird. Hygienische Einrichtungen fehlen. Die Besucherzahl stieg 1911 bis auf 500.

6. Kniphausersiel.

Zwischen Hooksiel und Wilhelmshaven hat sich 1911 ein weiterer Badeort aufgetan und im ersten Jahre bereits 120 Personen Unterkunft gewährt.

Betrieb und Verpflegung werden einfache Anforderungen befriedigen. Wegen der Nähe Wilhelmshavens ist es nicht ausgeschlossen, dass die Badegelegenheit weiter ausgenutzt wird.

9.

Die Seebadeorte im Regierungsbezirk Aurich.

Von

Reg.- und Geh. Med.-Rat Dr. **Quittel** in Aurich.

(Mit 15 Abbildungen im Text.)

1. Spiekeroog.

Bearbeitet von Kreisarzt Dr. **Kramer** in Wilhelmshaven.

Die Insel ist aus kleinen Anfängen, die wohl fünfzig Jahre und weiter zurückliegen, zu dem Badeort von der heutigen Bedeutung mit schon über 2000 Badegästen und Passanten geworden. Sie ist noch sehr entwicklungsfähig und mit jedem Jahre wird mehr Platz geschaffen für das seebadliebende Publikum.

Die Insulaner leben von Landwirtschaft und den Erträgnissen des Bades. Fischer und Seefahrer gibt es nur noch wenige unter ihnen.

Der Badeort liegt an der Südseite der Insel im Schutze der Dünen. Ein Miniaturwald zieht sich durch ein Dünental. Das Klima ist ozeanisch milde, im Winter warm, im Sommer kühl. Industrielle Anlagen störender Art gibt es nicht.

Die Kureinrichtungen bestehen in Seebädern (Damen- und Herrenbad getrennt), einem Warmbadehause mit je 6 Zellen für beide Geschlechter, ferner aus einem Licht- und Luftbade, auch nach Geschlechtern getrennt, welches in den Dünen liegt. Diese Einrichtungen stehen vorschriftsgemäss unter Aufsicht eines Badevorstehers und einer Vorsteherin mit je 3 Badewärtern und Wärterinnen. Der Bademeister hat während der Badezeit seinen ihm angewiesenen, hoch und frei gelegenen Posten einzunehmen, von wo er den ganzen Badestrand beherrschen kann. Badende, die sich zu weit hinaus wagen, werden durch ein Signalhorn auf die Gefahr aufmerksam gemacht. Rettungsleine und Rettungsringe stehen zur Verfügung für die in Gefahr Befindlichen, denen der Bademeister zunächst nachgeht, um sie zu retten. Badegäste, die sich den Vorschriften zuwider zu weit hinaus wagen, werden nach fruchtloser Warnung vom Badestrand verwiesen. Das Bedienungspersonal ist unterrichtet in der ersten Hilfeleistung bei Unglücksfällen. Verbandkasten mit allem Notwendigen für erste Hilfe steht zur Verfügung.

Für an ansteckenden Krankheiten erkrankte Badegäste stehen in einem festen für sich in den Dünen gelegenen Hause 2 Isolierräume zur vorläufigen Aufnahme bereit. Lässt der Zustand der Kranken einen Transport zu, so werden sie bei geeignetem Wetter in einem besonderen Wagen nach dem dazu vorgesehenen Boot und weiter nach dem Festlande in das nächstliegende Krankenhaus gebracht. Sonstige Kuranstalten hat die Insel noch nicht.

Auf der Insel wohnt ständig ein Badearzt, der bei ansteckenden Krankheiten den Formalindesinfektionsapparat bedient.

Jedes Insulanerhaus, das auf gesunde Wohnräume besonderen Wert legt, nimmt Badegäste auf. Drei Hotels fassen zusammen etwa 200 Personen, sie sind neueren Datums und haben schöne geräumige und lichte Logiszimmer bei mässigen Mietspreisen.

Die Insel wird vom Festlande aus mit guten Nahrungsmitteln versorgt. Die Milch liefern die den Insulanern gehörenden 50 bis 60 Kühe reichlich und sehr gut. Frisches Fleisch kommt täglich, beschaut, vom Festlande; der Inselvogt übt die Kontrolle aus. Die Gasthöfe nehmen es in ihre Kühlanlagen auf.

Einwandfreies Wasser liefern in reichlichen Mengen die zahlreichen Senkbrunnen im Inseldorf. Wer an der etwas dunklen Färbung des Wassers — die sich übrigens durch Filtern leicht beseitigen lässt — Anstoss nimmt, kann sich helles Trinkwasser aus einem hoch in den Dünen gelegenen Röhrenbrunnen holen, dessen Wasser durchgesickertes Oberflächenwasser ist. Im übrigen sind Regenwasserzysternen in vielen Häusern.

Jedes Haus hat seine zementierte Senkgrube, deren Inhalt nachts entleert wird und landwirtschaftliche Verwendung findet. Die Hotels haben Klärbassins und Ableitung in die See. Der Müll kommt in die Dünen nach bestimmten, abseits gelegenen Stellen. Die schmalen, durch den Ort ziehenden Klinkerstege hält jeder Hausbesitzer an seinem Teil rein und in Ordnung.

Ansteckende Kranke werden nicht aufgenommen (auch keine Tuberkulösen), sonst alle Erholungsbedürftige und Rekonvaleszenten. Nervenleidende und mit chronischen Krankheiten der Luftwege Behaftete (Asthma) finden Hilfe in dem idyllisch gelegenen, leider noch zu wenig bekannten kleinen Seebadeort mit seinen fast noch patriarchalischen Zuständen.

2. Langeoog.

Bearbeitet von Kreisarzt Dr. Kramer in Wilhelmshaven.

Langeoog ist als Badeort seit dem Jahre 1830 bekannt. 1856 wurden die ersten Badehäuschen angeschafft. Nach Gründung des „Hospizes" durch das evangelische Kloster Loccum im Jahre 1885 und später nach Uebernahme des Bades durch dies Kloster stieg die Zahl der Kurgäste von einigen hundert bereits auf sechstausend im Jahre 1911.

Die Insulaner, die früher Fischer und Seefahrer waren, leben vom Badeverkehr, nur wenige gehen im Winter als Schiffer fort.

Der Badeort liegt hinter hohen Dünen geschützt auf der westlichen Hälfte der Insel, hat einige Anpflanzungen von geringer Bedeutung. Es herrscht reines Seeklima mit all seinen günstigen Bedingungen: geringe Temperaturschwankungen, milde Winter, denen infolge langdauernder, langsamer Erwärmung und Abkühlung des Wassers bei intensiver Sonnenbestrahlung kühle Sommer entsprechen, bei ständiger Luftbewegung und Luftfeuchtigkeit. Industrielle Anlagen treten nirgends störend auf.

Unter Ausnutzung aller im Seeklima wirkenden Heilfaktoren sind am ausgedehnten Badestrande, getrennt für beide Geschlechter, kalte Seebäder zu haben. Die Warmbadeanstalt bietet Gelegenheit zu warmen Seebädern; ausserdem hat die Anstalt einen Inhalationsraum mit kalten und warmen Dämpfen. In den Dünen liegt ein grosses Licht- und Luftbad, getrennt für beide Geschlechter. Um die klimatische Kur für die oberen Luftwege noch mehr nutzbar zu machen, sind seit 1910 stimmtechnische Kurse für Redner, Sänger usw., auch für Sprachleiter, Stotterer und Kranke (Asthmatiker) von Professor Seydel-Leipzig und dem Badearzt mit schon recht guten Erfolgen eingerichtet. Auch werden regelmässig Turnkurse mit besonderer Betonung der Atemgymnastik mit den zur Kur weilenden gesunden Kindern vom Badearzt in den Dünen abgehalten. Ein Bademeister und eine Badevorsteherin üben mit drei Badewärtern und Wärterinnen den Aufsichtsdienst während der Badezeit aus. Der Bademeister steht auf hoher Kanzel und gibt Warnungssignale, wenn ein Badegast sich zu weit hinaus wagt. Rettungsringe und -leine stehen ihm zur Verfügung für die in Gefahr Befindlichen. Das ganze Bedienungspersonal am Badestrande ist unterrichtet in der ersten Hilfeleistung bei Unglücksfällen. Ein Verbandkasten mit allem Notwendigen für erste Hilfe steht zur Verfügung.

Der Verein für Ferienkolonien Bremerhavener Kinder unterhält ein Ferienheim, in dem zurzeit 40 bis 50 Kinder unter der Aufsicht einer Schwester Aufnahme finden können. Das Heim hat einen besonderen Badestrand. Die Badeverwaltung hält in einem abseits gelegenen Hause 2 Isolierräume zur vorläufigen Aufnahme von an ansteckenden Krankheiten erkrankten Badegästen bereit. Im Falle der Transportmöglichkeit werden derartige Kranken stets sofort in einem

Langeoog, Hospiz.

besonderen Wagen nach einem dazu vorgesehenen Boot gebracht und dann dem nächstliegenden Krankenhause auf dem Festlande zugeführt.

Ein von der Verwaltung angestellter Arzt wohnt ständig auf der Insel; auch ist während der Saison eine Krankenschwester anwesend. Der Badearzt ist zugleich der Desinfektor. Ihm steht ein Formalindesinfektionsapparat zur Verfügung.

Ausser in dem von der Badeverwaltung gebauten geräumigen Kurhause (Hospiz) finden die Badegäste in allen Insulanerhäusern Aufnahme. Ausserdem sind noch 5 Hotels und Gasthöfe vorhanden, die zum Teil auch im Winter geöffnet sind. Auf gesunde, geräumige und lichte Logiszimmer wird bei mässigen Mictspreisen allgemein Wert gelegt.

Mit guten Nahrungsmitteln wird der Badeort zum grössten Teil vom Festlande aus versorgt. Vorzügliche Milch kommt von der der Badeverwaltung gehörenden Meierei, ausserdem hat die Dorfgemeinde auch einen guten Milchviehbestand. Das frische Fleisch kommt täglich, beschaut, vom Festlande und findet Aufnahme in den Kühlanlagen der Hotels. Die Badeverwaltung hat einen eigenen Fleischbeschauer für das in der Meierei geschlachtete Vieh. Der Inselvogt übt die Nahrungsmittelkontrolle aus.

Das in einem abgeschlossenen Dünenthal gelegene 1909 erbaute Wasserwerk fördert durch Benzinmotorbetrieb einwandfreies Trinkwasser zu dem als Seezeichen gebauten Wasserturm. Der Wasserstand in den 4 Röhrenbrunnen ist meist 10 bis 12 m hoch, er war selbst bei der anhaltenden Dürre im Jahre 1911 nur bis auf 6 bis 7 m gefallen. Es stehen pro Tag 200 cbm Wasser für den Badeort mit etwa 90 Häusern zur Verfügung.

Der Badeort hat seit 1909 Kanalisationsanlage. Sämtliche Abwässer werden in einen natürlichen Vorflutgraben ins Watt geleitet, der täglich zweimal von Ebbe und Flut gespült wird. Die Anlage besitzt eine Verbindung mit dem Wasserwerk, so dass eine regelmässige Reinigung gewährleistet wird, dieselbe findet in der Saison wöchentlich einmal statt. Der Müll wird an bestimmten Tagen nach einem abgelegenen Platz in die Dünen an der Wattenseite gefahren. Für die tägliche Reinigung und Instandhaltung der sehr ordentlich gehaltenen Klinkerstrassen sorgen festangestellte Arbeiter.

Besondere Heilerfolge werden auf Langeoog beobachtet bei Katarrhen der oberen Luftwege, Skrofulose, Asthma und Nervenleiden. Ansteckende Kranke werden nicht aufgenommen, besonders keine offene Tuberkulose. Seit der Errichtung des Luftbades werden auch gute Erfolge bei Schwächezuständen des Herzens beobachtet.

3. Baltrum.

Bearbeitet von Kreisarzt Med.-Rat Dr. Winter in Norden.

Entwickelung. Obwohl schon seit langen Jahren einzelne Badegäste alljährlich nach Baltrum kamen, mehrte sich ihre Zahl doch erst, als der damalige Fährschiffer Küper einen kleinen Gasthof (1889) erbaute und am Strande auf eigene Rechnung Einrichtungen für ein Seebad traf (1890); 4 Badekabinen wurden damals angeschafft. Im

Winter 1897/98 übernahm die Gemeinde das Bad. Von der Zeit ab wurde eine Kurliste geführt; für das Jahr 1898 berichtet diese über 64 Personen, welche als Badegäste auf Baltrum sich längere Zeit aufhielten. Seit dieser Zeit hat sich die Besucherzahl allmählich gehoben, da etwas Reklame gemacht und die Wohnverhältnisse auf der Insel und die Verkehrsverhältnisse nach der Insel besser wurden. Ein grösseres Fährschiff mit Motor und Kajüte übernahm die Beförderung der Reisenden von Nessmersiel aus, und im Jahre 1912 stellte der Gastwirt Küper ein Motorboot für den direkten Verkehr Norddeich-Baltrum und Norderney-Baltrum ein.

Im Jahre 1911 waren 528 Kurgäste auf Baltrum anwesend.

Die Einwohner Baltrums, 170 an der Zahl, sind teilweise Rentiers und Witwen, teilweise leben sie vom Badeverkehr und der Arbeit an den Schutzwerken. Der Gemeindevorsteher ist ein alter Schiffer, welcher sich auf Baltrum zur Ruhe gesetzt hat. Abgesehen von den beiden Schiffern, welche mit ihrem Fährschiff den Verkehr zwischen Baltrum und Nessmersiel besorgen, ist auf Baltrum nur noch ein aktiver Schiffer ansässig, welcher als Kapitän auf einem Fischdampfer fährt. Von den 37 männlichen Einwohnern sind 4 Beamte (Pastor, Lehrer, Baubeamter, Zollbeamter), 5 Gewerbetreibende und Handwerker und 17 Arbeiter bei der Bauverwaltung.

Lage. Die Insel Baltrum liegt unter dem 53° 43′ nördlicher Breite und dem 7° 26′ östlicher Länge (Greenwich). In der Luftlinie ist sie durchschnittlich 5 km vom Festlande entfernt und auch zur Ebbezeit immer völlig vom Meere umspült, wenn man auch im Osten durch das Watt zu Fuss zum Festlande gehen kann. Die Länge der Insel von Westen nach Osten gemessen, beträgt 5 km, die durchschnittliche Breite von Norden nach Süden 1,5 km.

Im Jahre 1873 wurde begonnen, die Insel durch Schutzwerke vor weiterer Verwüstung zu schützen. Die Länge der Strandmauer, auf welcher sich ein Pallisadenwerk erhebt, beträgt zurzeit 1850 m; sie beginnt im Süden und erstreckt sich durch den Westen nach Norden. 13 Vollbuhnen und 2 Hilfsbuhnen erstrecken sich durchschnittlich 160 m, die beiden im Süden gelegenen Buhnen sogar bis 370 m weit in das Meer hinaus.

Im Schutze dieser gewaltigen Befestigungen ruht das Westdorf, der Hauptort, in welchem sich das Badeleben abspielt, während 1 bis 2 km östlich am Südabhang hoher Dünen das kleine Ostdorf malerisch gelegen ist. Bäume gibt es auf Baltrum nicht, es ist nur etwas Gebüsch in einigen Dünentälern und im Ostdorf vorhanden.

Kureinrichtungen. Auf der Nordseite der Insel je zwischen 2 Buhnen liegt der Herrenbadestrand und der Damenbadestrand, beide von einander durch ein Buhnenfeld getrennt. Im Buhnenfeld ist der Raum, welcher zum Baden benutzt werden darf, durch Pfähle und zwischen denselben gezogene Leinen begrenzt. Hinter jedem Strand zwischen Schutzwerk und Dünen sind je 16 hölzerne Kabinen zum Aus- und Ankleiden aufgestellt; durch eine Lücke im Schutzwerk begibt sich der Badegast auf hölzernem Laufsteg ins Wasser.

Eine Einrichtung für warme Seebäder befindet sich im Gasthof von Küper.

Für Luftbäder ist bisher keine besondere Einrichtung getroffen.

1893 ist auf einer hohen Düne hinter dem Schutzwerk eine Strandhalle aus Holz erbaut, in welcher sich die Kurgäste bei schlechtem Wetter aufhalten.

Weiter östlich, da wo das Schutzwerk aufhört, beginnt der mehrere Kilometer lange und sehr breite Promenadenstrand.

Zur Rettung Verunglückter befinden sich an jedem Strand Rettungsleine, Rettungsring und Rettungsstange, ausserdem am Herrenbadestrand eine Arzneikiste mit Hoffmannstropfen, Opiumtropfen, Salmiakgeist, Senfspiritus, Lysol und Verbandmaterial.

Der Badewärter und die Badewärterin sind in der ersten Hilfe bei Unglücksfällen unterwiesen.

Besondere Kuranstalten sind auf Baltrum nicht vorhanden.

Die ärztliche Versorgung geschieht durch die Aerzte in Dornum, wenn in der Saison nicht zufällig auf der Insel ein Arzt als Kurgast anwesend ist. In leichteren Fällen treffen sich Arzt und Patient auf Nessmersiel; wenn der Arzt nach Baltrum kommen muss, gestaltet sich die Hilfe oft sehr schwierig. Meistens fährt der Arzt von Nessmersiel einmal mit dem Boot bei Flut und einmal geht er bei Ebbe.

Die Pflege der am Ort Erkrankten wird durch Familienmitglieder und Nachbarn geleistet. Vor einem Jahre hat eine junge Baltrumerin, zurzeit die Ehefrau des Ortsgeistlichen, die Prüfung als Helferin vom roten Kreuz abgelegt.

Für die Absonderung Infektionskranker sind besondere Vorkehrungen nicht getroffen, doch hat die Gemeinde mit der Gemeinde Norderney einen Vertrag geschlossen, nach welchem der auf Norderney ansässige geprüfte Desinfektor jeweils zur Vornahme der Desinfektionen nach Baltrum kommt.

Mit der Zunahme des Badeverkehrs hat sich das Wohnungswesen sichtlich gehoben, so dass zurzeit 2 gute Gasthöfe und 4 Logierhäuser vorhanden sind; ausserdem finden die Kurgäste in den Privathäusern vielfach gute Unterkunft. In Westdorf stehen im ganzen 83 Zimmer mit 161 Betten und in Ostdorf 8 Zimmer mit 10 Betten zur Verfügung.

Die Nahrungsmittel: Mehl, Fleisch, Gemüse werden vom Festlande bezogen, meistens aus den naheliegenden Ortschaften Nessmersiel, Dornum, Norden.

Brot wird auf Baltrum hergestellt.

Kartoffeln wachsen auf Baltrum in hervorragender Güte. Die Insulaner mästen vielfach selbst Schweine, welche auf der Insel geschlachtet und verzehrt werden. Die Milch wird fast ausschliesslich von den auf Baltrum befindlichen 6 Kühen und 144 Schafen geliefert.

Die Beaufsichtigung der Nahrungsmittelversorgung geht über den Rahmen der allgemeinen gesundheitspolizeilichen Ueberwachung des Nahrungsmittelverkehrs nicht hinaus.

Wie auf den Nachbarinseln, so befindet sich auch auf Baltrum gutes Grundwasser, ohne Salz- und ohne Eisengehalt. Erschlossen wird dasselbe durchgehends durch Kesselbrunnen, welche meistens 4 m tief in Backsteinen gemauert sind. Vereinzelt sind noch aus Torf und aus Holzfässern hergestellte Brunnen vorhanden. In dem dürren Sommer 1911 wurde das Wasser knapp, weil die Brunnen nicht tief genug waren.

Die Beseitigung der Abfallstoffe bleibt den einzelnen Hausbesitzern überlassen. Von den vorhandenen 42 Häusern haben 16 Abortgruben, während bei 26 in den Aborten Kästen und Eimer stehen. Der Abortinhalt wird meistens als Dung in den Gärten gebraucht. Auch der Hausmüll kommt zunächst auf den Misthaufen und dann als Dung aufs Land. Die Abwässer aus Küche und Haus versickern in der Nähe der Häuser im Erdboden.

Gepflasterte Strassen gibt es in Baltrum nicht. Seit einigen Jahren sind einige gepflasterte Fusswege angelegt; meistens liegen in den Wegen Laufstege aus Holz. Ein Bedürfnis, für die Reinhaltung der Wege besondere Vorkehrungen zu treffen, hat sich bisher nicht geltend gemacht.

Ueber besondere Heilerfolge bei Krankheiten ist aus Baltrum

deshalb nicht zu berichten, weil Kranke diese Insel nicht aufsuchen. Es handelt sich meistens um solche Kurgäste, welche ausser der Billigkeit des Aufenthalts Ruhe und Erholung suchen. Ausserdem kommen verhältnismässig viele Kinder dorthin.

Bezüglich der Wirkung der Seeluft und der Seebäder gilt auch für Baltrum das für Norderney und Juist Gesagte.

4. Norderney.

Bearbeitet von Kreisarzt Med.-Rat Dr. **Winter** in Norden.

Entwickelung. Das Jahr 1799 darf deshalb als das Gründungsjahr des Seebades Norderney angesehen werden, weil damals zuerst auf Anregung des Landphysikus Medizinalrats Dr. von Halem in Aurich die ostfriesischen Stände auf der Insel Badeeinrichtungen herstellten. Es wurden für den Strand 3 Badekutschen nach englischem Muster und zum Gebrauch warmer Seebäder 4 Badewannen angeschafft und zur Pflege der Geselligkeit ein hölzernes Konversationshaus erbaut. Das Seebad zeigte von Anfang an eine erfreuliche Entwicklung, da das englische Vorbild und das deutsche Seebad Doberan die heilkräftige Wirkung des Seebades in der Bevölkerung bekannt gemacht hatten. Schon im Jahre 1803 wurde deshalb das Konversationshaus vergrössert und ein kleines Badehaus errichtet. Von 1807 bis 1814 hörte wegen der politischen Verhältnisse der Badeverkehr völlig auf. Nach 1814 fühlten sich die ostfriesischen Stände nicht kapitalkräftig genug, um die notwendigen Verbesserungen des Seebades durchzuführen; sie waren anscheinend froh, als das Seebad in den Besitz des hannoverschen Staates überging. Dieser nahm sich der Förderung des Bades sehr an; namentlich kam der Insel zu statten, dass der König Georg ihr ständiger Besucher wurde.

Das Konversationshaus wurde deshalb seit 1820 öfters vergrössert und umgebaut, das grosse Logierhaus wurde 1836 gebaut (in diesem wohnte die Königliche Familie). Der Bazar wurde 1858 errichtet, ein neues Warmbadehaus (das jetzige Badehaus II) wurde erbaut (1820) und später mit direkter Rohrleitung zur See versehen (1836); der Anfang mit der Errichtung des Schutzwerkes gegen die See am Weststrande, wo durch verschiedene Fluten grössere Teile der Insel weggerissen waren, wurde gemacht (1858), die Anzahl der Badekutschen am Strande wurde vermehrt, die Strassen wurden ausgebaut und gepflastert, Unterstützungen zum Bau von Logierhäusern wurden gewährt.

Die Anzahl der Badegäste vermehrte sich deshalb von Jahr zu

Jahr, der Besuch litt jedoch, wie erklärlich, unter den schlechten Verkehrsverhältnissen der Insel mit dem Festlande und dem Binnenlande. Erst als diese besser wurden, entwickelte sich das Seebad Norderney zu der bedeutenden Höhe, die es jetzt erreicht hat.

Im Jahre 1832 wurde für die Kurgäste aus der Rheinprovinz und aus Süddeutschland folgender Reiseweg als der zweckmässigste empfohlen: Sie reisen am besten mit dem auf dem Rhein fahrenden Dampfschiff nach Rotterdam, von dort nach Amsterdam zu Lande; von Amsterdam fährt 3 mal wöchentlich ein Dampfer über den Zuidersee nach Harliegen, von wo man täglich durch Wagen oder Zugschiffe (Treckschuiten) nach Groningen oder Delfzyl fahren kann; von hier fahren täglich Schiffe nach Emden; von da gelangt man zu Wagen nach Norden und Norddeich und dann mit dem Fährschiff nach Norderney.

Jetzt fährt während der Saison 2 mal täglich der Schnellzug von Cöln in 7 bis 8 Stunden nach Norddeich, wo für jeden Zug ein Dampfer bereit liegt, um die Gäste in 40 Minuten zur Insel zu befördern.

Der Bau der Bahn Rheine-Emden (1856), der ostfriesischen Küstenbahn (1883), die Verlängerung derselben nach Norddeich (1892), der Bau der Hafenstrasse auf Norderney (1873/74), der Bau der Häfen am Norddeich und auf Norderney (1890), die Verlängerung der Hafeneinfahrt am Norddeich (1896—1898), welche jetzt 2600 m beträgt und die Schiffahrt von Ebbe und Flut unabhängig macht, sind die einzelnen Etappen dieser Entwicklung.

Im Jahre 1872 fuhr der erste Dampfer von Norddeich nach Norderney. Zur Zeit kommen am Norddeich in der Saison täglich 15 Personen- und Schnellzüge, an manchen Tagen noch mehr aus allen Richtungen an. Die Schnellzüge haben Schlaf- und Speisewagen und durchgehende Wagen Wien-Norddeich und Basel-Norddeich, München-Norddeich usw. 11 mal fährt der Dampfer von Norddeich nach Norderney. Ausserdem hat Norderney Dampferverbindung mit Bremerhaven, Helgoland-Hamburg-Westerland auf Sylt, Juist, Borkum, Emden und Langeoog-Wangeroog-Wilhelmshaven.

Auch wurde auf der Insel für die Bequemlichkeit und die Unterhaltung der Gäste immer mehr Fürsorge getroffen, so dass selbst der verwöhnte Grossstädter sich auf Norderney kaum Entbehrungen aufzuerlegen braucht. Die Wohnungsfrage wurde durch den Bau von grossen Gasthöfen und Logierhäusern gefördert; Strandhallen, Giftbude, Verlängerung des Schutzwerkes mit Bau der Strandpromenade, Elektrizitätswerk, Seesteg förderten den Aufenthalt am Strande; eine tadellose Musikkapelle, Theater, Reunions, Rennen sorgten für Unterhaltung. Hygienische Einrichtungen: Meierei, Gasanstalt, Krankenhaus, Wasserleitung und Kanalisation, Schlachthaus mit Eisfabrik, Waschanstalt sorgen bei dem ausserordentlich gesteigerten Verkehr in weitgehendem Masse für die Gesundheit der Kurgäste.

Die Besuchsziffern und die Zahl der verabreichten Bäder geben ein ganz gutes Bild von dem Aufschwunge des Bades:

Es wurden gezählt:

1800 . . .	250 Badegäste	1850 . . .	2077 Badegäste
1830 . . .	788 „	1860 . . .	2595 „
1840 . . .	1516 „		

	Badegäste	Bäder am Strande	Bäder in den Badehäusern
1871 . . .	5566	50764	3763
1880 . . .	8261	64336	6993
1890 . . .	17214	82479	13990
1900 . . .	25927	109016	21615
1905 . . .	37874	128856	29402
1910 . . .	42590	130135	32023
1911 . . .	47041	173318	32990

In der Zahl 47041 sind auch diejenigen Personen enthalten, welche sich nur vorübergehend auf Norderney aufhielten. Wirkliche Badegäste werden etwa $^2/_3$ der Zahl, also 31360 Personen gewesen sein. Ausser diesen Gästen wird Norderney von tausenden Personen besucht, welche sich nur einen Tag dort aufhalten. Am letzten Sonntage im Juli 1912 wurden auf Sonntagsbillets, welche die Rhedereien billig (1 Mark Hin- und Rückfahrt Norddeich-Norderney) abgeben, 1280 Personen befördert.

Rechnet man schliesslich noch die Vergnügungsreisenden von den anderen ostfriesischen Inseln, sowie die Lustfahrten ganzer Vereine aus Bremen und Hamburg hinzu, so kann man sich einen Begriff von dem Verkehr machen, der während der Saison auf der Insel herrscht.

Im Jahre 1800, als das Seebad eingerichtet wurde, hatte Norderney 550 Einwohner, darunter 52 Witwen. Bis 1806 suchten die Einwohner ihren Erwerb fast ausschliesslich in der Schiffahrt auf eigenen oder auf fremden Schiffen. Zur Zeit der Franzosenherrschaft verarmte die Bevölkerung, da die Schiffahrt fast ganz unterdrückt wurde.

Im Jahre 1822 wurden 650 Einwohner gezählt. Bei der Entwicklung des Badewesens war es natürlich, dass immer grössere Kreise der Bevölkerung ihren Erwerb in diesem suchten und fanden. Eine grosse Anzahl der männlichen Einwohner wandte sich aber noch immer der Schiffahrt, besonders dem Fischfang, zu. Im Jahre 1890 waren noch 61 Fischerschaluppen vorhanden. Seitdem ist die Fischerei immer mehr zurückgegangen, da besonders der Schellfisch die ostfriesische Küste nicht mehr aufsucht, so dass zur Zeit nur noch 7 Fischerschaluppen auf Norderney stationiert sind, ausser 3 Motorbooten und Dampfern, welche sich auch mit dem Fischfang an der Küste befassen.

Die jetzt gezählten 4261 Einwohner müssen deshalb in der Hauptsache ihren Erwerb in dem Seebadeverkehr suchen. Bei schlechter Saison ist im Winter oft Not vorhanden, so dass mehrfach versucht worden ist, durch Haus- und Heimarbeit der Einwohnerschaft Verdienst zuzuwenden, aber leider bisher nicht mit besonderem Erfolge.

Das Adressbuch von Norderney gibt über die Erwerbsverhältnisse der Einwohnerschaft folgende Auskunft: Schiffer, Fischer, Matrosen 87, Kapitäne 5, Arbeiter und Handwerker 234, Geschäftsleute 67, Hausbesitzer 11, Privatiers 25, ohne Beruf 202. Bei den übrigen handelt es sich um Aerzte, Beamte und Angestellte.

Lage. Die Insel Norderney liegt zwischen Juist und Baltrum, von beiden durch ein breites Seegat getrennt, 7 Kilometer vom Festlande entfernt. Sie ist 17 Kilometer lang und durchschnittlich 1 Kilometer breit, auch zur Ebbezeit auf allen Seiten vom Meere umspült, so dass ihr Klima sich wohl mit demjenigen Helgolands vergleichen lässt, wie der Direktor des Seehospizes Dr. Wohlberg in einer kleinen Schrift: „Das Klima der Nordsee und die Winterkuren an der Nordsee“, Berliner klinische Wochenschrift, 1906, Nr. 38 und 39, ausführt.

Sowohl im Sommer als auch im Winter herrscht an der Nordsee ein mildes, gleichmässiges Klima. Schnee und Eis gehören zu den seltenen Erscheinungen. Die Jahresschwankung beträgt nur 15° und die mittlere Jahrestemperatur 8,4°. Die grösste Wärme zeigt sich erst im August, die grösste Kälte im Februar. Im Halbjahr September bis Februar ist es an der Nordsee wärmer als im grössten Teil des deutschen Festlandes. Der Herbst ist warm, der Winter milde, das Frühjahr kalt, der Sommer kühl.

Auch die täglichen Temperaturschwankungen sind bedeutend geringer als im Binnenlande und ebenso die Schwankung von Tag zu Tag; letztere mit dem Durchschnitt von 1,14 ist so gering, dass sie den Verhältnissen in Neapel, wo sie 1,0 beträgt, nahe kommt. Dementsprechend hat die Nordseeküste im Vergleich mit anderen Teilen Deutschlands bei der geringsten Temperaturveränderlichkeit auch die geringste Sterblichkeit.

Der Feuchtigkeitsgehalt der Luft ist hoch, aber gleichmässig, die Wolken- und Nebelbildung häufiger, als auf dem Festlande. Niederschläge sind ziemlich reichlich vorhanden, ebenso Stürme. Die vorherrschende Windrichtung ist W und SW.

Zu diesen günstigen klimatischen Verhältnissen kommt für Norderney ein Besonderes hinzu, nämlich dass auf ihr ausgedehnter Wald vorhanden ist. Schon im Anfang des 19. Jahrhunderts ist mit den Anpflanzungen begonnen werden. Aus dem Jahre 1815 wird berichtet, dass in dem Bosquet südlich des Konversationshauses Vormittags und Nachmittags Konzerte abgehalten werden. Das Nachmittagskonzert vereinigt bis heute täglich an derselben Stelle unter den schönen alten schattenspendenden Bäumen des Kurgartens einen grossen Teil der Badegäste. Für die Ausdehnung der Anpflanzungen hat sich besonders der 1818 angestellte Verwalter Ruppertsberg, nach welchem das im Osten des Ortes gelegene Gehölz genannt ist, verdient gemacht. Gleich beim Eintritt in den Ort empfängt den Gast die Bülowallee; nach Westen zeigt sich das Wäldchen; nach Osten laden geschützte Waldpromenaden zum Spaziergang nach der Schanze ein. Diese stammt aus der Franzosenzeit. Sie besteht aus Schanze mit Graben und beide umgebendem Wald. Im Ganzen ist in und um den Ort etwa 9 Hektar Wald vorhanden, einschliesslich des durch Rasen und Blumenbeete ausgezeichneten, nördlich des Konversationshauses gelegenen Marktplatzes (0,65 Hektar). Der Ort Norderney liegt auf dem westlichen Teil der Insel und bedeckt dort ein Terrain von etwa 70 Hektar. Früher ein Inseldorf, hat der Ort jetzt städtischen Charakter. Das frühere Dorf lag in der Mitte des jetzigen Ortes und auf dem südlichen Teil der Insel, da die Einwohner wegen der hohen Fluten sich scheuten, näher am West- und Nordstrande zu bauen. 1855 war deshalb die Luisenstrasse die westlichste und die Lange- und Osterstrasse die nördlichste Strasse. 1856 wurde das erste Schutzwerk von der Villa Fresena bis zur Moltkestrasse gebaut; 1873 wurde diese Steinmauer nach Norden durch ein Pfahlwerk, welches 1897 durch gemauertes Schutzwerk ersetzt wurde, verlängert; 1883/84 wurde das Schutzwerk nach Süden beträchtlich verlängert. Nach Errichtung des Schutzwerkes dehnte sich der Ort schnell weiter nach Westen und Norden aus, teilweise bis direkt an dasselbe. Vor

Norderney, Strandstrasse.

der Viktoriastrasse und vor der Kaiserstrasse blieben grössere Plätze unbebaut.

Kureinrichtungen. Im Winter 1800 begann der Badebetrieb am Strande mit 3 Badekutschen. Es wurde von Anfang an ein Herren- und ein Damenbadestrand angelegt. Allmählich wurden die Badekutschen vermehrt, so dass ihre Zahl 1822 27 betrug, 1836 68, 1860 86. — 1909 wurde der Familienbadestrand eingerichtet. Jetzt befinden sich an allen drei Stränden im ganzen 300 Badekutschen, 30 Schlitten und 6 Badezelte mit 324 Kabinen. Seit 1853 wird nur vormittags von 5 Uhr ab bis nachmittags 2 Uhr gebadet. Der

Norderney, Licht- und Luftbad mit Herrenbadestrand.

Norderney, Licht- und Luftbad mit Herrenbadestrand.

Damenbadestrand, am weitesten westlich gelegen, ist 200 m breit, hat zurzeit 82 Badekutschen auf Rädern. Die Kutschen sind 1,80 : 1,35 : 2 m gross und werden durch Pferde ans Wasser bzw. vom

Wasser gezogen. Ausserdem 2 Badezelte zu 48 und 60 Kabinen, welche je 1,60 : 1,15 m gross sind. 1 Luft- und Lichtbad ist am Damenbadestrande vorhanden. Die Höchstzahl der an einem Tage 1912 abgegebenen Bäder betrug 891; es sind etwa 150 Personen gleichzeitig im Wasser. Der Herrenbadestrand liegt weiter nördlich und ist 162 m breit, hat 87 Badekutschen, 2 Badezelte zu je 48 Kabinen und 1 Luft- und Lichtbad. Täglich werden 600 Bäder abgegeben. Bei vollem Betriebe sind etwa 150 Personen im Wasser. Der Familienbadestrand, am meisten nördlich gelegen, ist 154 m breit, hat 110 Badekutschen und 2 Badezelte mit je 60 Kabinen. Bei

Norderney, Neues Warmbadehaus.

vollem Betriebe sind etwa 300 Personen im Wasser; täglich werden bis 1200 Bäder genommen.

Im Winter 1800/01 wurde ein kleines Warmbadehaus mit 3 Badezimmern errichtet. Das Seewasser wurde in Tonnen herbeigeschafft und in einem eingemauerten Kessel erwärmt. 1814 wurde das Badehaus ausgebessert, 1815 vergrössert, so dass es 10 Badezellen enthielt. 1836 wurde es mit einer Rohrleitung versehen, so dass das Seewasser mit einer Handpumpe herangepumpt werden konnte. 1844 wurde ein neues Badehaus, das jetzige Badehaus II gebaut; 1872 wurde das jetzige Badehaus I errichtet und 1908 vergrössert. Das Warmbadehaus I (alter Teil) hat 27 Kabinen mit 31 Wannen; im neuen Teil sind 11 Kabinen mit 11 Wannen. Die Höchstzahl der an einem Tage abgegebenen Bäder betrug 163. Die Seewasserförderung für die warmen Bäder ist so gross, dass täglich 700—800 cbm Wasser geliefert werden können. Anfang der 90er Jahre des vorigen Jahrhunderts ist die Förderung so tief gesetzt, dass auch bei tiefstem Wasserstande immer frisches Seewasser gefördert wird. Die Erwärmung des Seewassers geschieht durch den Dampf des Elektrizitätswerkes. Im Winter, wenn die Warmbadehäuser geschlossen sind,

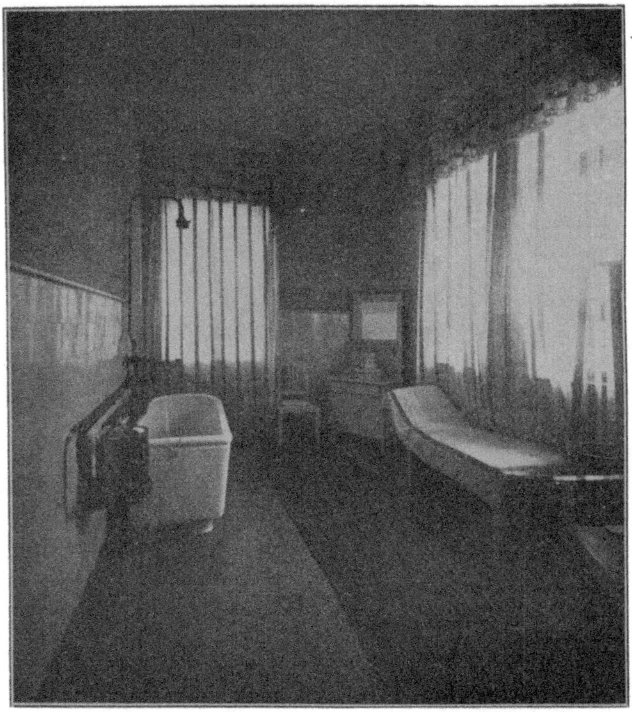

Norderney, Badezelle im neuen Warmbadehause.

können die Badegäste in dem Badehause des Seehospizes Kaiserin Friedrich warme Seebäder nehmen. Ausser dem kalten und warmen Bade ist die Seeluft als Heilmittel in letzter Zeit immer mehr geschätzt worden. Um diese möglichst rein zu geniessen, ist der Aufenthalt am Strande angezeigt. 1872 wurden für diesen Aufenthalt am Strande nach holländischem Muster Strandkörbe eingeführt; zur Zeit sind davon 1556 vorhanden und 54 Strandzelte, in welchen die Gäste vor heftigen Winden und Regen Schutz finden. Die Strandmauer bietet eine 7—8 m breite Promenade, welche durch das Elektrizitätswerk bis spät abends erleuchtet wird, so dass jetzt noch zu späterer Stunde als sonst die Gäste die frische Seeluft geniessen können. Den Gästen stehen auch Boote zu Fahrten in die See zur Verfügung; auch unternehmen oft die Dampfer Fahrten in die See und die Rhedereien geben billige Rückfahrkarten nach Norddeich aus. Schliesslich bietet der Seesteg, welcher 1894 an der exponiertesten Stelle des Nordweststrandes errichtet und 120 m weit in die See hinausgebaut ist, mit seiner Plattform und dem Zugangssteg, beide mit Bänken besetzt und 1600 qm Oberfläche, die beste Gelegenheit, die Seeluft aus erster Hand zu geniessen. Der Seesteg ruht auf 126 gusseisernen Schraubpfählen von 35—40 cm Durchmesser, welche 6 m tief in den Meeresboden eingeschraubt sind. Die Schraubflügel haben 1,2 m Durchmesser. Wegen des Eisganges im Winter muss der Seesteg bis auf die Schraubpfähle abgebrochen werden.

Rettungsvorrichtungen sind am Strande, in den Warmbadehäusern und im Ort vorhanden. Jeder Strand ist mit dem Badearzt und mit den beiden anderen Stränden durch ein besonderes Telephon verbunden. Ausserdem befindet sich an jedem Strand ein Boot auf einem Wagen, welcher an der Grenze des Wassers steht. Bei dem Alarmsignal des Oberaufsehers wird derselbe ins Wasser geschoben, worauf er durch Hochheben des dem Strande zugekehrten Teils das Boot ins Wasser gleiten lässt. Schon vorher haben die Bootsleute in dem Boote ihre Plätze genommen, die Korkwesten angezogen und sich der Riemen bemächtigt. Vom Strande führt bis jenseits der Brandung die Richtungsleine, an welcher das Boot bei jedem Wetter durch die Brandung hindurchgezogen werden kann.

Das Boot am Damenbadestrande ist 4,50 m lang und 1,70 m breit. In demselben befinden sich 4 Schwimmwesten, 1 Korkkugel mit Leine, 1 Rettungsring mit Leine, 1 Anker mit Tau, 1 Rettungshaken, 1 Bootshaken, 4 Riemen für die 4 Mann Besatzung. An den Badekutschen und Badezelten verteilt hängen 7 Rettungsringe und 4 Rettungskugeln, sowie Abbildungen mit Erklärung zur Hilfe Ertrunkener. Im Badezelt befindet sich ein 2,45 : 3,30 m grosser Ruheraum für die Leistung der ersten Hilfe. Dieser Raum ist ausgestattet mit einem Ruhebett, mit Wolldecken, Wascheinrichtung und Arzneikasten. Ausserdem ist ein Krankentransportwagen vorhanden. Das Personal besteht aus der Oberaufseherin, 4 Bootsleuten, 3 Schwimmern und 20 Badefrauen, welche zur Hälfte in der ersten Hilfe bei Unglücksfällen von dem Badearzt unterwiesen worden sind. Die Oberaufseherin hat das Examen als Helferin vom roten Kreuz abgelegt. Die Schwimmer müssen jedes Jahr probeschwimmen, und die Badefrauen haben einen Hosenanzug. Das Boot am Herrenbadestrande steht auf einem Wagen mit 3 Rädern, von welchen das vordere kleiner, die beiden hinteren grösser sind (1,75 m im Durchmesser). Das Boot ist 6,40 m lang und 1,85 m breit, mit 6 Mann Besatzung und dementsprechend mit 6 Schwimmwesten und 6 Riemen ausgestattet; sonst ist die Ausstattung dieselbe wie am Damenbadestrand. An den Badekutschen und Badezelten hängen 9 Rettungsringe und 5 Rettungskugeln, sowie Belehrungen und Abbildungen über die erste Hilfe beim Ertrinken. Im Badezelt I ein Ruheraum mit Ruhebett, Wolldecken, Wascheinrichtung und Arzneikasten. Das Personal besteht aus dem Oberaufseher, 6 Bootsleuten, 4 Schwimmern und 21 Badedienern, welche meistens in der ersten Hilfe bei Unglücksfällen von dem Badearzt unterwiesen worden sind. Das Boot am Familienbadestrand hat die Grösse und Einrichtung des am Damenbadestrande. An den Badekutschen und Badezelten hängen 4 Rettungsringe, 2 Rettungskugeln, 3 Rettungsleinen mit Kork, sowie Belehrungen und Abbildungen über die erste Hilfe beim Ertrinken. Im Badezelt II ein Ruheraum 3,00 : 2,40 m gross mit Ruhebett, Wolldecken, Wascheinrichtung, Arzneikasten und einem Dräger-Sauerstoff-Koffer. Im Badezelt I steht ein Krankentransportwagen. Das Personal besteht aus dem Oberaufseher, 4 Bootsleutern, 2 Schwimmern, 11 Badedienern und 14 Badefrauen. Auch hier ist der grösste Teil des Personals in der ersten Hilfe bei Unglücksfällen vom Badearzte unterwiesen. — Im Warmbadehause I befindet sich ein Telephon und 1 Arzneikasten mit ähnlichem Inhalt, wie der am Strande. Die Kriegersanitätskolonne vom roten Kreuz, welche von der Gemeinde unterstützt wird, hat im Ort an 11 Stellen Unfallmeldestellen eingerichtet.

An besonderen Kuranstalten befinden sich auf Norderney: a) das Marienheim, evangelische Diakonissenanstalt zur Pflege skrophulöser und erholungsbedürftiger Kinder; b) das Seehospiz Kaiserin Friedrich; c) das Kindersanatorium des Dr. Schlichthorst; d) das Kinderheim der Zionsloge in Hannover; e) eine Militärkuranstalt, verschiedene kleinere Kinderheime, ein Lehrerinnenheim, das Gemeindekrankenhaus und die Isolierbaracke.

a) Das Marienheim ist 1876 als wohltätige Stiftung mit 30 Kindern und 3—4 Erholungsschwestern gegründet, später mehrfach umgebaut und erweitert; es liegt an der Georgstrasse im südwestlichen Teil des Ortes und hat zur Zeit Platz für mindestens 100 Kinder und 24 Erwachsene. Im Jahre 1911 wurden 463 Kinder und 153 Schwestern verpflegt. An der Spitze steht eine Oberschwester vom Henriettenstift in Hannover, welcher 2 Schwestern und 8 Helferinnen zur Seite stehen. Aerztlicher Berater ist der Königliche Badearzt Sanitätsrat Dr. Thalheim. Die Kinder und auch die Diakonissen benutzen die fiskalischen Badeeinrichtungen am Strande und in den Warmbadehäusern.

b) Das Seehospiz Kaiserin Friedrich wurde im Jahre 1886 von dem Verein zur Gründung von Heilstätten an der Nordsee namentlich auf Betreiben des Professors Benecke in Marburg er-

Norderney, Seehospiz „Kaiserin Friedrich“ früher.

richtet. Es liegt östlich vom Ort, 300 m südlich vom Nordstrande. Es besteht aus dem Verwaltungsgebäude in der Mitte, in dessen 1. und 2. Stock sich ein Pensionat für weibliche Erwachsene befindet, dem hinter ihm liegenden Wirtschaftsgebäude mit grossem Esssaal, dem dahinter liegenden Waschhaus und dem dahinter liegenden Badehause. Zu beiden Seiten liegen 3 Pavillons, von welchen die beiden vorderen mit dem Verwaltungsgebäude und unter sich durch verdeckte Gänge verbunden sind. Zwischen ihnen liegen gedeckte Spielhallen. In der südöstlichen Ecke liegt der Krankenpavillon, welcher später im Jahre 1901 hinzugekommen ist, und in der südwestlichen Ecke liegt das im Jahre 1906 gebaute Wohnhaus des ärztlichen Direktors. Jeder Pavillon enthält unten die Tageräume und oben den Schlafsaal und hat Platz für 40 Kinder. Der Krankenpavillon hat ausser den

Krankenräumen 4 Veranden, 1 Operationszimmer und Seewasser-Badeeinrichtung; er hat Platz für 24 Kinder. Das Badehaus ist durch Rohrleitung mit dem Nordstrande verbunden, durch welche das Seewasser für die warmen Bäder herangepumpt wird. — Im Osten der anderen Gebäude sind zur Absonderung von an ansteckenden Krankheiten erkrankten Kindern 2 Isolierpavillons gelegen. In den letzten Jahren wurden durchschnittlich 1400 Kinder mit einer durchschnittlichen Aufenthaltsdauer von 55 Tagen verpflegt. Geleitet wird das Seehospiz von dem ärztlichen Direktor, welchem für die wirtschaft-

Norderney, Seehospiz „Kaiserin Friedrich“ jetzt.

liche Seite ein Verwalter und für die Pflege eine Oberschwester zur Seite steht; ausser letzterer sind noch 21 Schwestern vorhanden.

c) Das Kindersanatorium des Dr. Schlichthorst liegt an der Marienstrasse Nr. 17a und b. Es ist ein einstöckiger Bau mit Veranda vor dem Kellergeschoss und Erdgeschoss. Im Kellergeschoss befinden sich die Wirtschaftsräume; im Erdgeschoss Arztzimmer, Operationszimmer, Badezimmer, Aufenthaltsraum und ein Krankenzimmer, im ersten Stock nur Krankenzimmer. Es hat 21 Betten. Die Pflege geschieht durch 3 Schwestern und 1 Kindergärtnerin. Jährlich werden durchschnittlich 53 Kranke verpflegt. Die ärztliche Leitung hat der Besitzer Dr. Schlichthorst.

d) Das Kinderheim der Zionsloge liegt an der Benekestrasse. Vor 3 Jahren in einem kleinen Privathause begründet, ist es im

Jahre 1911 durch einen Anbau bedeutend vergrössert, so dass es jetzt 86 Betten hat. Die Leitung liegt in den Händen von drei Damen, welche einem Komitee in Hannover verantwortlich sind. Hausarzt ist Dr. Schlichthorst. Durchschnittlich wurden von Mai bis September 250 Kinder verpflegt.

e) Die Militärkuranstalt, welche im Osten des Ortes liegt, ist 1898 in einem Privathause eingerichtet worden. Seitdem wurden 3000 Kranke mit gutem Erfolge dort verpflegt.

Zu erwähnen sind die Kinderheime von Frau Dr. Rode und Fräulein Busch. Das Gemeindekrankenhaus, welches im Osten des Ortes neben dem Armenhause liegt, ist 1884 erbaut worden. Es ist ein kleines Haus mit 4 Zimmern und 8 Betten, in welchen jährlich etwa 45 Kranke verpflegt werden. Die Pflege geschieht durch eine Schwester vom Clementinenhaus in Hannover.

Auf der Insel sind ständig 3 Aerzte und der Direktor des Seehospizes Kaiserin Friedrich, ausserdem während der Saison ein Nervenarzt, ein Augenarzt und ein Kinderarzt anwesend. Zur Pflege der Kranken in Privathäusern steht nur eine kirchlicherseits angestellte Gemeindeschwester zur Verfügung. Für die Absonderung an ansteckenden Krankheiten Erkrankter stand früher nur das Gemeindekrankenhaus zur Verfügung. 1902 wurde von der Badeverwaltung neben der Schanze eine Döckersche Baracke aufgestellt, welche 4 Krankenzimmer mit 7 Betten enthält. Seitdem werden die Kurgäste meistens in dieser verflegt. Die Pflege leistet eine Schwester vom Clementinenhause in Hannover.

Das Desinfektionswesen ist gemeindeseitig durch Anstellung eines geprüften Desinfektors seit 1904 geregelt. Derselbe desinfiziert in den Wohnungen mit Formalindämpfen und in einem im Armenhause aufgestellten Dampfdesinfektionsapparate. Im Seehospiz Kaiserin Friedrich befindet sich ein gleicher Desinfektionsapparat; mit diesem und mit Formalin desinfiziert dort der Maschinist.

Wohnungen. Im Jahre 1800 hatte das Inseldorf 106 Häuser, von welchen ungefähr zwei Drittel Zimmer zu vermieten hatten. Für das Jahr 1822 gibt von Halem eine Liste der Quartiere heraus: 135 Häuser mit 264 Zimmern und 343 Betten. Von 1830 ab gab die Regierung den Einwohnern zum Bau neuer gut eingerichteter und zur Vergrösserung und besseren Ausstattung der vorhandenen Häuser Vorschüsse zu sehr geringem Zinsfusse. Die Häuser standen meistens regellos, erst nach der Anlage der Fusssteige und der Pflasterung der

Strassen kam Ordnung in die Baureihen. Die meisten Häuser hatten Vorgärten, wie sie jetzt noch in der Gartenstrasse bestehen. 1836 wurde von der Regierung das grosse Logierhaus gebaut, welches 35 Zimmer mit 20 Betten hat. In diesem wohnte jährlich die königlich hannoversche Familie. 1858—1884 wurde der Bazar gebaut mit 34 Zimmern mit 40 Betten. Jetzt entstanden auch grössere Logirhäuser und Gasthöfe, namentlich nachdem durch die Strandbefestigungen die Kaiserstrasse usw. bebaut wurden. An der Kaiserstrasse entstanden zuerst die Bremer-Häuser, eine Anzahl von Logierhäusern mit gemeinsamem Betrieb. Zur Zeit sind auf Norderney, welches einen durchaus städtischen Charakter hat, 830 Wohnhäuser vorhanden. In dem Prospekt für 1912 sind im ganzen für Gasthöfe, Pensionate, Wohnungen und Logierhäuser und Kinderheilstätten nur 7379 Betten angegeben. Nach amtlicher Auskunft ist die Zahl der vorhandenen Betten bedeutend grösser; darnach sind vorhanden auf Norderney

22 Gasthöfe . . .	mit	1078	Zimmern	und	1710	Betten
26 Pensionate . .	„	622	„	„	985	„
580 Logierhäuser . .	„	—	„	„	9100	„
1 grosses Logierhaus	„	35	„	„	20	„
1 Bazar	„	34	„	„	65	„

also im ganzen 11 880 Betten für Badegäste. Dazu kommen noch die 6 Kinderheilstätten bzw. Kinderheime und die Militärkuranstalt mit 584 Betten. Ausserdem sind noch 10 Restaurants und Speisehäuser vorhanden.

Die Einrichtung der Wohnungen und Gasthöfe ist natürlich sehr verschieden, und dementsprechend auch der Preis für das Zimmer sehr verschieden. Man kann auf Norderney für 200 Mk. und für 10 Mk. die Woche wohnen. Im allgemeinen liegen die besseren Häuser mehr im Westen und Norden in der Nähe des Strandes, während die billigeren Wohnungen im Osten und Süden des Ortes sich befinden. Die Häuser des Fiskus haben den Vorzug, dass sie mit elektrischem Licht beleuchtet werden, während die anderen Häuser sich vorläufig mit dem Gaslicht begnügen müssen. Die Gemeinde hat die Absicht, ein eigenes Elektrizitätswerk zu errichten. Einige Logierhäuser haben wegen der Winterkuren Zentralheizung eingerichtet.

Nahrungsmittelversorgung. Auf Norderney werden nur wenige Nahrungsmittel erzeugt. Die Kartoffeln und das Gemüse, welches auf Norderney, namentlich auf den Rieselfeldern gebaut werden, kommen bei dem grossen Verbrauch kaum in Betracht. Alle Nahrungsmittel müssen deshalb von auswärts eingeführt werden. Gemüse wird aus Ostfriesland, namentlich aus der Umgebung der Stadt Norden, aber auch aus Holland und Hamburg eingeführt. Obst wird aus dem Süden, entweder über Hamburg, Bremen oder direkt aus Italien bezogen. Fleisch wird geliefert aus Norden und Umgebung, Dornum, Hamburg, Osnabrück und Lübeck, Schlachtvieh fast nur aus Ostfriesland. Milch wird zum Teil auf Norderney erzeugt (Meierei, Vissering, Südhoffs). Nach der letzten Zählung waren auf Norderney 48 Rinder und 121 Schafe vorhanden. Grösstenteils wird jedoch die Milch vom Festlande, namentlich von den Molkereien in Norden, eingeführt. Der Milchhandel wird auf Grund einer Polizeiverordnung kontrolliert. Auf Norderney bestehen 16 Milchhandlungen, welchen von einem Schutzmann wöchentlich einmal Proben zur Untersuchung entnommen werden. Dieser untersucht die Milch mit dem polizeilichen Milchprober nach Dr. Bischoff oder mit dem Laktoskop von Feser. Verdächtige Proben werden dem Schlachthofverwalter zur genaueren Untersuchung übermittelt. Im Mai und Juni 1912 wurden von diesem 13 Proben untersucht. Mit Ausnahme von 3 Proben, welche nach Aussage des Schutzmanns dem Rest der betreffenden Kannen entnommen waren, betrug der Fettgehalt über 2,7 pCt. und in 5 Fällen sogar über 3 pCt. Die 3 Proben, welche einen Fettgehalt unter 2,7 pCt. aufwiesen, wurden auf Verwässerung untersucht, indem das spezifische Gewicht ihres Serums festgestellt wurde; da dasselbe bei 2 Proben 1,027 und bei einer Probe sogar 1,029 betrug, so war ein solcher Verdacht hinfällig. Einige Milchproben wurden auch auf Schmutzgehalt und Säuerung geprüft, ohne dass hierbei Besonderes festgestellt wurde.

Das im Schlachthof geschlachtete Fleisch wird auf Norderney kontrolliert. Im übrigen besteht die auch auf dem Festlande übliche gesundheitspolizeiliche Beaufsichtigung des Verkehrs mit Nahrungs- und Genussmitteln.

Wasserversorgung. Früher wurde das Grundwasser auf Norderney durch gemauerte Kesselbrunnen erschlossen und ausser diesem Brunnenwasser das in Zisternen aufgefangene Regenwasser vielfach benutzt. Seit 1888/89 besitzt Norderney ein Zentralwasserwerk, welches im Auftrage der Königlichen Regierung von der Firma Börner & Herzberg in Berlin errichtet wurde. Diese Firma leitet auch heute den Betrieb, ebenso wie den der Kanalisation und des Elektrizitätswerkes. Schon im Jahre 1885 waren vorbereitende

Schritte zur zentralen Wasserversorgung unternommen worden. Nachdem festgestellt worden war, dass das erforderliche Wasserquantum (damals 600 cbm für den Tag während der Saison) durch oberflächliche Kesselbrunnen nicht zu beschaffen war, wurde an einer Stelle östlich des Ortes zwischen dem Kaap und der Windmühle ein Bohrloch von 144 mm lichtem Durchmesser niedergebracht. Bis zu etwa 40 m Bohrtiefe war der erbohrte Sand so fein, dass man nicht erwarten konnte, aus diesen Schichten erhebliche Wassermengen zu fördern. Erst bei etwa 40 m Tiefe kam schärferer Sand. Das Wasser kam mit einem bemerkbaren Schwefelwasserstoffgeruch zu Tage, der sich jedoch nach kurzer Einwirkung der atmosphärischen Luft vollständig verlor. Bei etwa 57 m Bohrtiefe bekam der erbohrte Sand einen salzigen Geschmack, der weiter nach unten stetig stärker wurde. Das Bohrloch wurde auf 40 m wieder hochgezogen, ein 5 m langes kupfernes

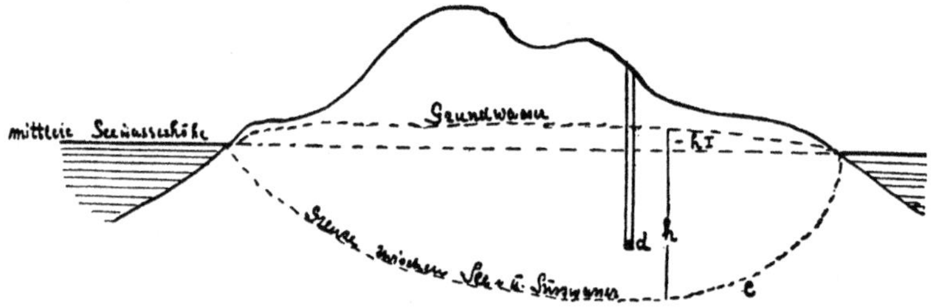

Norderney, Wasserversorgung.

Filterrohr eingesetzt und nunmehr 9 Tage lang täglich gepumpt. Es wurden täglich 260 cbm Wasser gefördert; da ausserdem das Untersuchungsergebnis des Wassers günstig war, so konnte schon damals nicht bezweifelt werden, dass aus einer Tiefe von 40 bis 50 m aus 3 Bohrlöchern ein brauchbares Wasser in hinreichender Menge zu beschaffen war. Diese Pumpversuche wurden im Jahre 1887 wieder aufgenommen mit demselben Resultat. Bei diesen Versuchen zeigte sich, dass auf den Inseln das Süsswasser auf dem Salzwasser schwimmt, und dass der Stand des Grundwassers von Ebbe und Flut abhängig ist. Bei der gewöhnlichen Ebbe und Flut konnten deutlich Schwankungen von 20 cm im Brunnen beobachtet werden, bei hoher Flut zeigte sich ein allgemeiner Hochstand des Grundwassers, während bei niedriger Flut Tiefstand des Grundwasserspiegels zu beobachten war. Die Grundwasserhöhe über Mittelwasser betrug an der Beobachtungsstelle im Mittel 1,4 m. Aus dem Unterschiede der Höhe dieses

Grundwasserstandes und des Mittelwassers über der Grenze zwischen See- und Süsswasser lässt sich dann durch das spezifische Gewicht des Salzwassers berechnen, welchen Einfluss der Grundwasserstand auf die Lage der Grenze zwischen See- und Süsswasser hat (s. Abbildung). 1888 wurde das Wasserwerk mit 3 Brunnen in Betrieb gesetzt. Mit mächtigen Pumpen wird das Wasser aus den Tiefbrunnen herbeigepumpt, um dann sofort mit demselben Druck in den Lüftungsturm befördert zu werden. Von hier fliesst es selbsttätig in das Reservoir auf der Georgshöhe und in den Ort. Der Lüftungsturm liegt nördlich auf einer hohen Düne und ist selbst 13,06 m hoch. In demselben fällt das Wasser eine Strecke weit als Regen herab, auf welcher es durch den durch Mauerschlitze streichenden Wind gelüftet wird. — Der Schwefelwasserstoffgehalt des Wassers ist in den letzten Jahren immer geringer worden, so dass seit 1911 der Lüftungsturm auch während der Saison ausser Betrieb gesetzt werden konnte. Jetzt genügt schon das Pumpen von den Brunnen zur Georgshöhe, um das Wasser von den geringen Mengen Schwefelwasserstoff zu befreien. Seit Errichtung des Wasserwerkes sind ausser den 3 ersten noch 4 Brunnen gebohrt worden, sodass jetzt 7 Brunnen vorhanden sind. Leider können nicht immer alle Brunnen gebraucht werden, weil manche Wasser mit zu hohem Salzgehalt liefern. Diesen Salzgehalt durch Hochziehen der Brunnen zu verringern, ist wegen des feinen Sandes, welcher den Filter bald verstopft, nur in beschränktem Masse möglich. Trotzdem ist es möglich gewesen, sowohl in dem dürren Sommer 1911, als auch im Sommer 1912, welcher wegen der geringen Niederschlagsmengen in 1911/12 überall einen sehr niedrigen Grundwasserstand zeigte, den Ort mit einwandfreiem Trinkwasser zu versorgen. Dabei müssen täglich über 1000 cbm Wasser geliefert werden. Der höchste Gehalt des Leitungswassers an Chlor betrug am 28. Juli 1911 816,50 mg. Von diesem Tage an ging der Salzgehalt zurück, sodass am 1. September 1911 nur noch 482,80 mg gemessen wurden. Es bedarf wohl kaum der Erwähnung, dass dieser geringe Salzgehalt, noch nicht 1 g auf 1 Liter Wasser, der Gesundheit nicht schädlich sein kann. Möglich ist es, dass sich derselbe in manchen Getränken bemerkbar macht und deshalb feine Zungen darin einen Uebelstand erblicken. Das im Jahre 1885 erbohrte Wasser wurde an Ort und Stelle bakteriologisch untersucht; es fanden sich in 1 ccm 0—12 Keime, von welchen keine die Gelatine verflüssigten. Ausserdem wurde das Wasser damals von Herrn

Professor König in Münster chemisch untersucht mit folgendem Resultat:

Probe vom 30. September 1887 nach 52tägigem Pumpen.

	Vormittags mg	Nachmittags mg
Abdampfrückstand	1114,0	1229,2
Zur Oxydation erforderlicher Sauerstoff	3,3	3,1
Kalk	111,5	114,0
Magnesia	51,6	58,8
Kali	18,6	18,5
Natron	365,8	424,0
Schwefelsäure	57,8	59,8
Kohlensäure	124,5	128,7
Chlor	493,4	571,5
Salpetersäure	7,7	7,7
Ammoniak	ganz geringe Spuren	
Salpetrige Säuren	0,0	0,0
Schwefelwasserstoff	4	

Als hygienischer Berater ist der Leitung des Wasserwerkes der Königliche Badearzt beigeordnet. Abgesehen von der sonstigen Ueberwachung besichtigt der Kreisarzt mit den in Betracht kommenden Behörden gemeinschaftlich mindestens einmal im Jahre die ganze Anlage.

Zusammen mit der Herstellung der Zentralwasserversorgung wurde 1888—1889 die Kanalisation, an welche alle Häuser des Ortes angeschlossen wurden und an welche alle neuen Häuser angeschlossen werden müssen, durchgeführt. Die Abwässer fliessen selbsttätig in ein Reservoir, welches östlich vom Ort gelegen ist, und werden von hier aus auf die etwa 2—3 km entfernten Rieselwiesen gepumpt. Die Rieselwiesen sind 5,8 ha gross, können aber jederzeit auf 11 ha vergrössert werden.

Die Müllabfuhr ist ortsstatutarisch geregelt und wird kontraktlich von dem jeweiligen Pächter der Meierei besorgt. Während der Saison funktioniert die Abfuhr nicht immer zur vollen Zufriedenheit, weil die Hausbesitzer sich mitunter nicht an die vorgeschriebenen Masse der Müllgefässe halten und die Abfuhrknechte dann die Gefässe in die Wagen nicht entleeren. Der Müll wird vermittels Wagen, welche als zweckmässig angesehen werden können, in ein Dünental östlich der Meierei geschafft, hier sortiert und später zur Fäulnis gebracht, um nachher landwirtschaftlich verwertet zu werden. Scherben, Blechgefässe usw. werden in einem anderen Dünental abgeladen.

Vor 50—60 Jahren wurde zuerst die Wilhelmstrasse gepflastert, und zwar mit Steinen, welche aus einem gestrandeten Schiffe stammten. Vor 30 Jahren wurde die Pflasterung der einzelnen Strassen fortgesetzt, so dass jetzt der ganze Ort mit Ausnahme einiger Strassen im Osten und Süden gepflastert ist. Die in den Ort führende Bülowallee ist mit Kopfsteinen, sonst sind alle Strassen mit hartgebrannten Ziegelsteinen, sogenannten Klinkern, gepflastert.

Die Reinigung der Strassen liegt den Hausbesitzern ob; diese kommen ihren Verpflichtungen im grossen ganzen nach, so dass die Reinlichkeit auf den Strassen immer eine gute ist. In der Saison tut die Gemeinde jedoch ein Uebriges, indem sie täglich durch zwei Angestellte die groben Verunreinigungen der Strassen auflesen lässt.

Besondere Heilerfolge und Krankheitsindikationen. Landphysikus Medizinalrat Dr. v. Halem schreibt 1801, dass als besonders geeignet für die Kur auf Norderney Fälle von Gicht und Gliederreissen, Lähmungen, Hautkrankheiten und Anlage zu öfterer Erkältung sich erwiesen hätten. Sein Nachfolger, Badearzt Dr. Ufen aus Norden, glaubt, der Zweck der glänzenden Badeanstalt sei wohl hauptsächlich der, den Wohlstand der Insel und ihrer Einwohner zu fördern, dem Reiselustigen und Erholungsuchenden eine reizende Aussicht und zweckmässige Gelegenheit dazu zu verschaffen, das bare Geld im Lande zu erhalten und fremdes hereinzuziehen und durch einen abwechselnden Zusammenschluss angesehener und fürstlicher Fremder sowohl als Einheimischer zum Vergnügen, zur Aufheiterung und selbst zur Kur der wirklich Kranken und Kränklichen beizutragen. Wenn auch nicht in der ärztlichen Welt, so herrscht sonst noch vielfach die Ansicht Dr. Ufens, dass Norderney ein Luxusbad sei. Gewiss kommen auch nach Norderney viele Kurgäste des Vergnügens wegen; es ist dies aber eine kleine Minderzahl. Die meisten suchen das Seebad auf, um auf ihren abgearbeiteten und abgespannten Körper die belebende Seeluft und das anregende Seebad heilend und kräftigend einwirken zu lassen. Aber auch wirklich Kranke suchen in einer grösseren Anzahl das Seebad auf. Besonders schwächliche und kranke Kinder sind für Kuren an der See geeignet, nur darf, wie der Direktor des Seehospizes Kaiserin Friedrich sehr richtig immer wieder betont, der Aufenthalt auf der Insel nicht zu kurz bemessen sein. Die sogenannte Skrofulose, die Knochen- und Drüsentuberkulose, chronische

Katarrhe der Atmungsorgane, Asthma finden oft an der See nicht nur Besserung, sondern völlige Heilung. Umstritten ist noch das Gebiet der Lungentuberkulose.

In den folgenden Tabellen, welche eine ganz gute Uebersicht über die erzielten Heilerfolge geben, handelt es sich bei den Erkrankungen unter Nr. 4, 5, 10, 11 bzw. 4, 5, 9, 10 um Tuberkulose.

Von den 769 bis zu 6 Wochen Verpflegten wurden entlassen als:

	Knaben	Mädchen	Pensionärinnen
Geheilt	134 = 35,64 pCt.	131 = 37,54 pCt.	28 = 63,63 pCt.
Gebessert	199 = 52,92 „	172 = 49,28 „	14 = 31,82 „
Ungeheilt	32 = 8,51 „	34 = 9,74 „	2 = 4,55 „
Blieben Bestand . . .	11 = 2,92 „	12 = 3,44 „	— —

Es litten an		Geheilt	pCt.	Gebessert	pCt.	Ungeheilt	pCt.	Bestand	pCt.
1. Anämie	351	201	57,26	138	39,31	8	2,28	4	1,14
2. Anämie, gepaart m. Nervosität . . .	38	18	47,37	18	47,37	1	2,63	1	2,63
3. Skrofulose . . .	249	16	6,43	192	77,11	31	12,45	10	4,01
4. Chronisch. Entzündung der Gelenke .	4	2	50,00	—	—	2	50,00	—	—
5. Chronisch. Entzündung der Knochen .	8	2	25,00	1	12,50	3	37,50	2	25,00
6. Drüsentuberkulose	2	—	—	—	—	2	—	—	—
7. Lupus	2	1	50,00	1	50,00	—	—	—	—
8. Darmtuberkulose .	1	—	—	—	—	1	—	—	—
9. Bauchfelltuberkul.	1	1	—	—	—	—	—	—	—
10. Chronisch. Lungentuberkulose . . .	6	—	—	—	—	6	—	—	—
11. Verdichtung oder Katarrh d. Lungenspitzen	28	11	39,29	12	42,85	2	7,14	3	10,71
12. Residuen nach Pleuritis	2	—	—	1	50,00	—	—	1	50,00
13. Chronischem Bronchialkatarrh . . .	31	18	58,06	8	25,81	5	16,13	—	—
14. Asthma	32	13	40,63	13	40.63	5	15,63	1	3,13
15. Rachitis	4	—	—	—	—	3	75,00	1	25,00
16. Hysterie	1	—	—	—	—	1	—	—	—
17. Blinddarmentzdg. .	1	1	—	—	—	—	—	—	—
18. Chorea	1	1	—	—	—	—	—	—	—
19. Erholungsbedürftig	7	7	—	—	—	—	—	—	—

Von den 524 länger als 6 Wochen Verpflegten wurden entlassen als:

	Knaben	Mädchen	Pensionärinnen
Geheilt	104 = 40,15 pCt.	91 = 37,14 pCt.	15 = 75 pCt.
Gebessert	92 = 35,52 „	77 = 31,43 „	5 = 25 „
Ungeheilt	13 = 5,02 „	21 = 8,57 „	— —
Blieben Bestand	50 = 19,30 „	56 = 22,85 „	— —

Es litten an		Geheilt	pCt.	Gebessert	pCt.	Ungeheilt	pCt.	Bestand	pCt.
1. Anämie	117	74	63,25	21	17,95	1	0,85	21	17,95
2. Anämie, gepaart m. Nervosität . . .	21	12	57,14	9	42,86	—	—	—	—
3. Skrofulose . . .	174	29	16,67	101	58,04	7	4,02	37	21,26
4. Chronisch. Entzündung der Gelenke .	11	9	81,82	1	9,09	—	—	1	9,09
5. Chronisch. Entzündung der Knochen	23	10	43,48	5	21,74	5	21,74	3	13,04
6. Drüsentuberkulose	8	2	25,00	4	50,00	2	25,00	—	—
7. Lupus.	1	—	—	1	—	—	—	—	—
8. Bauchfelltuberkul.	3	2	66,67	—	—	—	—	1	33,33
9. Chronisch. Lungenkatarrh	6	—	—	—	—	4	66,67	2	33,33
10. Verdichtung oder Katarrh d. Lungenspitzen	50	28	56,00	6	12,00	2	4,00	14	28,00
11. Residuen n. Rippenfellentzündung . .	6	1	16,67	3	50,00	1	16,67	1	16,67
12. Emphysem . . .	2	—	—	1	50,00	—	—	1	50,00
13. Chronischem Bronchialkatarrh. . .	37	19	51,35	6	16,22	5	13,51	7	18,92
14. Asthma	57	22	38,60	14	24,56	5	8,77	16	28,07
15. Osteomyelitis . .	2	—	—	—	—	1	50,00	1	50,00
16. Rachitis	5	1	20,00	2	40,00	1	20,00	1	20,00
17. Hysterie	1	1	—	—	—	—	—	—	—

Die erwähnten Krankheitszustände der Kinder bieten ebenso bei den Erwachsenen günstige Heilerfolge im Seeklima. Auch bei Erwachsenen scheinen Anfangsstadien der Lungentuberkulose an der See öfters leicht und gut auszuheilen; vorgeschrittene Fälle verschlimmern sich immer; sorgfältige Auswahl der Kranken erscheint deshalb bei dieser Krankheit besonders notwendig. Dagegen heilen Fälle von Knochen- und Drüsentuberkulose auch bei Erwachsenen bis zu 81 pCt. ohne verstümmelnde Operation, während auf dem Festlande nur 56 pCt. Heilungen mit verstümmelnden Operationen erzielt werden (Rosenfeld, Chirurgenkongress 1909).

Schwächezustände nach schweren Infektionskrankheiten und Operationen, Neigung zu Erkältungen infolge Hautschwäche, funktionelle Nervenerkrankungen, chronische Entzündungen und deren Reste bilden ein weites Feld von Erkrankungen, die in dem Klima der Nordsee und durch die gebotenen Heilfaktoren der Genesung zugeführt werden. Auch manche Fälle von Gicht und Rheumatismus heilen auf der Insel aus, so dass die Krankheitsindikationen des Begründers des Seebades von Norderney auch heute noch grösstenteils zu Recht bestehen. Was die Jahreszeit anbetrifft, so ist für alle diese Erkrankungen nicht nur der Sommeraufenthalt, sondern ebenso der Herbst und sogar der Winter von heilkräftiger Wirkung. Für manche Erkrankungen, z. B. chronische Lungenkatarrhe mit Asthma, ist der Herbstaufenthalt der geeignetste. Gerade in dieser Beziehung könnte ich aus eigener Erfahrung geeignete Fälle mitteilen. Hunderte von Kurgästen, ganz abgesehen von den Kindern in den Kinderheimen, bleiben deshalb auch nach dem Schluss der offiziellen Saison am 10. Oktober und viele den ganzen Winter auf der Insel. Als besonders günstig sollen die Zeiten März bis Ende Juni und Mitte August bis Mitte November sich erwiesen haben.

5. Juist.

Bearbeitet von Kreisarzt Med.-Rat Dr. Winter in Norden.

Entwickelung. Schon im Jahre 1783 richtete der Pastor Janus auf Juist eine Eingabe an Friedrich den Grossen, in welcher er auf Grund seiner eigenen Erfahrungen und Beobachtungen auf den Nutzen der Seeluft und der Seebäder hinwies. Eine weitere Folge für Juist hatte diese Eingabe nicht, da namentlich die ostfriesischen Aerzte sich ablehnend verhielten. Erst im Jahre 1840 gründete die Gemeinde Juist aus eigenem Antriebe und eigenen Mitteln ein Seebad. Doch scheint der Besuch des Bades kein reger gewesen zu sein, da 1858 die angeschafften Badekutschen wieder verkauft wurden. 1886 begann die Gemeinde mit der Neueinrichtung des Bades. Seitdem hat sich die Besucherzahl allmählich gehoben. Der wachsende Wohlstand in Deutschland nach 1870/71, die sich immer mehr verbreitende Erkenntnis der heilenden Kraft der See und nicht zuletzt die Besserung der Verkehrswege trugen in gleicher Weise hierzu bei. Die Eisenbahn brachte die Badegäste immer bequemer und schneller nach Norddeich und von hier sorgten seit 1888 während der Saison Dampfer für glückliche Ueberfahrt über das Wattenmeer. Wegen der im Süden der Insel Juist liegenden Barre sind allerdings diese Dampferfahrten heute noch wie früher von Flut und Ebbe abhängig. Seit 1911 fährt deshalb täglich im Juli und August ein Dampfer von Emden nach Juist unabhängig von Ebbe und Flut. Während auf Norddeich seit Erbauung des Hafens (1890) die Gäste fast unvermittelt aus dem Eisenbahnzuge den Dampfer besteigen, mussten sie auf der Insel vom Dampfer auf das Fährschiff und von diesem auf hochräderigen Wagen ins Dorf befördert werden. Im Jahre 1894 wurde deshalb von der

Rhederei eine 400 m lange Anlegebrücke auf Juist errichtet, an deren einer Seite das Dampfschiff anlegte, während auf der anderen Seite zunächst die früheren Wagen, seit 1898 die Wagen der Kleinbahn die Gäste ins Dorf beförderten. In diesem Jahre ist die Brücke um 115 m soweit ins Watt hinein verlängert, dass die Dampfschiffe ohne Rücksicht auf Ebbe und Flut an derselben anlegen können, und die Kleinbahn bis zum Brückenkopf geführt, so dass der frühere Spaziergang auf der langen Brücke, welcher bei schlechtem Wetter oft sehr unangenehm war, vermieden wird.

Ausser mit Norddeich und Emden steht Juist über Norderney mit Helgoland-Hamburg, Bremerhaven und über Langeoog-Wangeroog mit Wilhelmshaven in Verbindung.

Entsprechend der zunehmenden Besucherzahl wurden die Badeeinrichtungen vervollkommnet und die Wohnungsverhältnisse verbessert, sanitäre Einrichtungen, wie die Zentralwasserversorgungsanstalt und das Isolierhaus, wurden geschaffen; die völlige Kanalisation des Ortes ist in Aussicht genommen.

Seit 20 Jahren befindet sich auf der Insel ein Arzt und seit 1898 in der Saison eine Zweigapotheke.

Die Zahl der Badegäste betrug:

1883 . .	700	Badegäste	1905 . .	5646	Badegäste
1890 . .	1324	"	1910 . .	7003	"
1895 . .	3510	"	1911 . .	8033	"
1900 . .	4537	"			

Im 17. Jahrhundert hatte die Insel Juist ausgedehnte Weiden, so dass die meisten Einwohner in landwirtschaftlicher Beschäftigung ihren Erwerb fanden. Es sollen damals auf Juist 14 Pferde, 10 Fohlen, 72 Kühe, 50 Ochsen, 76 Enter und Kälber, 176 Schafe, 287 Lämmer gezählt worden sein. Als das Meer später ein Stück des schutzlosen Weidelandes nach dem anderen verschlang, ging auch die Landwirtschaft zurück, so dass im 18. Jahrhundert die Schiffahrt die Haupternährerin der Juister war. 20 Schiffe fuhren nach allen Ländern des nördlichen Europa, ja bis Westindien. Anscheinend nicht ohne eigene Schuld ging die Schiffahrt Ende des 18. Jahrhunderts allmählich zurück, bis der Rest unter der Herrschaft der Franzosen, die im Jahre 1811 eine Besatzung von 40 Mann nach Juist gelegt hatten, verschwand. Seit dieser Zeit haben sich die Juister wirtschaftlich nicht wieder erholt, bis der Badeverkehr wieder Erwerb und Geld brachte. Nach dem

Prospekt für 1912 befinden sich jetzt auf Juist 140 bewohnte Häuser, deren Besitzer sich meistens mit dem Vermieten von Zimmern befassen.

Lage. Die Insel Juist, die zweite der ostfriesischen Inseln von Westen gerechnet, wenn man den Memmert nicht mitzählt, liegt unter dem 53° 41′ nördlicher Breite und dem 6° 52′—7° 6′ östlicher Länge (Greenwich); sie ist 17 km lang und 0,5—0,75 km breit, durchschnittlich 13 km vom Festlande entfernt.

Das Dorf hat in früheren Jahren weiter westlich gelegen, wo jetzt noch einige Häuser, Loog genannt, stehen. Der jetzige Badeort liegt etwa auf der Mitte der Insel auf dessen südlichem Teil, nur das Kurhaus und ein Privathaus liegen weiter nördlich auf den Dünen.

Wald ist auf Juist nicht vorhanden, überhaupt kein Baum mehr, seitdem die vor dem Itzenschen Gasthofe befindliche Esche eingegangen ist.

Das Klima ist das der anderen ostfriesischen Inseln. Das thermometrische Mittel aus 20jähriger Beobachtung betrug im Winter + 1,54° C, im Frühling + 6,78° C, im Sommer + 15,82° C und im Herbst + 9,77° C. Da die Insel sehr schmal und der Badeort gegen Norden durch eine schmale hohe Dünenkette geschützt ist, so kommt auf ihr das milde Seeklima vielleicht mehr zur Geltung als auf anderen Inseln.

Industrielle Anlagen sind auf Juist nicht vorhanden.

Der „Memmert“ ist eine Sandbank im Westen von Juist, von ihr durch eine schmale Wasserstrasse getrennt. Vor 20 Jahren bei Ebbe eben sichtbar, ragt er jetzt mit seinen Dünen wohl 5 m über Wasser. Eine reiche Vegetation hat sich eingestellt und eine grosse Vogelkolonie ist dort angesiedelt.

Kureinrichtungen. Der Hauptheilfaktor auf Juist ist natürlich, ebenso wie auf den anderen Inseln, abgesehen von der Seeluft, der Strand mit den Seebädern. Der Strand liegt auf der Nordseite der Insel und dehnt sich in einer Breite von 200 bis 300 m bei Ebbe vom Badeorte nach Westen und Osten Kilometer weit, ohne bisher durch irgendwelche Schutzwerke unterbrochen zu sein. Da der Strand aber immer tiefer geworden ist (zurzeit führen Treppen mit 70 Stufen zu ihm hinab) und fast in jedem Jahre durch die hohen Fluten Dünen weggerissen werden, so wird in absehbarer Zeit auch der Strand in Juist befestigt werden müssen.

Am Strande liegt nach Osten hin das Familienbad und das Herrenbad und nach Westen zu das Damenbad.

Am Familienbadestrande, welcher im Jahre 1905 eingerichtet wurde, befinden sich 105 Kabinen und 2 grosse Auskleidebuden, am Herrenbadestrande 45 Kabinen und am Damenbadestrande 42 Kabinen; die Kabinen sind 1,90 : 1,47 : 1,12 m gross; dieselben laufen nicht wie auf Norderney auf Rädern, sondern können nur an Handgriffen getragen werden. Da auf Juist nur während der Flutzeit gebadet wird, und bei Flut das Wasser bis nahe an die Dünen herantritt, so erscheint eine Bewegung der Kabinen zum und vom Wasser nicht notwendig.

An allen 3 Stränden ist das Badeterrain durch Pfähle in einer Breite von 100 m abgesteckt. Zur Bedienung befinden sich am

Juist, Warmbadeanstalt.

Familienbadestrande, an welchem täglich etwa 400 Kurgäste baden, 7 männliche und 2 weibliche Personen. Am Herrenbadestrande und am Damenbadestrande baden täglich etwa 150 Kurgäste; an jenem sind 5 Mann, an diesem 3 männliche und 3 weibliche Personen zur Bedienung. Zur Rettung Verunglückter befinden sich an jedem Strande Schwimmer, welche die Badenden vom Strande aus zu beobachten und eventuell durch Hornsignale zu warnen haben. Am Familienbadestrande ist ausserdem ein Oberaufseher bestellt. An Geräten sind an jedem Strande 4 Rettungsringe, 1 Rettungsleine, 1 Korkwurfleine, 1 Rettungsstange vorhanden. In einer grösseren Kabine, welche zum Aufbewahren der Wäsche gebraucht wird, befinden sich Wolldecken und 1 Arzneikasten. Das Badepersonal wird durch den Badearzt in der ersten Hilfe zur Rettung Verunglückter unterwiesen.

Im Jahre 1892 wurde ein kleines Warmbadehaus mit 4 Zellen an der Wattseite errichtet. Dieses wurde im Jahre 1899 durch ein neues Warmbadehaus mit 11 Zellen ersetzt; für dieses wird das Seewasser vom Nordstrand durch Pumpwerk herbeigeschafft.

Auf Juist befinden sich 3 Kinderheime mit 50, 20 und 8, also im ganzen 78 Betten. Ein Krankenhaus ist auf Juist bisher nicht vorhanden. Statt dessen wurde in einem östlichen Dünental ein

Juist, Isolierhaus.

Isolierhaus errichtet, dessen eine Seite von dem Aufseher mit Familie bewohnt wird, während die andere Seite 7 Zimmer für Kranke enthält. Die Einrichtung und Ausstattung desselben entspricht billigen Anforderungen; Baderaum und Krankentrage sind vorhanden.

Während früher die Norder Aerzte den Juistern Hilfe bringen mussten, ist seit 1892 auf Juist ein Arzt ansässig, welcher in den Jahren 1892—1901 auch das Amt eines Gemeindevorstehers und Badekommissars versah. Von Mitte Juni bis Mitte September liefert die Zweigapotheke der Hirschapotheke in Norden, ausserhalb der Saison die Hausapotheke des Arztes die Arzneien.

Zur Badezeit ist auf der Insel eine Schwester vom roten Kreuz tätig, sonst steht eine junge Juisterin, welche als Helferin vom roten Kreuz ausgebildet ist, zur Verfügung, eventuell auch die Orts-Hebamme. Seit 1907 ist der Gemeindediener als geprüfter Desinfektor angestellt. Bisher ist aber nur ein Formalindesinfektionsapparat vorhanden.

Wohnungswesen. Noch vor 20 Jahren waren die Häuser auf Juist klein und unansehnlich. Im Westdorf waren 2 Gasthöfe und im Ostdorf 1 Gasthof vorhanden. Seitdem sind viele neue grosse Gasthöfe und Logierhäuser erbaut worden, so dass auch verwöhnte Kurgäste ein ihren Wünschen entsprechendes Unterkommen finden können. 10 Kurgäste bauten sich inzwischen eigene Häuser, in welchen sie während des Sommers wohnen.

Im Jahre 1898 wurde oben auf der nördlichen Düne das Strandhotel Kurhaus gebaut, ein imposanter Bau mit 110 Zimmern und 200 Betten, gleichzeitig wurde im Dorfe der Friesenhof errichtet mit 75 Zimmern und 130 Betten. Das Kurhaus hat elektrisches Licht, während der Friesenhof wie die meisten anderen Häuser mit Azetylenlicht beleuchtet wird.

Grössere und kleinere Logierhäuser im Westen und im Osten des Ortes sind seitdem entstanden, so dass zur Zeit auf Juist 8 Gasthöfe mit 449 Zimmern und 835 Betten und 104 Logierhäuser mit 907 Zimmern und 1885 Betten zur Verfügung stehen. Dazu kommen noch die 3 Kinderheime mit 78 Betten und die 10 von den Kurgästen bewohnten eigenen Häuser.

Die Nahrungsmittel werden grösstenteils vom Festlande bezogen. Gemüse und Kartoffeln werden teilweise auf Juist selbst gezogen.

Auf dem Westende der Insel liegt die Domäne Bill, auf welcher Weidewirtschaft betrieben wird; diese liefert einen grossen Teil der in Juist gebrauchten Milch. Auch sonst sind auf Juist Milchkühe vorhanden. Bei der Viehzählung am 1. Dezember 1911 wurden 56 Rinder und 62 Schafe gezählt. Teilweise wird aber die Milch vom Festlande eingeführt. Das Fleisch wird fast ausnahmslos vom Festlande eingeführt. Auf Juist wird wenig geschlachtet. Eine Beaufsichtigung des Handels mit Milch und Fleisch besteht nicht. Ein Fleischbeschauer untersucht das auf Juist geschlachtete Vieh.

Wasserversorgung. Abgesehen von der Erschliessung des Grundwassers durch Kesselbrunnen wurden früher vielfach oberflächliche Röhrenbrunnen bei den einzelnen Häusern angelegt. Es waren dies 2 m lange Rohre, welche sich nach unten in 2 m lange Filter,

d. h. durchlöcherte Rohre fortsetzten. Noch jetzt findet man einzelne dieser Brunnen.

Bei dem im Jahre 1898 erbauten Kurhause wurde zuerst ein 46 m tiefer Röhrenbrunnen angelegt, dessen Wasser sich aber schon nach dem 2. Jahre als nicht gut erwies, weshalb im Jahre 1900 ein neuer etwa 20 m tiefer Brunnen gebohrt wurde, welcher bis jetzt gutes Wasser liefert.

Als im Frühjahr 1906 eine hohe Flut die meisten der vorhin erwähnten oberflächlichen Röhrenbrunnen versalzen hatte, so dass für die bevorstehende Saison Wassermangel zu erwarten war, wurde von der Gemeinde als Anfang der Zentralwasserversorgungsanstalt ein 20 m tiefer Röhrenbrunnen angelegt, dessen Wasser auf dem Umwege über das auf der nördlichen Düne errichtete Hochreservoir durch Zapfstellen in den Strassen des Ortes abgegeben wurde. Das Wasser dieses Brunnens wurde damals in dem Untersuchungsamt des Dr. Bruns in Emden untersucht und hatte folgende Beschaffenheit: Das Wasser war klar, farblos und geruchlos. Es blieb auch nach längerem Stehen in nur teilweise gefüllter, geöffneter Flasche klar und besass einen guten Geschmack. Die chemische Prüfung ergab:

Trockenrückstand (bei 100° C) . . .	982,4 mg im Liter
Glühverlust	120,0 " " "
Sauerstoffverbrauch	4,18 " " "
Chlor	232,2 " " "
Ammoniak	fehlt
Salpetrige Säure	"
Salpetersäure vorhanden	vorhanden
Gesamt-Härte	21,3 Deutsche Härtegrade
Bleibende Härte	10,8 " "

Im Jahre 1908 wurden die Leitungen in die Häuser verlegt und im Jahre 1910 wurde ein zweiter Röhrenbrunnen geschlagen. Seitdem funktioniert die Anlage zufriedenstellend, auch in dem dürren Sommer 1911, trotzdem während der Saison täglich mindestens 150 Kubikmeter Wasser gebraucht werden. Der Brunnen des Kurhauses soll täglich 75 Kubikmeter Wasser liefern.

Beseitigung der Abfallstoffe. Dem im Jahre 1898 erbauten Kurhause wurde eine Abwässeranlage ins Watt genehmigt. An diese Anlage wurden später im ganzen 20 Häuser angeschlossen. Die festen Bestandteile der Abwässer werden in Senkgruben bei den einzelnen Häusern zurückgehalten, während die gelösten Abwässer ohne weitere

Klärung dem Watt zugeführt werden. In den Aborten der nicht angeschlossenen Häuser befinden sich meistens Aborttonnen, in einigen Fällen sind Abortgruben vorhanden. Die Entleerung der Aborttonnen ist von der Gemeinde kontraktlich einem Unternehmer übertragen, während für die Entleerung der Gruben die Hauseigentümer selbst Sorge tragen müssen. Küchen- und sonstige Abwässer versickern noch vielfach im Erdboden, nur in einzelnen Fällen sind auch für diese Gruben vorhanden. Es ist geplant, demnächst den ganzen Ort zu kanalisieren. Müll und Scherben müssen die einzelnen Hausbesitzer selbst beseitigen.

Auf Juist ist zur Zeit nur eine, 1896 vom Fiskus angelegte mit Klinkern gepflasterte Strasse vorhanden, die von der Mitte des Ortes zum Kurhause führt. Sonst sind in den einzelnen Strassenzügen nur gepflasterte Fusspfade vorhanden. Zum Strande hinab führen breite hohe Treppen. Von einem Freunde des Badeortes ist ein gepflasterter Pfad auf der Höhe der Dünen, von Westen nach Osten in der Länge eines Kilometers sich erstreckend, gestiftet worden. Nach dem Stifter heisst er Girardet-Pfad. Von ihm hat man eine sehr schöne Aussicht über die ganze Insel und auf das Meer zu beiden Seiten.

Zur Regelung des Strassenverkehrs, zur Reinhaltung der Strassen seitens der Anwohner, für die Wegschaffung der Abfallstoffe sind Polizei-Verordnungen und ein Ortsstatut erlassen.

Juist ist bisher trotz seiner in den letzten Jahren sehr schnellen Entwickelung ein ruhiges, einfaches Bad von ländlichem Charakter geblieben. Infolgedessen eignet es sich auch vorzüglich für alle diejenigen, die ausser dem Aufenthalt in der frischen Seeluft und dem kräftigenden Bade in der bewegten Nordsee Ruhe und Erholung suchen. Da der weite Strand den Kindern die schönste Gelegenheit bietet, Burgen zu bauen und sich im Spiel auszutummeln, so wird Juist namentlich auch von Familien mit Kindern bevorzugt.

Bezüglich der Indikationen bei Erkrankungen ist wenig anderes zu sagen als bei Norderney. Rekonvaleszenz nach schweren Erkrankungen und Operationen, sonstige Schwächezustände, namentlich Herzschwäche, Skrofulose, Knochentuberkulose, Rachitis, Blutarmut, chronische Katarrhe der Atmungsorgane, Asthma, funktionelle Nervenerkrankungen sind zur Kur auf Juist besonders geeignet. Auch manche Arten chronischer Entzündungen werden durch die warmen Seebäder und die Seeluft günstig beeinflusst.

6. Borkum.

Bearbeitet von Kreisarzt Dr. Zibell in Emden.

Entwickelung. Borkum kam um 1820 als Seebad in Aufnahme. Bewohner des benachbarten Festlandes pflegten um diese Zeit einen Teil der Sommermonate auf der Insel zuzubringen. Da die Zustände jedoch sehr primitiv waren und es Gasthäuser noch nicht gab, so brachten die Besucher ihren Bedarf an Lebensmitteln, ihre Betten und Geschirr mit und fanden in einigen Häusern der Inselbewohner Unterkunft. Etwas lebhafter gestaltete sich der Fremdenverkehr auf der Insel erst von der Mitte der fünfziger Jahre des vorigen Jahrhunderts ab, nachdem Ostfriesland durch die hannoversche Westbahn mit Westfalen und Hannover, durch die Bahn Bremen—Leer—Ostfriesland mit dem Elbe- und Wesergebiet Verbindung erhalten hatte und von Leer und Emden aus regelmässiger Dampfschiffsverkehr mit Borkum eingerichtet worden war. Im Jahre 1861 setzte die Gemeinde Borkum, die Besitzerin des Bades, eine Badekommission ein, die mit der Verwaltung aller das Bad betreffenden Angelegenheiten beauftragt wurde. Dank der Tätigkeit dieser Kommission entwickelte sich Borkum mit dem von Jahr zu Jahr zunehmenden Fremdenverkehr und den gesteigerten Anforderungen nun sehr schnell zum Badeorte. Mit bedeutenden Kosten wurde im Jahre 1888 die Inselbahn vollendet, die den Dampferanlegeplatz am Südende der Insel mit dem Dorfe verbindet. Hotels, Logierhäuser und Villen entstanden. Der Ort erhielt Wasserleitung, Kanalisation, Gasbeleuchtung, Anschluss an das Fernsprechnetz des Festlandes, nachdem er bereits 1863 durch ein Kabel mit dem Festlande verbunden worden war. In den letzten Jahren wurden mit einem Aufwande von 180000 M. sämtliche Strassen des Ortes gepflastert. Im Jahre 1911 wurde der Bau der neuen Wandelhalle vollendet, die der Strandpromenade einen monumentalen Abschluss gibt und den Mittelpunkt des Badeverkehrs bildet.

So ist Borkum im Laufe der Jahre ein modernes Seebad geworden, das sich eines sehr regen Besuches erfreut. Die Zahl der Badegäste hat von Jahr zu Jahr zugenommen; in den letzten 25 Jahren betrug die durchschnittliche jährliche Zunahme der Kurgäste 899.

Die nachfolgenden Zahlen mögen einen Ueberblick über die Frequenz in den einzelnen Jahren geben:

1861: 155	1890: 6121	1910: 26386
1870: 306	1900: 16474	1911: 29870
1880: 2310	1905: 20439	

Bei einem so regen Besuche des Badeortes sind natürlich die Erwerbsverhältnisse der Bewohner dem Fremdenverkehr angepasst,

Borkum, Dorf vom alten Leuchtturm.

während in früheren Zeiten herrenloses Strandgut und in der ersten Hälfte des 18. Jahrhunderts der Walfischfang, an den noch jetzt die zur Einzäunung mancher Gärten dienenden Walfischkinnladen erinnern, die Haupteinnahmequelle der Inselbewohner bildete. Bei weitem die meisten Hausbesitzer vermieten während der Saison Zimmer an Badegäste. Ein anderer nicht unbedeutender Teil der Einwohner verdient den Lebensunterhalt als Geschäftsleute, sei es als Hotelbesitzer oder Restaurateur, sei es als Inhaber von Läden für Lebensmittel, Bekleidungsgegenstände und sonstige Bedürfnisse des Badelebens. Die minder Bemittelten erwerben ihren Unterhalt als Badewärter, Badewärterinnen, Boots- und Strandzeltvermieter. Daneben bilden Landbau und Fischerei, ersterer allerdings nur in geringem Umfange, eine Quelle der Einnahmen. Auf den saftigen Wiesen der Insel werden zahlreiche Milchkühe gehalten, die die Badegäste mit Milch versorgen.

Lage. Die Insel Borkum ist von den der ostfriesischen Küste gleichsam als Wellenbrecher vorgelagerten Inseln die westlichste. Sie gehört zum Kreise Emden (Land) des Regierungsbezirks Aurich und ist an Grösse die bedeutendste der 7 ostfriesischen Inseln. Ihre Länge beträgt etwa 8, die Breite 3 bis 4 km, der Flächeninhalt ungefähr 25 qkm. Sie liegt 15 km vom Festlande entfernt und ist am besten von Emden aus zu erreichen, von wo aus die meisten Besucher die Ueberfahrt nach der Insel antreten. Die Insel zerfällt in zwei Teile, das grössere Westland und das kleinere Ostland, die durch einen schmalen Dünenstreifen und eine weite Strandfläche miteinander in Verbindung stehen. Das Ostland sowohl wie das Westland sind nach drei Seiten hin von einer Kette schützender Dünen umgeben, während die vierte Seite, die Südostseite, frei ist. Nach dieser Seite hin erfährt die Insel von Jahr zu Jahr einen Zuwachs an Land, während an der Westseite durch die Tätigkeit des Meeres fortwährend Land abgespült wird. Die Dünen bestehen wie der Strand aus einem feinkörnigen hellgelb gefärbten Sande und erreichen eine Höhe bis 20 m. Nach der Seeseite fallen sie steil ab und lassen hier einen Strand frei, der an der Westseite am schmalsten, an der Nord- und Südostseite aber über 1 km breit ist. An der Westseite ist der Fuss der Dünen durch eine 4 km lange starke Strandmauer geschützt, die in ihrem nördlichen Teile besonders stark angelegt ist, nachdem im März 1906 eine verheerende Sturmflut die Strandmauer hier zerstört hatte. Der obere Teil der Mauer ist gepflastert und bildet eine beliebte Promenade. In bestimmten Abständen sind von der Strandmauer aus etwa 23 Buhnen von je 200 m Länge in die See hinausgebaut. Hinter den Dünen und durch sie geschützt erstrecken sich saftige Wiesen, die Borkum die Bezeichnung „grüne Insel“ verschafft haben. Sie sind zur Abwehr der Flut nach Süden hin mit Deichen umgeben. Ausserhalb der Deiche breiten sich weithin fruchtbare Weiden aus, die sich allmählich in das Watt verlieren.

Das Dorf Borkum und der Badestrand liegen auf dem Westlande. Das Dorf, das etwa 2500 Einwohner zählt, wird im Norden und Osten von der Dorfwiese umrahmt und lehnt sich nach Süden und Westen an die Dünen an. Der Ort macht mit seinen sauberen Strassen und freundlichen Häusern, die fast alle Veranden und Vorgärten besitzen, einen stattlichen Eindruck. Dieser Eindruck wird noch erhöht durch zahlreiche elegante Villen und Hotels. Nach dem Strande führen vom Dorfe aus fünf bequeme Strassen: die Viktoria-, Strand-, Prinz Heinrich-, Bismarck- und v. Frese-Strasse. Die ersten vier Strassen münden in die am Strande, auf der Höhe der Dünen gelegene Kaiserstrasse, die von Hotels und Logierhäusern besetzt ist und eine prachtvolle Promenade bildet. Im Jahre 1911 ist als Abschluss der Kaiserstrasse nach dem tiefer gelegenen Strande eine Wandelhalle gebaut worden, die aus einer geräumigen, 3000 qm grossen Promenade mit Musikpavillon und der eigentlichen überdachten, 8 m tiefen Wandelhalle besteht. Die eigentliche Wandelhalle ist mit Büfetteinrichtung, Garderoben- und Toiletteräumen ausgestattet und bietet auch bei schlechtem Wetter einen geschützten Aufenthalt. Von der Wandelhalle führen zwei breite Treppen zum Strande hinab. Die Kaiserstrasse und die Wandelhalle bilden den Mittelpunkt des Badeverkehrs.

Den Vorzug, dessen sich die Ostseebäder rühmen können, See mit schattengebenden Waldbeständen zu vereinigen, besitzt Borkum nicht, ebensowenig wie die übrigen Nordseebäder. Abgesehen von allmählich heranwachsenden Baumpflanzungen und gärtnerischen Anlagen findet man auf der Insel keinen Baumbestand. Dafür steht aber Borkum hinsichtlich der klimatischen Verhältnisse sehr günstig da.

Das Klima Borkums, wie überhaupt das der Nordseeinseln, ist ausserordentlich milde und gemässigt. Die Lufttemperatur ist im Sommer verhältnismässig kühl, im Winter verhältnismässig warm und zeigt nur geringe Unterschiede zwischen Morgen, Mittag und Abend. Die Uebergänge im Frühjahr und Herbst vollziehen sich spät, aber langsam und allmählich, ohne bedeutendere Rückschläge. Meist herrschen lebhafte Winde. Da die Insel von allen Seiten vom offenen Meere umgeben ist, so ist die Luft sehr rein, frei von korpuskulären Elementen und dabei von verhältnismässig hoher Feuchtigkeit. Die Zahl der Niederschlagstage und die Niederschlagsmengen sind nicht sehr hoch. Es besteht reichliche Insolation und selbst an sonnenscheinlosen Tagen starke Belichtung durch die Reflexe des Wassers. Diese klimatischen Faktoren beeinflussen den Organismus in der Weise, dass sie den Stoffwechsel heben. Sie eignen sich besonders für solche Kranke, deren Körper auf den erhaltenen Reiz mit vermehrter Arbeit antworten kann.

Zu erwähnen wäre hier auch, dass industrielle Anlagen störender Art und auch solche, die Rauch und Russ erzeugen, auf Borkum ganz fehlen.

Derjenige Heilfaktor, dem Borkum vor allem seinen von Jahr zu Jahr steigenden Besuch verdankt, sind die kalten Seebäder.

Die Seebäder lassen sich im allgemeinen den Kochsalzbädern anreihen. Sie stellen schwache Lösungen von Chlorverbindungen, Natriumchlorid, Magnesiumchlorid, ferner Magnesiumsulfat und Kalziumsulfat dar und sind wegen ihrer Temperatur zu den wärmeentziehenden Bädern zu zählen. Dem thermischen und chemischen Reize der Seebäder gesellt sich jedoch der mechanische, durch den Wellenschlag ausgeübte Reiz hinzu. Der Salzgehalt der Nordsee ist ein ziemlich hoher, er beträgt etwa 28 bis 30 g in 1 Liter. Infolge seines schlechten Wärmeleitungsvermögens und der grösseren Wärmekapazität hat das Meerwasser eine gleichmässige Temperatur und besitzt noch im Herbste, wenn schon die Lufttemperatur sehr gesunken ist, einen beträchtlichen, für den Badegebrauch genügenden Wärmegrad. Die Temperatur des Meerwassers beträgt während der für die Badezeit vorwiegend in Betracht kommenden Sommermonate ungefähr 14,2 bis 18° C.

Der Badestrand liegt an der Westseite der Insel in unmittelbarer Nähe des Dorfes und ist von diesem nur durch eine schmale Dünenkette getrennt. Fünf bequeme Strassen stellen die Verbindung des Dorfes mit dem Strande her. Der Badestrand hat eine Länge von etwa 1,5 km und zerfällt in den Familienbadestrand, Damenbadestrand, neutralen Strand und Herrenbadestrand. Letzterer liegt an der Nordwestseite, während der Damenbadestrand südlich von ihm liegt und durch den sogenannten neutralen Strand, der auch während der Badezeit für den Verkehr und für die Strandzelte frei bleibt, getrennt ist. Neben dem Damenbadestrande ist auch Knaben im Alter bis zu 9 Jahren Gelegenheit geboten, unter Aufsicht der Mütter zu baden. Vor einigen Jahren hat man, den neuzeitlichen Forderungen Rechnung tragend, einen Familienbadestrand eingerichtet, der sich grosser Beliebtheit erfreut. Er liegt südlich vom Damenbadestrande und ist völlig getrennt von dem übrigen Bäderverkehr.

Borkum, Herrenbadestrand.

Die Badezeit richtet sich nach den Flutverhältnissen; sie dauert jetzt täglich 6 Stunden und wird durch Aushängezettel in sämtlichen Häusern, in denen Badegäste wohnen, bekannt gegeben. Ausserdem wird an jedem Badestrand, sowie an der Haupttreppe ein Wimpel mit der Aufschrift „Badezeit“ emporgezogen. Während der Badezeit ist der Badestrand gesperrt, der Damenbadestrand darf nur von Damen,

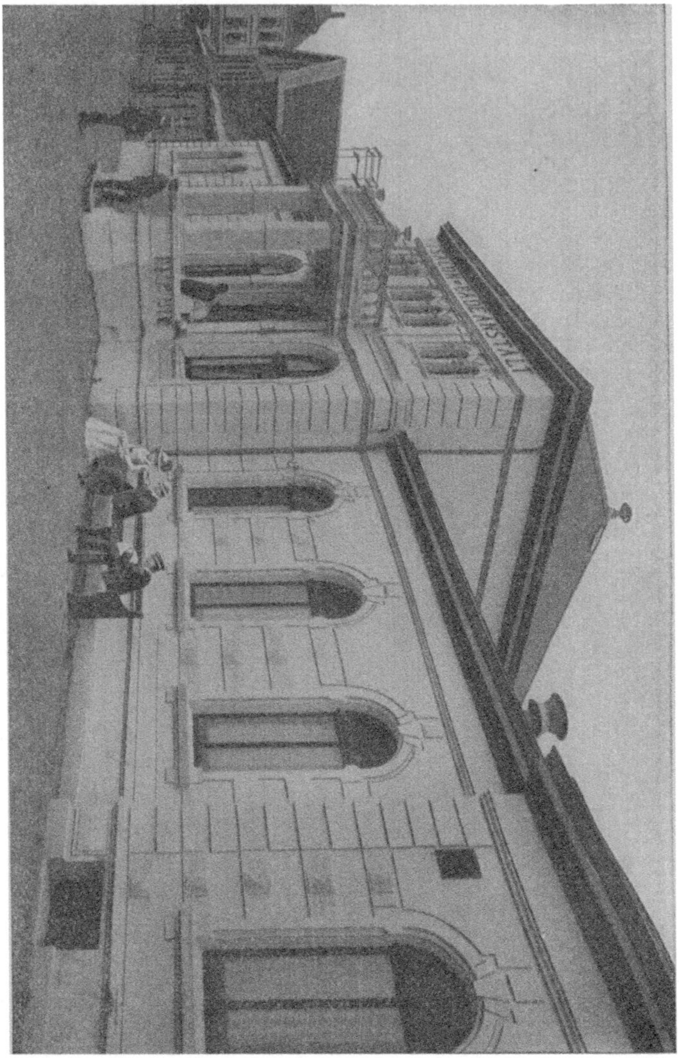

Borkum, Warmbadeanstalt.

der Herrenbadestrand nur von Herren betreten werden. Die Badeeinrichtungen haben, dem wachsenden Verkehr entsprechend, von Jahr zu Jahr Verbesserungen und Erweiterungen erfahren und sind jetzt in jeder Beziehung zweckmässig und ausreichend zu nennen.

Sowohl am Herren-, wie am Damen- und Familienbadestrande wird entweder aus sogenannten Badekutschen, die reichlich vorhanden sind, oder aus Badezelten gebadet. Badezelte befinden sich an jedem Strande zwei mit je 40 Zellen. Sie sind auf Pfählen erbaut, so dass sie von der auflaufenden Flut nicht erreicht werden können. Ferner befindet sich an jedem Strande eine Zeugbude, in der die Ausgabe der Badewäsche erfolgt, und wo man auch Badezeug leihen kann.

An jedem Badestrande sind Aborte und Pissoire mit Tonnen vorhanden, die regelmässig entleert werden. Zum bequemen Ablesen der Lufttemperatur sind Thermometer aufgehängt, auch sind Tafeln mit der jeweiligen Temperaturangabe des Wassers aufgestellt. In der Badekartenausgabe ist Gelegenheit vorhanden, Wertgegenstände zur Aufbewahrung abzugeben.

Um Unglücksfällen nach Möglichkeit vorzubeugen, sind die Badeplätze nach der See hin durch schwimmende Tonnen, die schwarz gestrichen sind, abgegrenzt. Wagt sich jemand über die Grenze hinaus, so wird er durch Hornsignale aufgefordert, umzukehren.

Warme Seebäder stehen in Gestalt von Duschen und Vollbädern in der Warmbadehalle zur Verfügung. Die Warmbadehalle wurde bereits 1875 erbaut, sie ist dann mehrfach vergrössert worden und hat 1909 wesentliche Verbesserungen erfahren, indem die alten eisernen Badewannen durch solche aus Porzellan ersetzt wurden und sämtliche Räume einen Fussbodenbelag aus Terrazzo erhielten. Im vorigen Jahre ist eine neue Dampfkesselanlage hergestellt worden, um der gesteigerten Benutzung der Badeanstalt genügen zu können. Im Kesselhause befindet sich auch eine Einrichtung zur Erzeugung elektrischen Lichtes für die Warmbadehalle und für die Bogenlampen an der Strandpromenade.

Auch die Waschanstalt für die Badewäsche ist erweitert und mit neuzeitlichen Einrichtungen versehen worden.

Die Warmbadeanstalt besitzt Einzel- und Doppelzellen, ferner Räume für Dusche und Massage, Heissluft- und Dampfbad, und bequeme Ruhezimmer. In diesem Jahre hat sie auch eine Einrichtung für elektrische Lichtbäder erhalten.

Der Wasserbedarf der Warmbadeanstalt wird durch eine Dampfpumpe gedeckt, die mittels einer Rohrleitung das Wasser unmittelbar aus der See entnimmt. Da die Rohrleitung sich 400 m weit in die See hinein erstreckt, so kommt auch bei niedrigstem Wasserstande die Warmbadeanstalt nie in Verlegenheit und kann jederzeit warme

Seebäder abgeben. Für Winterkurgäste bleibt die Anstalt auch im Winter geöffnet.

Ein Luft- und Sonnenbad befindet sich sowohl am Herren- wie am Damenbadestrande.

Der Verhütung von Unglücksfällen durch Ertrinken ist in weitgehendstem Masse Rechnung getragen. An jedem Badestrande sind mehrere Männer angestellt, die des Schwimmens und Tauchens kundig sind. Sie haben die Verpflichtung, Badenden, die in die Gefahr des Ertrinkens geraten, unverzüglich zur Hilfe zu eilen. Für den Notfall steht auch an jedem Badestrande ein Rettungsboot gebrauchsfertig zur Verfügung. Stangen, Rettungsleinen und Gürtel sind ebenfalls vorhanden. Ferner befindet sich an jedem Badestrande ein Kasten mit Wiederbelebungsmitteln und Verbandsachen zum Anlegen von Notverbänden. Eine Anweisung zur Wiederbelebung Ertrunkener oder Scheintoter ist in Plakatform an geeigneten Stellen angebracht.

An besonderen Kuranstalten besitzt Borkum bisher nur ein Kinderheim für katholische Kinder, das unter der Leitung von Franziskanerinnen steht. Die Anstalt, ein geräumiges, stattliches Gebäude, liegt ausserhalb des Ortes, von allen Seiten ganz frei, im Schutze der Norddünen. Das Kinderheim hat den Zweck, schwächliche, blutarme, skrofulöse und nach schweren Krankheiten genesene Knaben im Alter von 4—12, Mädchen im Alter von 4—14 Jahren in der stärkenden Seeluft zu pflegen und zu kräftigen. Von der Aufnahme ausgeschlossen sind Kinder, die an ansteckenden Krankheiten leiden. Die zur Kur angenommenen Kinder werden von Schwestern auf Wunsch auf bestimmten Eisenbahnstationen in Empfang genommen, wenn sich mindestens 5 Kinder an der Reise beteiligen. Auch einer beschränkten Anzahl junger Mädchen von 14—16 Jahren, die ohne Begleitung Borkum besuchen, bietet das Kinderheim Aufnahme. Das Kinderheim ist das ganze Jahr geöffnet. Schulpflichtige Kinder können der im Kinderheim eingerichteten Schule überwiesen werden. Auch der Bau eines evangelischen Kinderheims wird beabsichtigt.

In Borkum üben 4 Aerzte Praxis aus; 3 von ihnen sind ständig ansässig. Zur Pflege Erkrankter steht eine Gemeindeschwester zur Verfügung. Zur Versorgung der Erkrankten mit Arzneimitteln ist eine Apotheke vorhanden. Die Absonderung von Infektionskranken geschieht in dem ausserhalb des Ortes gelegenen Krankenhause, das für diesen Zweck eine Infektionsbaracke besitzt. Es können hier etwa 25 Kranke untergebracht werden, während das eigentliche

Krankenhaus, ein älterer Bau, der den modernen Ansprüchen nicht mehr recht genügt, etwa 30 Betten enthält. Mit dem Krankenhause ist eine Desinfektionsanstalt verbunden, die einen Dampfdesinfektionsapparat besitzt. Der Apparat ist älteren Systems und war früher fahrbar; er ist später umgebaut worden, so dass er auf beiden Seiten zu öffnen ist. Er ist in eine Wand eingemauert, die reine und unreine Seite trennt. Für Zimmerdesinfektionen steht ein Scheringscher Apparat (kombinierter Aeskulap) zur Verfügung. Die Dampfdesinfektionen werden von einem staatlich geprüften Desinfektor ausgeführt.

Unterkommen für die Badegäste bieten die Hotels, Logierhäuser und Privatwohnungen. Namentlich letztere werden von den Badegästen bevorzugt. Die von Jahr zu Jahr zunehmende Zahl der Badegäste hat die Hausbesitzer in den Stand gesetzt, die zu vermietenden Wohnungen wohnlicher und behaglicher herzurichten, als es ihnen früher möglich war. Viele der älteren Häuser sind um- und ausgebaut worden. Es besteht die Bestimmung, dass alle Häuser, die Kurgäste aufnehmen, an die Wasserleitung und die Kanalisation angeschlossen sein müssen. Die meisten Häuser sind auch mit Gasbeleuchtung versehen. Die Wohnungen in der Nähe des Strandes sind natürlich teurer als die im Dorfe gelegenen. Die zahlreichen Hotels und Logierhäuser sind meist mit allem Komfort der Neuzeit ausgestattet, einige besitzen eigene elektrische Lichtanlage. Zurzeit können ungefähr 9000 Badegäste gleichzeitig in Borkum Unterkommen finden; ein Mangel an Wohnungen, wie er früher wohl vorkam, kann jetzt kaum mehr eintreten.

Die Versorgung der Insel mit Fleisch geschieht grösstenteils vom Festlande aus. Das eingeführte Fleisch wird von dem von der Gemeinde angestellten Tierarzte einer Kontrolle unterzogen. Es besteht zwar ein Schlachthaus, jedoch wird hier nur wenig Vieh geschlachtet, so dass die Insel ihren Bedarf an Fleisch, namentlich während der Badezeit, nicht allein decken kann. Es kommt meist nur Kleinvieh, Kälber, Schafe und Schweine, zur Schlachtung. Das Schlachthaus, in dem auch der Tierarzt wohnt, liegt ausserhalb des Ortes.

Auch der Bedarf an Milch wird zum Teil vom Festlande aus gedeckt, da die zahlreichen auf der Aussenweide gehaltenen Milchkühe während der Saison nicht ausreichen. Die auf der Insel vorhandenen Milchkühe stehen ebenfalls unter der Kontrolle des Tierarztes, so dass man sicher sein kann, dass nur Milch von gesunden Kühen abgegeben wird.

Im übrigen ist den Badegästen Gelegenheit gegeben, in den zahlreichen Läden ihren Bedarf an allem, was der hungrige Magen begehrt,

Borkum, Aussenweide.

zu erstehen. Das von den Hotels gelieferte Essen ist durchweg kräftig zubereitet und, dem durch den Einfluss des Seeklimas gesteigerten Appetite entsprechend, reichlich.

Die Wasserleitung wurde im Jahre 1901 angelegt und dadurch

die Wasserversorgungsfrage der Insel endlich in befriedigender Weise gelöst. Das Wasser wird durch 4 Brunnen in einer täglichen Menge von etwa 800 cbm einer 4 m starken Kiesschicht, die 32 bis 38 m tief liegt, entnommen. Da das Wasser Schwefelwasserstoff enthält, so wird es durch Lüftung von dem Gase befreit und dann in ein Hochreservoir, das sich in einem Turme befindet, gedrückt. Von hier aus fliesst es mit natürlichem Gefälle den Wohnungen zu. Die Brunnen und der Wasserturm liegen weit ausserhalb des Ortes in den Norddünen und sind mit einem Zaun umgeben, so dass Unbefugte das Terrain nicht betreten können. Die Brunnen sind in einwandfreier Weise abgedeckt; einer Verunreinigung von oben ist damit vorgebeugt. Das Maschinenhaus liegt etwa 150 m südlich.

Wie mehrfache chemische und bakteriologische Untersuchungen ergeben haben, ist das Wasser völlig einwandfrei, trotzdem es infolge eines hohen Gehaltes an organischen Substanzen, namentlich Huminstoffen, eine gelbliche Färbung besitzt. Man beabsichtigt, diese gelbliche Färbung, die lediglich einen Schönheitsfehler darstellt, durch Behandlung mit Aluminiumsulfat zu beseitigen und zu diesem Zwecke eine Anlage zu errichten.

Die Beseitigung der Abfallstoffe und Abwässer geschieht durch eine Schwemmkanalisation, die nach dem Hobrechtschen System eingerichtet ist. Die sämtlichen Abwässer werden in einem grossen gemauerten Bassin gesammelt, in das sie in einer Röhrenleitung mit natürlichem Gefälle fliessen. Durch ein Rechenwerk werden die schwimmenden Stoffe zurückgehalten; die Sinkstoffe lagern sich allmählich ab und die vorgereinigten Abwässer treten mittels Ueberlaufes in einen Behälter über, aus dem sie durch Pumpen weit in die See hinaus befördert werden. Der sich in dem Bassin ansammelnde Schlamm wird von Zeit zu Zeit ausgehoben und vergraben. Die Reinigung der Abwässer ist zwar nur eine grobe, sie genügt jedoch vollkommen, da die See leicht mit ihnen fertig wird.

Das Abwässersammelbassin liegt ausserhalb des Dorfes in der Nähe des Maschinenhauses des Wasserwerkes, das auch die Pumpen der Kanalisationsanlage enthält. Eine Belästigung durch die dem Sammelbassin entweichenden Fäulnisgase ist ausgeschlossen, da Westwinde vorherrschen.

Der Hausmüll wird in Behältern gesammelt und täglich abgefahren. Die Strassen sind sämtlich mit Backsteinen gepflastert und leicht sauber zu halten; sie werden jeden Morgen gekehrt. Der

Strassenkehricht wird auf einem ausserhalb des Ortes gelegenen Platze vergraben.

Wenn auch die Nordseebäder, und auch Borkum, meist nur von solchen Kurgästen aufgesucht werden, die der Erholung bedürfen, die einige Zeit ausspannen wollen, so mehrt sich doch von Jahr zu Jahr die Zahl derjenigen, die an der See Heilung von ihren Leiden suchen.

Die Erfahrung lehrt, dass durch das Seeklima der Appetit gesteigert, die Anbildung gefördert wird und das Körpergewicht zunimmt. Daher ist das Seeklima besonders bei Schwächezuständen, wo eine Anregung des Stoffwechsels am Platze ist, indiziert, ferner bei geringen Graden von Blutarmut und Bleichsucht, wenn die Widerstandskraft des Körpers noch eine genügend grosse ist, bei nervösen Erkrankungen verschiedener Art, bei Frauenleiden als Begleiterscheinung allgemeiner Schwäche und bei Verdauungsstörungen. Sehr geeignet sind auch für die Nordseebäder wegen der reinen, staubfreien und feuchten Luft chronische Katarrhe der Luftwege, Heuschnupfen und Asthma.

Schon seit Jahren wird das Nordseeklima mit gutem Erfolge zur Bekämpfung der Kindertuberkulose benutzt, nachdem zuerst Beneke in Marburg, gestützt auf gründliche Untersuchungen, darauf hingewiesen hatte, dass Tuberkulöse mit Vorteil sich an der Nordsee aufhalten können. Ursprünglich wurde das Seeklima für skrofulöse Kinder empfohlen, später auch bei Knochen- und Gelenktuberkulose, dann auch bei Lungentuberkulose. Jedoch nicht nur die kindliche Tuberkulose, sondern auch die der Erwachsenen wird vom Seeklima günstig beeinflusst, vorausgesetzt, dass der Körper auf den vom Seeklima ausgeübten Reiz noch mit vermehrter Arbeit antworten kann, d. h. leichte und mittelschwere Fälle.

Die am Meere gelegenen Lungenheilstätten Dänemarks, Schwedens und Englands haben bei der Tuberkulose der Erwachsenen ausserordentlich günstige Resultate erzielt, so dass zu wünschen ist, dass auch Deutschland sich diese Erfahrungen zunutze macht.

Da die Nordseeinseln im Winter zu den wärmsten Orten Deutschlands gehören, so leisten auch Winterkuren sehr gute Dienste, worauf Beneke ebenfalls als erster hingewiesen hat. Die Möglichkeit, eine Winterkur durchzumachen, ist auch auf Borkum geboten. Zu diesem Zwecke bleibt, wie bereits erwähnt wurde, die Warmbadeanstalt während des Winters geöffnet, mehrere Hotels sind für den Winter eingerichtet und viele Privatwohnungen bieten wohnlichen Aufenthalt.

Alphabetisches Verzeichnis der Seebadeorte.

Additional material from *Die gesundheitlich wichtigen Verhältnisse und Einrichtungen der deutschen Seebadeorte,*
ISBN 978-3-662-34343-2, is available at http://extras.springer.com

EXTRA
MATERIALS
extras.springer.com

GPSR Compliance

The European Union's (EU) General Product Safety Regulation (GPSR) is a set of rules that requires consumer products to be safe and our obligations to ensure this.

If you have any concerns about our products, you can contact us on ProductSafety@springernature.com

In case Publisher is established outside the EU, the EU authorized representative is:

Springer Nature Customer Service Center GmbH
Europaplatz 3
69115 Heidelberg, Germany

Batch number: 10844655

Printed by Printforce, the Netherlands